医事法学在广东

朱宏／名誉主编　　宋儒亮／主编

CURE LAW
IN GUANGDONG

《中国医学论坛报》“医事法学”专栏合集

广东省医学会医事法学分会
《中国医学论坛报》　联合编辑制作

法律出版社
LAW PRESS·CHINA

名誉主编——朱宏

男，1966年9月生，医学博士，研究员，硕士研究生导师。曾任南方医科大学南方医院医师、主治医师、副教授、副院长，现任广东省医学会秘书长、广东省医学学术交流中心（广东省医学情报研究所）主任、南方医科大学公共卫生管理学院兼职教授。从事医院管理、健康管理、卫生事业管理等方面的工作二十多年，在国内核心期刊发表文章30余篇，出版专著3本。同时担任中华医学会理事、中华医学会健康管理学分会副主任委员、《中华健康管理学杂志》副总编辑等职。

主编——宋儒亮

博士，男，汉族，祖籍安徽，生于新疆，广东工作。现为广东省委党校学位评定委员会成员，中共广东省委党校法学教研部/广东行政学院法学教研部主任、书记，法律学教授，硕士研究生导师。

兼任中国社会科学院法治国情广东调研基地研究委员会委员、中国循证医学杂志编委、法治广东研究中心主任、广东省高级人民法院特邀请审判理论专家、广东省六五普法高级讲师团成员、广东省医学会理事、广东省医学会医事法学分会主任、广东省律师协会医疗法律专业委员会主任、广东省法学会卫生法学研究会副会长、广东省器官移植捐献专家组成员、广州市人民政府法律咨询专家、广州市人大常委会立法咨询专家、广州电台新闻评论员、广州市法律援助处法律专家等社会职务。

主要从事宪法、行政法以及医疗卫生管理法律领域的理论研究和实务工作。

承担广东省哲学社会科学“十五”规划2003–2004年度项目《脑死亡立法问题研究》1项；担任负责人承接省、市、校（院）委托法律课题5项；

出版专著《医法通》（新世纪出版社）、《脑死亡与器官移植——关联、争议与立法》（法律出版社）2部；

主编《医事纠纷律师实务：案列评析和诉讼指引》（法律出版社出版）1部；合作主编《民法通》、《专利法通》和《婚姻法通》（新世纪出版社）3部；

参编法律教材3部；

担任《中国医学论坛报》医事法学专栏主持人；

发表论文一百二十多篇。

先后获广东省委党校/广东行政学院校颁发的“优秀教学奖”、“青年教师特优教学奖”和“特优教学奖”等称号。

先后获得广州市律师协会“理论成果一等奖”、“业务成就奖”和广东省律师协会“2011年度和2012年度专业委员会优秀主任”等称号。

副主编——官健

男，1972年1月出生，辽宁锦州人。先后在广州第一军医大学获临床医学学士学位、医学硕士学位（骨科）和医学博士学位（骨科）。2010年取得西南政法大学在职法律硕士学位。

曾在南方医院急诊科任主治医师。

2002年4月参加国家首届司法考试取得法律职业资格证。

2004年底转业进入广州市中级人民法院民一庭，主要致力于医疗纠纷民事审判工作。

现任广州市中级人民法院民一庭审判长，广东省医学会医事法学分会常务委员。

副主编——杨扬

42岁，教授、主任医师，博士生导师，现任中山大学附属第三医院副院长，中山大学附属第三医院岭南医院执行院长，肝脏外科（器官移植）主任。任中华医学会器官移植学分会青年委员会副主任委员，中华医学会外科学分会青年委员会副主任委员，中华医学会外科学分会器官移植学组委员，广东省医学会医事法学分会副主任委员，广东省医学会外科学分会常委、秘书，广东省医学会器官移植分会常委，广东省医师协会理事，广东省医师协会器官移植医师分会常委、秘书，《中华肝脏外科手术学杂志》（电子版）副总编辑、编辑部主任，《中华医学杂志》等多本杂志编委。2005年在美国The Mount Sinai 医学院移植中心进修，主持或参与1000余例临床肝脏移植。已发表论文数十篇，主编专著两部。作为负责人获国家自然科学基金3项，省部级基金10项。获国家科技进步二等奖、教育部一等奖和广东省一等奖等多项奖励。

副主编——赖永洪

广州医学院第三附属医院党委书记，主任医师，管理学硕士。中国政法大学民商法学院法学（医疗）研究生课程班在职学习结业。曾任广州医学院第一附属医院常务副院长、广州医学院第三附属医院院长。现担任广东省医学会常务理事、广东省医学会医事法学分会副主任委员，广州市医学会常务副会长，广东省医师协会副会长、广东省医师协会人文医学工作委员会主任委员。长期从事医疗、教学、科研及医院管理工作，多项科研成果获得教育部科技进步奖二等奖、卫生部科技进步奖三等奖、广东省教学成果奖二等奖、省医药卫生科技进步奖一等奖等。

副主编——王娣

女，2002年毕业于山东大学医学部，获临床医学学士学位；2007年毕业于北京大学医学部，获皮肤病学临床医学博士学位。同年加入《中国医学论坛报》社，现任《中国医学论坛报》循环周刊主编。

编委（按照姓氏笔画排列）：

王绍强	方　真	田　柯	许景红	刘治家	李家红
沈利频	张永燊	陈　伟	陈华红	陈　虹	饶　璐
钟　山	姚　麟	袁伟伟	黄伟青	程东海	赖嘉敏
谭　宁					

医事剪影

广东省医学会医事法学分会成立大会暨医事法学理论与实务高峰论坛合影

（从左至右依次：广东省医学会秘书长朱宏、广东省高级人民法院副院长刘恒军、广东省卫生厅副厅长耿庆山、中国工程院院士钟南山、广东省医学会会长黄庆道、广东省委党校副校长郑楚宣、南方医科大学党委副书记姜虹、广东省医学会医事法学分会主任宋儒亮）

广东省医学会医事法学分会宋儒亮主任

作题为《医事法学的现状、问题与任务》主题报告

广东省医学会医事法学分会赖永洪副主任

作题为《医疗服务视野下的医事法学》的主题报告

学术沙龙：医疗损害鉴定双轨制的作用与困惑

（从左至右依次：王绍强、王慧君、查振刚、陈虹、赵虎、官健、刘秋生）

医事法学分会第一届第一次常委会委员合影

医事法学分会参加第十四届中国南方心血管病学术会议，宋儒亮主任在作会议介绍

左上：袁伟伟处长，作题为“《侵权责任法》释义”主题演讲

右上：沈利频副主任，作题为“广东省心血管科历年医疗事故鉴定数据解析及主要原因浅析” 主题演讲

左下：钟山院长，作题为“‘八毛门’事件与舆情危机应对”主题演讲

右下：官健法官，主持学术沙龙：多方视角下的心血管案例的医法解读——以医师、律师、鉴定人、法官之视野

第十四届中国南方国际心血管病学术会议
——医事法学论坛现场

广东省医学会医事法学分会副主任
王绍强在主持医事法学论坛

首届南方医事法学高峰论坛
暨医事法学继续教育学习班领导、嘉宾、论坛主席和沙龙主持人等合影

中国律师协会副会长／广东省律师协会副会长
朱征夫在致辞

广东省法学会陈瑞光专职副会长兼秘书长在致辞

广东省医学会会长黄庆道在致辞

广州市中级人民法院副院长向金华在致辞

论坛主席、南方医科大学党委副书记姜虹在致辞

广东省食品药品监督管理局副局长陈鲁峰在致辞

广东省卫生厅副厅长耿庆山在致辞

广东省依法治省工作领导小组办公室
常务副主任张宇航在致辞

中山大学附属第三医院院长陈规划在作题为
“医院管理的危机处理”的专题报告

论坛主席、广州市中级人民法院民一庭副庭长
邓娟闰在作题为“医疗纠纷处理的法律难点”
专题报告

广东省医学会副会长耿仁文在主持专题报告

广东省人民医院副院长何斌在主持学术沙龙

左上图为：学术沙龙议题一“肿瘤诊疗规范的法律效力——以《胃癌诊疗规范》2011 年版为例”（从左至右依次（下同）：林锋、石汉平、何建行、张一愚、陈国翔、黎东生、魏巍）

右上图为：学术沙龙议题二“医疗行为过程中法与情的竞合分析”（吕群蓉、严金海 、胡汝为、曾其毅、杜仕林、乔森、杨毅、）

左下图为：学术沙龙议题三“抗菌素使用引发的法律风险和防范”（何斌、翁开源、郭宇华、程跃华、李林、孙树梅、吴本权、智发朝）

右下图为：学术沙龙议题四“器官移植与脑死亡”（杨扬、佘琼圣、周民伟 、赵明、李立凯、王长希、邓坤金）

中间图为：学术沙龙议题五“医疗损害鉴定应该怎么做”（官健、陈杰、罗斌、 郭柏林、杨会林、沈利频 、姚麟）

广东省医学会医事法学分会主任宋儒亮、副主任田柯、大洋网首席评论员万庆涛和主持人唐子玲在《民意圆桌会》上就医患关系话题进行现场探讨

广东省医学会学术交流部部长陈华红在“医事法学”栏目 2012 年总结会议上发言

医疗损害赔偿救济：现状、对策与前景研讨会

序言

法治勤宣讲　活动常举办
媒体多引导　医事更繁荣

广东省医学会医事法学分会主任　宋儒亮

2013年3月1日，习近平在中央党校建校80周年庆祝大会暨2013年春季学期开学典礼上的讲话中指出："很多同志有做好工作的真诚愿望，也有干劲，但缺乏新形势下做好工作的本领，面对新情况新问题，由于不懂规律、不懂门道、缺乏知识、缺乏本领，还是习惯于用老思路老套路来应对，蛮干盲干，结果是虽然做了工作，有时做得还很辛苦，但不是不对路子，就是事与愿违，甚至搞出一些南辕北辙的事情来。这就叫新办法不会用，老办法不管用，硬办法不敢用，软办法不顶用。我看这种状态，在党内相当一个范围、相当一个时期都是存在的。"之所以如此，缺乏法律思维和不用法律方式就是最突出、最常见和最明显的原因。这虽在各行业都不同程度存在，但在医疗领域问题表现尤甚，比如"深圳八毛门"、"佛山弃婴门"、"广州录音门"、"东莞撕病历事件"、"上海失火门"、"北京徐文案"、"哈尔滨杀医案"等事件发生就印证了这个判断。

一直以来，解决问题的方式方法无外乎就是"情之法"、"理之法"和"法之法"。面临广东医事领域的改革、发展、矛盾、维稳问题，如何通过法治思维的运作、法治方式的运用和法律证据的适用，将当前处理中仍沿用、常见并坚持的"先情、再理而后法"之传统习惯思维调整成为"先法、再理而后情"之现代法治思维，并在此基础上，先由医生依法、医院依法、医疗法治，再行社会法治、政府法治，最后到国家法治，这是广东医事法律分会在医事法学——宪法类、刑事类、行政类和民事类——四大领域先行先试所应有的责任担当和历史使命。

围绕医事法学四大领域，为公务员、医务人员等提供受欢迎、有引导、高质量和能管用的医事法治课程宣讲和课题报告是分会的一项专业性工作。

公务员和医务人员是进行医事法治课程宣讲的主要对象。在省委党校/行政学院听课对象主要是广东省内各地党政领导干部特别是处级领导干部，在高校院校（大学附属医院）听课对象主要是广东省内各地医疗系统领导干部和临床医疗一线的专家学者，如何针对他们的需求，并提供受欢迎、有引导、高质量和能管用的与宪法、刑事、行政和民事相关的医疗法治课程和课题报告，是当前一项更新、更高和更强并极具挑战性的任务。

制定讲题、讲者推荐专册是开展宣讲工作的前提。在省医学会黄庆道会长、朱宏秘书长、王绍强副秘书长、医学会学术会务部陈华红部长、饶璐等领导同道的关心支持下，博采众长、集思广益，分会制定了《广东省医学会医事法学分会讲题、讲者推荐》专册。第一批讲者精选了从事医事法学领域第一线的专业人士；第一批讲题包括中国特色社会主义医疗法律体系、医疗公务员履行国家物质帮助权的宪法思考、医院管理的危机处理和舆情危机应对、医疗损害赔偿前沿问题、医疗损害赔偿的认定、防范与思考以及从法律视野谈临床若干前沿问题——医法结合目的和视野等。目的是接受政府部门、医疗单位、学会协会、公司企业等邀请，体现分会服务会员需求，实现尊重和保障人权之宗旨。

开展法治课题研究并提交课题成果是提升法治宣讲水平的重要保证。受广东省卫生厅委托，分会正在进行“医事法律进医院 深化医改谋大局”大型巡讲普法手册工作的编写工作。“医事法律进医院 深化医改谋大局”之大型普法主题宣讲活动是广东卫生系统宣讲十八大报告精神的具体实践，是六五普法宣传和实施法治广东建设五年规划建设的亮点。保质保量完成编写“医事法律进医院 深化医改谋大局”大型巡讲普法手册工作是分会进行法治课题研究的新挑战。

完成好课程宣讲和课题报告工作需要各方进行认识调整和行为改变。如同公务员要服务好老百姓一样,医务人员也要服务好患者,老百姓和患者的需求和满意是公务员、医务人员工作的最终追求。过去我们常讲“送法下乡”,对象主要是民众、是患者,目的是让民众、患者知法、懂法和守法;现在则是讲要“送法上门”(政府之门、医院之门),主要对象是官员、医务人员,目的是培养官员、医务人员的法律思维,让官员、医务人员实现依法办事。送法重点“由下到上”的路径转变是有深意的:如同以往要求公务员进老百姓的田间、地头和炕上是为了加强、加深干群关系、感情和联系一样,现在要求官员们、医务人员进入医事领域的法律——民事、行政和刑事法律——救济之地(政府行政复议中心、人民法院)法院,通过行政复议、法律诉讼方式解决纠纷,更也是法治情势下进一步加强和加深官民之间、医患之间的关系、联系、沟通和信任的新途径、新地域和新领域。

之所以如此,最基本理由是要搞好医事工作。医事是尊重和保障人权之最基本之事。医事工作离不开法,法需要政府、国家制定,再通过法的规范、引导、保障和监管好医事工作。医事乃国事之基础、之缩影、之考查。国事中人可两分为男人和女人,医事中人也可两分为医者和患者。实践和实现依法行医之医事要求,正如同建设和建成依法治国之国事追求,并且医事之要求和国事之追求所内在、内含的理念、使命和目的(形而上之意义)的相似性、相通性,可转化、引导和指导法、理和情选择的目标、路径和方式(形而下之意义)的实践和实现,这就让今天之医事法治课程宣讲和法治课题研究之行动,具备和成为今日“坚持依法治国、依法执政、依法行政共同推进和坚持法治国家、法治政府、法治社会一体建设”国事之理想之最可靠之动因、最基础之行动和最直接之考察。

围绕医事法学四大领域，举办繁荣医事法学的论坛交流、提供化解医患冲突的对策和实现法治医疗目标的活动是分会开展的又一专项性工作。

伴随人权事业发展和生命健康的追求，人们对医事法学的研究有了更多现实期待和需求，对医事法学的进展和作为也寄予厚望，但现有的研究和教育还比较薄弱。作为一个研医法、讲医法和从医法的分会，举办繁荣医事法学的论坛交流、提供化解医患冲突的对策和实现法治医疗目标的活动是分会开展的又一专项性工作。

分会活动要紧联委员们的实践诉求。分会委员——有党校高校专家学者、有医院领导和医务人员、有医学和司法鉴定人员、有法官检察官、有专业律师以及新闻媒体主持人记者——来源广泛，四面八方，领域众多，视野广阔，构成全面，专业权威。彼此间互补优势非常明显。正是紧联委员们之诉求，才举办了融委员们之工作需要的、具有开创性高端学术论坛：首届南方医事法学高峰论坛暨医事法学继续教育学习班。活动由广东省医学会、广东省法学会、广东省律师协会、广州市法官协会主办，广东省医学会医事法学分会、广东省法学会卫生法学研究会、广东省律师协会医疗法律专业委员会承办，活动成功举办表明：立足委员实际，满足委员诉求，服务医事大局是分会长葆活力之秘方。

分会活动要紧扣兄弟分会专业需求。省医学会有八十多个兄弟分会，医事法学分会是系统中唯一从事医事法律活动的。我们——专业是法律——与兄弟分会——专业是医学——联合举办学术论坛的多赢之举能尽显同门本分、同道情谊和同心共力之理念。理念认同还需有活动证明。这其中，最具代表性活动之一是在中国南方国际心血管病学术会议谭宁秘书长的联络下，参与“中国南方国际心血管病学术会议”。分会成立后先受邀参加并单独举办“第十四届中国南方国际心血管病学术会议之医事法学论坛”，现又参加并与《中国医学论坛报》联合举办“2013 第十五届中国南方国际心血管病学术会议之模拟法庭”活动。活动要为南方会出力、为兄弟分会争光和为法学分会添彩。

分会活动要紧随医事法学前沿需求。医事活动是一项综合性工作。需与医生患者、律师法官、专家学者、委员记者等的共同努力、互动交流和理解支持才能完成。比如针对医事法律前沿需求，与法治广东研究中心、广东省律师协会医疗法律专业委员会一道，联合举办“医疗损害赔偿救济：现状、对策和前景”研讨会。这是分会在医事法学前沿领域开展活动的一次新拓展、新尝试和新努力。

委员参与、学会支持以及共同活动的经历和经验，让我们形成这样的医法认知：从医学角度，没有人离得了医，并且一个在出生和死亡的时候能获得医疗保障是幸福的；从法律角度，没有人离得了法，并且一个在出生和死亡的时候能获得法律保护也是幸福的，二者——医学保障和法学保护——的幸福是同等、同样和同质的，是无区别性的，无轻视性的和不存在统计学差异的幸福。医疗有保障和医事受保护是一个人必备的福分、一个社会必有的公义、一个政府必须的责任、一个国家必然的本分和一个世界必定的理想。一句话，让一个人在生的时刻、活的时候和离世的时间都能全面获得医学之人道主义上的医疗和法律之人权意义上的保障，就是医事法学分会之价值和作用的最根本体现。敢为天下先！志同道合的分会人和共同使命的分会更应通过理念的先行和活动的先试，推进和繁荣医事法学大事业。

围绕医事法学四大领域，以媒体引导为切入点，在更大层面、更广范围和更高程度将法治思维、法治方式和法律证据引入和运用于法治医事事件的处置之中，这是分会开展的再一项专门性工作。

在市场经济发达、思潮领先多元、公民意识底蕴厚实、媒体舆论监督力量强大的广东，把法治思维、法治方式和法律证据引入、引导和运用于医事领域并在深化改革、推动发展、化解矛盾、维护稳定上发挥作用，是实践和实现医疗法治的难题之一。围绕医事法学四大领域，应更深入、更专业和更善于引导媒体方式如接受采访、发布报道、发表评论，在更大层面、更广范围和更高程度将法治思维、法治方式和法律证据引入和运用于医事事件处置之中，这既是分会当前应重点开展的专门性工作，也是满足时代要求的前沿性工作。分会和委员还要更好地利用分会平台，发挥更大作用，比如可继续通过与广东电视台、南方电视台、广州电视台、中国循证医学、中国医院院长、中国处方药、中国医学论坛报、医师报、医师在线、广州日报、南方都市报、新快报、医药经济报、法律出版社等媒体、杂志社、报社和出版社合作，针对当前社会热点、难点和前沿问题，就与医事法律专业、领域和工作相关的各项事宜接受访谈、进行专业评述、发表专家意见、提供学术见解和出版专业刊物，以行动实现引领舆情走向和实践服务医疗法治建设之使命。这已有阶段性、显著性成果，比如分会同《中国医学论坛报》合作开办“医事法学”专栏以及由法律出版社出版《医事法学在广东》的书籍，就是分会围绕医事法学四大领域所作出的最具影响、最具价值、最具肯定的学术成果。这项合作仍大有后劲可使，大有潜力可挖，大有观点可阐。

围绕医事法学四大领域，稳扎稳打，推陈出新，再接再厉，繁荣发展，是分会需长久坚持并坚守的专心一意之使命。

作为一个要有先行先试定位和理念的分会，深知当前医患关系之紧，深明妥当处理医患冲突之难，深悟构建和谐医患之要和深感学会医事法学工作之重。

万事开头难。好的开头就成功了一半。能在广东这片沃土成立医事法学分会是广东医学会敢为天下先的一次成功实践。要珍惜我们创造的第一：在全国医学会系统中，成立专门从事医事法律研究并直面医患法律前沿学术问题的研究分会，广东医学会是第一个；在广东医学系统中，称医事法学分会的分会，我们是广东第一家。分会的成立，让我们能有机会、有条件和有舞台可开头、敢尝试、能探索，先行先试，再现广东的开放、开创、开明和开通。

序言

万丈高楼平地起。法治要多讲，活动要多搞，媒体要多引，医事才繁荣！广东既有敢为天下先的历史底蕴，又有孕育领袖、领导、专家、学者、媒体人、公民的悠久传统。在广东这片沃土，愿意并能为人民服务是这些人的共同特质和成就源头。诞生在广东的医事法学分会有信心祝愿和有理由相信：

有愿望、有责任、有义务和有能力回馈广东这片沃土是分会的使命。永不放弃。

法治勤宣讲、活动常举办、媒体多引导和医事更繁荣是分会工作的追求。一如既往。

学会平台、校院阵地和媒体渠道是分会工作的场所、载体和枢纽。畅通有序。

以成绩回赠同道、以业绩回馈学会和以功绩回报国家是分会的使命。永不放弃。

有定力、有能力、有实力和有耐力实践并实现这样的使命、追求和目标。

我们——我、你、委员、分会和同道们——无怨、无悔、无憾并无求了！

是为医事法学分会之成立、医事法学栏目周年之庆祝和《医事法学在广东》之出版之三重纪言。

二〇一三年三月　深透斋

前言

肩负历史新使命
为构建和谐医患不懈努力

广东省医学会会长　黄庆道

广东省医学会会长　黄庆道

广东省医学会医事法学分会2011年11月29日正式成立了！在此，作为广东省医学会会长首先代表广东省医学会对广东省医学会医事法学分会的成立以及第一届当选为主任委员、副主任委员、委员的同志表示热烈的祝贺，并向出席本次会议的各位领导、嘉宾、同仁表示热烈的欢迎和衷心的感谢！

广东省医学会原名是中华医学会广东分会，成立于1917年，到今天为止，已经有88个分会，5万多名会员，在各有关上级部门的领导支持下，医学会认真执行党发展医学的方针，团结广大医学工作者，以促进医学的繁荣和发展，促进医学科技的普及和推广，促进医学科技队伍的成长和提高，以医疗卫生行业的规范为己任，积极开展学术交流活动，在各个历史时期，为我省的医疗卫生事业做出了积极的贡献。随着医改步入新时期，深层次的矛盾越来越多，医患关系也逐渐成为社会矛盾的寒暑表。作为改革开放前沿的广东省，在医疗卫生的改革进程中，同样面临着诸多问题，尤其是近期发生的“八毛门”、“弃婴门”等事件令医患关系一度降温到冰点。医患矛盾的频繁爆发，医疗纠纷诉讼案件的日益增加，需要应对的法律问题越来越多，若不能及时妥善解决，将成为影响和谐医患关系的制约因素。

顺应当前医患形势，结合广东实际，广东省医学会医事法学分会应运而生，它的重要职责主要有三个方面：

第一，为构建和谐医患关系和促进社会稳定做出了积极的贡献；第二，为学术交流的健康发展，规范专科分会的管理提供服务；第三，为专科分会、会员单位、医疗事故鉴定工作办公室和医务工作人员宣教、普及医疗方面的法律法规、事故防范的知识，指导各级医疗机构及医学分会的相关工作。

广东省医学会医事法学分会的成立既有特殊的历史意义，也肩负着特殊使命和重大责任，希望医事法学分会牢记历史使命，认真履行职责，不断加强自身建设，努力探索一条将医患关系规范化，医疗纠纷处理法律化的可行之路，及时化解医患矛盾，积极建立和谐医患关系，有效防范医疗纠纷，依法保护医患双方的合法权益，共同为构建和谐医患关系、建设和谐广东做出不懈的努力和奋斗。

一个栏目的诞生与成长

2012年4月，我社编辑许景红在广州参加中国南方国际心血管病学术会议（南方会）时，经秘书长推荐，得知大会首次开办“医事法学”论坛。她带着好奇心来到论坛，听了一场医生、律师、法官三方对一个典型案例的分析点评，形式很新颖，内容也很精彩，同时发现现场听众爆满、认真做笔记并且积极提问，与台上专家形成非常好的互动，这让许编辑感受到医生对临床法学知识的渴求。

当前，我国医疗资源增长速度远远落后于老百姓对医疗卫生服务需求的提高，加之医疗资源配置的某些不合理，体制和机制的某些不足，少数医生技术水平、法制观念和沟通技巧的某些欠缺，以及公众（包括患者）对医学和医疗行业缺乏必要的理解，多方因素导致医疗纠纷频频出现，给医院、医生、患者带来了很多困扰，并严重影响了社会和谐。

《中国医学论坛报》的权威性、专业性、前沿性在国内医生群体中很受认可，目前是中国发行量最大、口碑最好的医学专业类报纸。如果利用报纸的影响力，在医生中普及临床法学知识，让医生懂得用法律的准绳规范医疗行为，也会用法律武器保护自己，同时倡导互相理解的医患关系，将有助于促进医疗行业和社会的和谐进步。

尽管这是我们30年来作为专注于医学专业技术类报纸从未触碰过的领域，但在主编王娣的支持下，许编辑在与广东省医学会医事法学分会主任委员宋儒亮教授通过多次细致沟通，最终合作创办了“医事法学”专栏，并在2012年6月推出第一期。此栏目是广东省医学会医事法学分会成立以来与国内医疗专业权威媒体的首次合作。

栏目每月一期，采用的形式是每期一个真实临床案例，律师、医疗事故鉴定机构、法官三方观点呈现，并由我报邀请一位临床专家从医学专业角度加以评析。栏目开办之后，逐渐受到关注并收到了越来越多的读者反馈。

2012年12月，张永燊编辑接替许编辑维护“医事法学”栏目。期间主编王娣和张编辑先后赴广州拜访了宋儒亮教授，一是为感谢他和他的团队对栏目的支持，二是与他商量如何进一步提高栏目质量和影响力。宋教授严谨务实的工作作风和对医事法学领域的执著和巨大热情给我们留下深刻印象。我们的沟通也产生了令双方都非常兴奋的新成果：在2013年4月的南方会上通过“模拟法庭”这种生动新颖的形式，让法学专家和医学专家同台说案；同时将以往9期“医事法学”栏目案例做成合集出版，这既是双方为着同一个理想合作一年的成果和庆祝，也是我们向着同一个目标前进的又一大步。

方案确定后，我们充分利用和发挥《中国医学论坛报》30年来积累的资源和专业优势，通过网络、报纸、官方微博、调查问卷和医院走访等形式，征集医务人员对“模拟法庭”活动及医事法学栏目案例的看法，并了解他们在临床实践中遇到的问题。

我们在全国多家三甲医院医务科进行的调查显示，医院常见医疗纠纷的原因除了技术相关因素之外，很多是非医疗过失相关的，如对相关法律条文和规章制度不了解、未执行，与患者及家属沟通不良、未保障他们充分行使知情同意权等。这更加凸显了尽早在更大范围医务人员中开展普法活动的迫切需要，帮助医院和医生积极思考自身存在问题，同时拿起法律武器保护自己应享的安全和权益。

借《中国医学论坛报》与广东省医学会医事法学分会合作专栏“医事法学”一周岁庆典之际，我们真诚地期待我们为这一共同事业倾注的热情和劳动能够开花结果，从而为帮助中国医生更安全地行医、更高效地为患者服务尽绵薄之力。

《中国医学论坛报》编辑部
2012年3月12日

目　录

序　言

前　言

第 1 章　高端建言

第2章　医事法学

第3章 医法再探

第4章 研讨综述

第5章　分会资讯

第1章 高端建言

将法治广东论坛和南方医事法学高峰论坛结合进行　共创良好法治环境

广东省依法治省工作领导小组办公室常务副主任　张宇航

尊敬的各位领导、各位专家和各位来宾：

首届南方医事法学高峰论坛的举办，不仅是医学、法学界的大事，也是法治广东建设的一件大事，我谨代表广东省依法治省工作领导小组办公室，对论坛的成功举办表示热烈的祝贺。

广东省依法治省工作领导小组办公室常务副主任　张宇航

最近，我们与广东省医学会医事法学分会主任宋儒亮教授一起，对广东省首批法治文化建设示范点进行考核。法治文化示范点包括了机关、校园、城乡和企业四种类型。受首届南方医事法学高峰论坛的启发，我考虑，能否在医院也建设法治文化示范点？答案是肯定的。医事与法学本来是两个领域，如果把两者整合起来，则是一种创新。通过举办论坛、共建法治文化等形式，让医生、法官、检察官、律师、医药企业等互相对话交流，协调好各方关系，达到共同发展的目的。现在各专业、领域都在走向融合，共建法治文化也是行业、专业走向融合的必然趋势。

当前“医闹”问题、医患纠纷问题突出，既牵涉到医院、医生的切身利益，也牵涉到患者以及患者家属的切身利益。法院是对有罪无罪进行判决的机关，国税、地税是收税的机关。为何在税务局没有发生“税闹”，法院没有发生“法闹”？究其原因，法院是司法机关，在人们心中树立了法律权威；税务局也非常注重税法的宣传和指引，收税和纳税都依法进行，没有产生“税闹”的条件。医院能否也借鉴这种方式，采用有力的法治手段，对医院的正当活动、对患者的权益加以保障？这是一个值得思考和探索的问题。

法治建设覆盖在社会的方方面面。有一次我在处理“医闹事件”时就提出：医院门诊大厅宣传牌都是介绍医生的经历与成绩，能否加上医疗法律法规的宣传内容？医院的工作已经超出了医事的范围，医生行医也超出了医事的范围；医院每天都有许多病者、患者前来看病，他们的水平和素养有着很大差异。我们能不能用一种统一的意识来规范大家？这种统一的意识就是法律、法规。我希望医事法学论坛也能进行研讨。也可以考虑将法治广东论坛和医事法学高峰论坛结合起来举办，让大家在法学角度、医学角度，在促进社会和谐和协调各方面利益等角度，共同探讨如何有效解决医患矛盾，还医院、医疗一个良好的法治保障和法治环境。

发挥医疗类社团组织作用　多方联合共建医疗和谐

广东省委党校/广东行政学院巡视员　郑楚宣

广东省委党校/广东行政学院巡视员　郑楚宣

尊敬的各位领导、各位专家和各位来宾：

广东省医学会医事法学分会的成立具有十分重要的意义。从宏观层面看，经过改革开放三十年的发展，老百姓生活水平不断提高，医疗、教育和住房成了老百姓最关心的三件大事，医疗体制的改革、医疗服务的提高、医患关系的和谐成了社会各界关注的焦点。综观各发达国家，医事法律已经形成了一个专业的法律部门，全面规范了医事法律关系、保护了医师权益、规范了医疗纠纷的处理，所有这些成绩与医疗行业组织的建立和促进有密切关系。目前国内，在中华医学会系统，没有任何一个专门具有从事医事法律等理论研讨、研究、培训和维权的分会，直接影响到了医方权益之法律维护、医疗实践之规范化进程、医疗鉴定之有法必依和医学科学的法制化使命的健康发展。从广东省的情况来看，作为中国经济最发达的省份，缺乏医事法学的专业分会，与当前国家提出的尊重和保障人权的宗旨、卫生部提出依法行医和广大医师要求依法维权的主张和要求很不相称，与改革开放前沿的广东的地位和广东省医学会的实力很不相称。

近日，全省深化体制改革工作会议已胜利结束，会议研讨了《关于广东省进一步培育发展和规范管理社会组织的方案》。培育发展和规范管理社会组织将是今后一个的任务。作为一个社会组织，针对党、政府和老百姓关注的医疗问题，广东省医学会走内涵式分会发展之路，创造性开展工作。医事法学分会的成立，不仅是发展、培育和孵化社会组织的一次成功尝试，填补了国内相关专业行业组织缺乏的空白，而且其的成立整合、凝聚了我省医学界、卫生行政部门、法学界、媒体等相关机构和部门的力量，有利于解决医疗问题和构建和谐的医患关系，将极大地推动我省的医疗卫生事业的健康发展。

本次盛会选择在省委党校召开，是社会各界对我校的信任。省委党校作为省委的组成部门，一直致力于为省委、省政府的决策提供有利的咨询和支持，对于医疗卫生事业的良性发展也一直给予很大关注。在此，我希望法学教研部在继续加强自身建设的同时，要积极履行联络、沟通、协调等职责，为分会的有序健康发展做好服务，学校也将尽最大可能支持医事法学会开展各项工作。

最后，衷心祝愿广东省医学会医事法学分会在今后的工作中，团结各方力量，各项事业开展的有声有色，取得蓬勃发展。在医学会的领导下，通过理论研讨和学术实务等工作，更好地推动我省医疗法律事业健康发展，造福广东人民，实现“幸福广东”的宏伟目标。

打造医务人员“娘家” 建立医患和谐平台

广东省卫生厅副厅长　耿庆山

广东省卫生厅副厅长　耿庆山

尊敬的各位领导、各位专家和各位来宾：

今天是广东省医学会医事法学分会成立的日子，在政府和社会各界努力推动构建和谐医患关系的大背景下，适应了当前医务人员和广大患者的迫切需要，具有重大的现实意义，我本人必将会支持这个分会的发展。要扩大影响，要深入人心。

医事法学分会就是医务人员的“娘家”，要为医生提供法律援助。广东是全国卫生系统“五五普法”的一个先进单位。现在成立这个分会是开展“六五普法”的一个重要内容和实践，也是一个亮点，在全国是率先推出的，是构建和谐医患关系的迫切要求。在这个分会里，除了广大医务工作者外，还有法学工作者，大家一起携手开展学术研究工作，解决现实问题，这对广大患者、对广大医务人员都是一个保护。

医务人员要增强法制意识，要拿起法律的武器，要利用网络、利用媒体来维权。“以前上大学时，老师第一堂课就说医生，一只脚在医院，一只脚在法院。现在我对这句话感受越来越深。”我是越秀区检察院的一名人民监督员，发现一些医生是法盲，不见棺材不掉泪。发现医生往往犯的是低级错误。对于“录音门”，医务人员只要遵纪守法就不怕那一套，时刻准备着有人要录音。

谈到学会的未来，我有三点希望：

第一，希望强调以人为本，不断地提高服务意识和服务技能，以人为本不仅要强调以患者为本，也要强调以医务人员为本。服务意识和服务技能是两方面的，服务意识强调以人为本，技能不提高，技术不精，谈服务意识是没有用的。第三方调解就是创造性的工作模式，但是光有这个还不够，还要加强这方面的科学研究，加大这方面的经费投入，推进国际、国内、省内的学术交流。

第二，希望加强法制宣传，提高医务人员的法制意识。宣传工作利用行业学会是最有意义的，将来政府的某些工作将逐渐分离出来给行业学会做，医事法学分会也一样，要主动承担现在政府下放的一些职权，充分发挥行业学会的作用，与国际接轨，与世界同步，所以提高医务人员的法律意识不能走过场，只要中国坚持走法治化道路，坚持依法治国，它就是一个永恒的主题。

第三，构建医事法学服务平台。广大医事法学工作者要努力工作，为医务人员提供法律援助，尽快实现医患和谐。要认真研究医事法律，要关注《侵权责任法》实施，依法保护医务人员的合法权益。

希望分会通过有成效的工作，造福社会。

加强药事管理　建设幸福广东

广东省食品药品监督管理局副局长　陈鲁峰

广东省食品药品监督管理局副局长　陈鲁峰

各位领导、各位专家、各位同仁：

大家上午好！今天，首届中国南方医事法学高峰论坛在这里举行，我谨代表广东省食品药品监督管理局，对论坛的召开表示祝贺！向出席本次论坛的各位领导、专家和同仁们表示诚挚的问候，并对各位专家、同仁为论坛的筹办、为推动广东医事法学研究所作出的积极努力，表示由衷的谢意！

医疗卫生是关系人民身体健康、经济发展和社会稳定的民生大事。通过多年努力，广东已初步建立基本医疗卫生制度框架。俗语说"医药不分家"，在加快发展医疗卫生事业的同时，广东也高度重视药事管理，重视加强对食品、药品、医疗器械、保健食品、化妆品等健康产品的科学监管，建设了适应经济社会发展的监管格局，提升了重大活动和突发事件的食品药品安全保障水平，全省药品评价性抽验合格率年均保持在98%以上，2011年全省医药产业总产值达1425亿元，同比增长约24%；其中，医疗器械产业形势喜人，全年完成产值约480亿元，居全国第一位，初步实现了食品药品安全稳步提升的民生愿景。

昨天，党的十八大刚刚开幕，今年又是全面实施"十二五"规划的关键一年，本次论坛的举办恰逢其时。本次论坛以"尊重和保障人权，繁荣医事法学事业，促进医患和谐，加快推进我国医疗法治进程"为主题，将针对医事问题，展开融法、理、情之多层次、多视野、多领域、多专业的高端学术交流和专业研讨。希望在大家的共同努力下，本次论坛能在这些方面取得积极的研究成果。同时也希望各位专家能在规范合理安全用药、促进食品药品监管方面多提宝贵意见和建议，为推动我省医药卫生事业又好又快发展，为"加快转型升级、建设幸福广东"做出新的贡献。

最后，预祝大会取得圆满成功。谢谢大家！

聚集医法精英 繁荣医法研究 共创法治中国

广东省高级人民法院副院长 刘恒军

广东省高级人民法院副院长 刘恒军

尊敬的各位领导、各位专家和各位来宾：

经过紧张筹备，广东省医学会医事法学分会于今天成立，并在成立伊始即举办这次医事法学理论与实务高峰论坛，盛况空前，可喜可贺。我谨代表广东省高级人民法院党组，并以我个人的名义向大家表示美好的祝愿，祝广东省医学会医事法学研究队伍不断发展壮大，祝这次高峰论坛取得圆满成功！

医患关系是和谐社会关系的一个重要组成部分，医患矛盾也是当前社会矛盾的焦点之一。医患关系中除了纯粹的技术问题和医事伦理关系外，还涉及大量的法律问题。随着我国医疗卫生事业的发展，以及人民群众日益增长的对高质量医疗服务的新需求、新期待，人民法院受理的各类涉及医疗、医院的民事和行政诉讼案件有不断增多的趋势。在各类涉医诉讼案件中，由于双方矛盾较深，法律规定不完善，并且专业技术性较强，所以处理难度较大，对各级人民法院妥善处理此类纠纷提出了严峻挑战，亟须建立一支跨学科的高素质专业研究队伍，加强相关法律问题的研究，为公平公正司法提供强有力的理论支持。从这个角度讲，我认为广东省医学会医事法学分会的成立正当其时，非常值得肯定。

我很高兴地看到，医事法学分会的主任、副主任、常委、委员中，既有来自医疗系统的同志，也有来自法律界的同志；既有从事理论研究的专家学者，也有从事医疗、法律实务工作的同志，可以说聚集了广东省内目前相关领域的大部分精英。我相信，通过你们持续不断的努力，我省的医事法学研究一定会得到大繁荣，大发展，我省的涉医司法工作也一定会在相关理论成果的支持下取得跨越式的进步。我也向大家承诺，我省各级法院一定会在力所能及的范围内，从实践角度对我省医事法学研究的开展提供支持。希望理论界和司法实务界相互扶持，相得益彰，共同促进我省医患关系走向和谐共赢，共同为"幸福广东"、"法治广东"建设贡献力量。

搭建开创性交流平台
共构和谐幸福广东

广州市中级人民法院副院长　向金华

尊敬的各位专家、各位来宾：

大家好！

广州市中级人民法院副院长　向金华

非常高兴在这个秋高气爽的收获时节，有机会与来自医学界和法学界的诸多专家在这里共聚一堂，共同探讨医事法学领域的专业问题。我谨代表活动主办单位之一的广州市法官协会对本次论坛的如期召开表示热烈的祝贺，对出席论坛的各位领导、专家表示衷心的感谢！

医学和法学是两个不同的专业领域，一个是自然科学，另一个是社会科学。随着社会主义法制和医疗事业的不断发展，这两个领域越走越近了。可以说，医学领域需要法律的规范和保障，医疗事业的发展和医疗活动离不开法律的保护。同时，司法活动的一些领域也涉及医学知识，有些司法活动甚至没有医学方面的支持和配合，就无法进行，比如，医学技术方面的各种鉴定，为司法机关公正司法奠定了坚实的基础。医事法学会的产生以及卓有成效的工作业绩，足以证明这一点。

本次论坛，正是主办各方共同努力，试图搭建的一个开创性的交流平台。我们希望，这个交流平台，不仅能成为医务人员了解法律知识、规范医疗行为和防范法律风险的窗口，也能成为法律人了解医学知识、尊重医学判断和公正解决医疗纠纷的窗口，更希望通过这个平台，逐步促进社会各界在医患关系方面增进理解、消除误会、达成共识，共同致力于构建和谐的医患关系，减少和避免医疗纠纷的产生，完善医疗纠纷的预防和化解机制，为推进幸福广东、构建和谐社会做出应有的贡献。

本次论坛设置的议题丰富，涉及有关医学、法律、道德、伦理等多视野的研讨题目，可以说是琳琅满目。我相信，通过大家的共同努力，本次座谈一定会取得丰收成果。在此，我再次感谢与会的各位专家学者，并预祝首届南方医事法学高峰论坛取得圆满成功！并期待这种交流活动常办常新！

谢谢大家！

高举法律大旗　以广东为起点 以研究边界难题为己任　推动依法行医

中国工程院院士　钟南山

尊敬的各位领导、各位专家和各位来宾：

大概在八个月前，儒亮跟我提起成立医事法学分会这个想法时，我就举双手支持，很赞成搞这个活动，现在终于实现了，而且是全国医学会系统里首个成立的医事法学分会，相信其会与医学会共同把有关工作做好。

中国工程院院士　钟南山

当前医患关系紧张，原因有三方面：一是国家政府投入不足；二是医疗资源分配的不公平；三是医学人文的缺陷。医学人文的缺陷，体现在我国依法行医，依法维权，依法保障人民健康的问题突出，以及没有高举法律大旗。

“法举得不高。我认为现在医生依法行医，患者依法寻医，医鉴依法判医，媒体依法评医都很差。”我国目前规范医疗活动的法律很多，但不懂法的医务人员还是很多的，例如东莞的“撕病历事件”。同时很多患者也不懂法，并对医疗机构及其医务人员对疾病的治愈寄予过高的期望值。相当一部分医疗鉴定人员法制观念不强，2005～2010年间，中华医学会收到因不服下一级医学会的鉴定而转过来的的医疗鉴定案件1086宗，经过专家的严格审查，其中有205宗需要重新判断，其中80%是不完善的，30%是错判。法院对医疗纠纷案件的判决也存在很不合理的现象。媒体对法是不是很清楚，“我看不见得”，举“八毛门”为例，即患儿有“先天性巨结肠”明明医生的诊断是对的，只是一个是对症一个是根治。“但是媒体对医学常识缺乏，也不懂法，报道被放大，群众受到影响。有两个孩子的家长因此就是不信医生，觉得医生想赚钱，孩子差点死了，幸亏挽救过来了。”他认为媒体不依法评医害人。

“要让法律发展，让法更合理更符合现实。”五年前，当时一个病人告医生，SARS 时他被用了大剂量激素，病人说是违法。“病人首先是生与死的问题。一定剂量是为了活着，然后产生了是否用量过度威胁生命的问题。”但也有两难时如何抉择的问题？有时一边是法律规定要按规范，另一边是救人要超常规，像在 SARS 期间，这个病是医生没有见过的，都不知道怎么处理。按照常规治疗，医生是没有责任，但病人会死得更多。你是否心安理得？我们当时采取冒险的办法——用激素。但是按照侵权责任法，不按规章就是犯法，要赔偿。但若一直按常规办法，医学就永远没有发展。

医事法学作为一门交叉学科，富有生命力，相信能解决很多医患关系问题。医事法学分会作为一个综合性的团体，其组成人员有研究法律、政策以及医学等，首要的任务是要让广大的医务人员依法行医，老百姓依法寻医，依法维权，依法保障人民健康。

医事法学要发展法的内容，让法更合理，不要让法停滞不前，以适应社会客观实践的需要。这与“若一直按常规办法医学就永远没有发展”的道理一致。

医事法学分会要与医师协会联合，着眼于医务人员权益保障的恶劣现状，维护医务人员的合法权益。

总之，医事法学重要的责任，在于学法、知法、发展法。希望医事法学分会以广东作为起点，在全国进行推广，多研究难处理的问题，特别是对于边界上的一些问题，要寻求法律解决途径。

繁荣卫生法学研究　服务卫生法律实践
——在广东省法学会卫生法学研究会2012年年会上的致辞

广东省法学会专职副会长兼秘书长　陈瑞光

广东省法学会专职副会长兼秘书长　陈瑞光

尊敬的姜虹书记、尊敬的各位领导、各位理事、各位代表：

为了更好地引领和繁荣我省卫生法学研究，为我省卫生法治建设提供理论支持和决策服务，在南方医科大学的支持和发起下，2009年12月20日成立了省法学会卫生法学研究会。研究会在理事会的领导和全省广大卫生法学、法律工作者的积极参与下，每年都能紧密围绕卫生法学理论的前沿问题、我省卫生体制改革和卫生法治建设的热点难点问题，积极开展内容丰富、形式多样的学术活动，取得了许多研究成果，研究会的自身建设也得到进一步的加强。今天，研究会在广东医学会医事法学分会和广州市法官协会的联合承办下，隆重召开首届南方医事法学高峰论坛和2012年年会。在此我代表省法学会，对会议的成功召开表示热烈的祝贺！

近年来，国家和省高度重视法学会工作和法学研究工作，要求各级党委政法委把法学会工作作为政法工作的重要组成部分去谋划、去发展，把法学研究工作摆上重要议事日程。在今年9月26日召开的中国法学会恢复重建30周年大会上，中共中央政治局常委、中央政法委书记周永康出席并讲话。

他强调，广大法学、法律工作者要牢固树立社会主义法治理念，虚心向人民学习、向实践学习，不断推进我国法学理论创新、法治实践创新、法律制度创新、法律文化创新，为繁荣发展马克思主义法学理论、推进社会主义法治国家建设做出新贡献。

随着社会的向前发展，改革开放的不断深入，法治建设在经济社会发展中所发挥的作用越来越明显。借这次年会的机会，我谈几点意见，供大家参考。

一、围绕中心，服务大局，进一步繁荣卫生法律研究，促进卫生法治建设

繁荣法学研究，推动法治建设，始终是广大法学、法律工作者的历史使命和神圣职责。希望我省卫生法学、法律工作者牢记使命，不负重托，紧密围绕党和政府的中心工作，切实服务于法治建设的根本大局。当前，一要结合我省“十二五”发展规划和省委省政府一系列重大决策部署，进一步加强对我省卫生法治建设中带有全局性、战略性、宏观性重大理论与实践问题的研究，不断增强研究工作的指导性、针对性、前瞻性、科学性，为促进我省卫生法治建设和深化卫生体制改革提供理论支持和决策服务。二要结合我省广州南沙、深圳前海、珠海横琴这 3 个国家级新区战略发展规划中对卫生体制改革创新的要求和任务，组织开展相关课题研究，为推动广州南沙、深圳前海、珠海横琴卫生体制改革创新提供科学论证和决策参考。三要结合《珠江三角洲地区改革发展规划纲要》、《粤港合作框架协议》、《粤澳合作框架协议》、《建设法治化国际化营商环境五年行动计划》等一系列政策性文件，切实加强与港澳医学界同仁的交流与合作，学习借鉴港澳社会管理的好作法好经验，积极探索我省公立医院改革的新机制新模式，为粤港率先基本实现包括卫生医疗服务在内的服务贸易自由化提供理论支持和决策服务。

二、积极参与平安广东创建工作，为我省平安创建实践提供法律支撑和法治保障

创建平安广东，是继构建法治广东、和谐广东、幸福广东后，省委提出的又一重大战略任务，是进一步增强公共安全、切实保障人民权益、全力维护公平正义的基础性、战略性、根本性和长期性的系统工程。今年9月29日，省委、省政府印发了《中共广东省委、广东省人民政府关于全面创建平安广东的意见》，对创建平安广东提出了明确的目标、任务和要求。全省法学、法律工作者要认真学习和深刻领会，积极投身于平安广东创建的伟大实践中，紧密结合创建工作中的重大法学理论和法律实践问题，深入开展全方位、多层次的调查研究，为我省平安创建工作提供强有力的法律支撑和法治保障，为我省"坚持社会主义市场经济改革方向、加快转型升级、建设幸福广东"目标任务营造安全稳定的社会环境和良好的法治环境。

三、要继续加强研究会建设，促进研究会工作新发展

引领和繁荣法学研究，始终是法学会工作的中心任务。而研究会是引领繁荣和组织推动法学研究的主阵地和主力军，承担和肩负着开展法学研究的重要任务和神圣使命。当前、要充分利用贯彻实施中国法学会新章程和新修订的《中国法学会研究会管理办法》这一契机，进一步健全研究会的组织机构，规范研究会的工作制度，创新研究会的活动方式，切实增强研究会的活力。努力使研究会工作与法学会整体工作相协调，与法学研究的新任务新要求相适应。同时，要切实加强人才培养和学术成果的应用转化，使学术成果更好地为法律实践和法治建设服务，进一步促进研究会工作的新发展，努力开创研究会各项建设整体推进和工作业绩全面提升的新局面。

正在召开的党的十八大将描绘出中国特色社会主义伟大事业新发展的

宏伟蓝图。希望卫生法学研究会继续践行社会主义法治理念，开拓创新，勇于实践，锐意进取，为我省建设卫生强省、幸福广东，为创建平安广东贡献出新的智慧和力量！

谢谢大家。

填补医事法学研究空白
开创医疗法治研究新局面

南方医科大学南方医院党委副书记　姜　虹

南方医科大学南方医院党委副书记　姜　虹

尊敬的各位领导、各位专家和各位来宾：

医事法学是一个新兴的学科，是医学和法学交叉的学科。该学科以其专业性、交叉性、复合性而有别于传统的法学学科和医学学科。随着现代医学学科和市场经济的发展，医疗工作面临越来越多需要解决的法律问题。医疗纠纷的处理已经成为我国司法界亟待解决的热点和难点问题。广东省医学会医事法学分会的成立正是源于对我国医疗纠纷现状的担忧和对解决这一重大问题的探索。

本研究会的成立正好填补了广东省医学会医事法学研究的空白。同时，对于发掘医事法律文化、弘扬法治精神、建设社会主义医疗法律事业具有极其重要的意义。

南方医科大学将在未来给予广东省医学会医事法学分会全面的支持，也希望医事法学分会进一步整合优势研究法律资源，不断壮大，为全国医疗法律研究的积极开展而努力，为和谐社会的构建做出更大的贡献。

第 2 章 医事法学

寄语

医事法学栏目是广东省医学会医事法学分会成立以来同国内医疗专业权威媒体的第一次合作。

“真案例，多视野，阐医法，通医患，建共赢”是我们合作的期望；“意见与己见”式的表达、“争论和争鸣”态的研讨、“证据和依据”样的运用以及“共鸣与共识”般的追求是我们合作的模式；“依法行医，法治医疗，医患和谐”是我们合作的目的。

——栏目主持人、广东省医学会医事法学分会主任　宋儒亮

解读心血管案例的医与法

中国医学论坛报编辑　许景红

第14届中国南方国际心血管病学术会议(南方会)上,大会秘书长谭宁教授接受中国医学论坛报记者采访时称,本届南方会亮点之一是新增医事法学论坛。首届医事法学论坛由广东省医学会医事法学分会主办,尽管会场不大,但是座无虚席、听会者认真记录并踊跃提问,该分会宋儒亮主任总结时说,我们每个人都有可能成为患者,能够得到医务工作者的诊治、护理是幸运的,能够得到法律的保障也是幸运的,医和法是连在一起的……

案例回放

病史　患儿,女,3岁,以“发现左室致密化不全1年余,呕吐伴全身浮肿4天”入广州某医院治疗。入院诊断:左室致密化不全、二尖瓣反流(轻)、肺动脉高压(中)、心功能Ⅳ级。长期医嘱:常规护理、Ⅱ级护理。

入院3.5小时后,在给予咪唑安定静脉推注过程中,患儿出现呼吸、心跳减慢,心率、血压降低,口、鼻涌出大量粉红色泡沫痰,随后抢救无效死亡。死亡诊断:① 心肌致密化不全(左室型)、心功能Ⅳ级、全心功能衰竭;②急性左心衰。

(医、患双方对患儿死亡原因发生争议,患儿家属要求封存病历并行死因鉴定。)

第一次死因鉴定　血中咪达唑仑浓度0.03 μg/ml,结合《现代临床药物大典》、《精神药品临床应用指导原则》和《临床药物不良反应大典》中关于咪唑安定禁忌严重心功能不全患者使用的相关规定,以及尸检组织学检验结果,结论:符合在左心室内膜纤维化、肺动脉高压的基础上,咪唑安定诱发心功能不全加重而死亡。

第二次死因鉴定　法院受理患儿家属诉讼后，委托进行二次鉴定，结论：患儿因先心病并发重度心功能不全，因心衰而死亡。不排除咪唑安定的使用对患儿心衰加重有促进作用。

庭审时医患双方争议焦点：使用咪唑安定是否违规？死亡原因系原发病恶化还是咪唑安定导致？原发病诊断是心内膜纤维增生症还是心肌致密化不全？推注咪唑安定前患儿病情是否突然恶化，补记病历真实性如何认定？

各方解读

医方代表黄伟青　医护人员在临床中应高度重视知情告知、病历书写。医方对本病例使用咪唑安定可能出现的问题未向患儿家属告知，病历补记涉及时间的内容与实际不吻合。

律师范秀玲　本案主要涉及医疗技术行为判断，最终判决取决于法官对证据效力的认定。医方在咪唑安定使用上未尽到审慎注意义务。80%医疗纠纷涉及病历书写，故病历书写一定要规范、补记要及时。

鉴定人王慧君　鉴定中发现患儿左、右心比例严重失调，右心占2/3，且心尖部是右心室，考虑患儿存在左心室发育不良，这是一种复杂先心病，常伴心肌致密化不全，猝死率高，该患儿之所以能生存一段时间，就是因为其动脉导管未闭且粗大，这些病理结果与超声心动图及临床表现相符，因此排除了第一家鉴定中心意见——心内膜弹力纤维增生症，后者猝死率低得多。

法医鉴定目的就是得到明确、客观的判断，而对疾病充分认识有助于判断因果关系，因此，须注重法医鉴定结果。

法官官健　①医方应及时更新知识，尽管患儿预后差，但医方使用了卫生部官网已发布、对严重心功能不全患者禁用药物，故药物与死亡的因果关系很难说清楚；②补记病历前后不要矛盾，死亡讨论中称患儿病情很重，与入院病历完全不符，且患儿病情很重时无相应医嘱；③此案例因病历真实性原因未行医学会鉴定，如果进行，结果可能有所不同。最后判决结果是院方负主要责任。

一审患方败诉，二审调解医方部分赔偿

主动脉夹层介入治疗“是非”之争

广东省医学会医事法学分会　宋儒亮　王绍强　姚　麟　程东海　黄伟青　陈　伟

病历简介

8月17日	患者因突感左胸背部剧痛，呈持续性撕裂感，随心跳搏动性加重，伴出汗，至A医院急诊就医，考虑急性冠脉综合征，不排除主动脉夹层可能。入院后胸、腹部CT检查示主动脉夹层，反复动态三维观察见夹层开口位于左锁骨下动脉远侧，据此考虑主动脉夹层De BakeyⅢ型/Stanford B型。
8月19日	经告知手术必要性和风险，患者表示理解并签署手术知情同意书后，在全麻下行主动脉夹层腔内封堵术（胸主动脉造影+腹主动脉造影+胸主动脉支架成形术）。术中造影见主动脉破口位于主动脉弓，距左锁骨下动脉1.5 cm，升主动脉未见破口，遂于破口处置入覆膜支架。术后转入CCU监护治疗。
8月26日	转入介入病房作巩固治疗。转入时神志清晰，无胸痛、咳嗽、气促等不适，血压平稳。
9月2日	胸部CT示主动脉夹层，胸主动脉支架置入术后改变（未见假腔内对比剂增强），双侧少量胸积液、少量心包积液。
9月4日	患者带药出院。
9月25日	患者再发胸痛3天到B医院急诊就诊，按心绞痛治疗后好转。
10月25日	患者以主诉“胸痛3天，晕厥1次”入住B医院，即行升主动脉、主动脉弓替换术。术中发现大量血液从升主动脉破口涌出，破口大小2 cm，心包腔积血500 ml，自升主动脉起全周内膜撕脱，完全与外膜分离，达降主动脉远端；主动脉弓右半部的（原隔绝术）血管支架周围见多个破口。术后诊断：主动脉夹层DebakeyⅠ型/Stanford A型。
11月5日	患者出院。

原告（患方）

因不认可医方治疗，患方（原告）以A医院为被告，提起了医疗损害赔偿纠纷案。

患方核心诉请如下：①被告（A 医院）应为患者施行传统开胸动脉置换手术，但 A 医院却错误诱导患者家属同意施行全麻下主动脉夹层腔内封堵术，在患者胸主动脉放置支架；②因 A 医院严重不负责任、未采取正确有效治疗措施、延误救治时机，导致患者再次行手术治疗，并增加了第二次手术的风险和难度。为此，患方请求法院判令 A 医院支付全部医疗费、误工费、交通费、护理费、住院伙食补助费、精神损害抚慰金和残疾生活补助费及承担医疗事故鉴定费、伤残鉴定费、受理费。

被告（医院）

A 医院辩称，本案经鉴定不构成医疗事故，医方无过失行为，患者现有病情属原发病发展所致，与医方诊疗行为不存在因果关系。故请求驳回患方的全部诉请，案件的受理费、鉴定费也应由患方负担。

鉴定意见

某市医学会医疗事故鉴定

①根据患者病史、症状、体征和辅助检查，特别是胸腹部 CT 见主动脉夹层开口位于左锁骨下动脉远侧，介入术后假腔内无对比剂增强等资料，A 医院诊断“主动脉夹层动脉瘤 De Bakey Ⅲ型/Stanford B 型”有依据；给予患者降压及施行主动脉夹层腔内封堵术介入治疗等处理合理，符合临床诊疗常规和处置原则。

②据 B 医院手术记录，患者升主脉内膜完全撕脱，考虑为腔内封堵术后新发升主动脉破口；术中发现原支架周围内膜多个破口，也印证了 A 医院支架置入处确实是夹层破口所在。

③对于 De Bakey Ⅲ型主动脉夹层，选择主动脉夹层腔内封堵术并无违反治疗原则。患者术后因病情自然进展，新发升主动脉内膜破口，使原已有

撕裂的夹层假腔扩大,并突破外膜而形成心包积血,属于病情发展演变,并须要紧急行升主动脉、主动脉弓替换术。后次开胸并非因前次介入所引起,也不存在因做了介入而使升主动脉、主动脉弓替换术难度加大。

④A 医院诊疗缺陷:a. 介入治疗前,对手术风险、术后并发症等交代不足;b. 夹层波及升主动脉者,既可介入治疗,也可开胸手术治疗,A 医院对两种治疗方法各自优缺点向患方交代欠详细,有可能对介入优点强调较多。

某市医学会据此认为,未发现 A 医院医疗行为违反医疗卫生管理法律、行政法规、部门规章和诊疗护理规范、常规;无医疗过失行为,存在医疗缺陷;患者介入术后再发升主动脉夹层并须紧急行升主动脉、主动脉弓替换术乃病情进展所致,与 A 医院医疗行为及医疗缺陷之间不存在因果关系。

结论为:本医案不构成医疗事故。

法院裁判

一审法院认为根据《医疗事故处理条例》第三十四条规定,本案不属于医疗事故,鉴定费用由提出医疗事故处理申请的一方支付,由被告担当。审查原告的诉讼请求,不符合《中华人民共和国民法通则》第一百零六条第二款的规定,判决驳回患方全部诉讼请求。

判决后,患方不服而提起上诉,在审理过程中,经二审法院主持调解,A 医院于本调解协议生效之日起七日内一次性向患方支付 95000 元,并且负担医疗事故鉴定费。

各方意见

本案争议焦点有两个:

一是医方是否尽到与当时医疗水平相应的诊疗义务,核心在于患者诊断是Ⅰ型还是Ⅲ型夹层;

二是医方是否尽到充分的告知说明义务,核心在于可替代治疗方案的

告知说明。

医方代表

医方代表姚麟　9月2日患者CT检查未见新夹层出现,9月25日曾因胸痛在B医院留观3天,10月25日才急诊再次入住B医院,可见患者的升主动脉内膜破口是新发生的,新发生破口使得原有撕裂夹层假腔扩大,并突破外膜形成心包积血,这是病情的发展演变,并需要行紧急升主动脉、主动脉弓替换术。

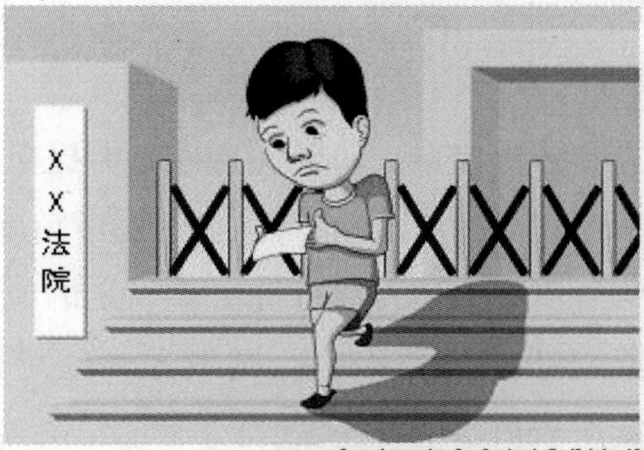

一审驳回患方全部诉讼请求

二审调解医方部分赔偿

医方代表黄伟青　此案例中存在的缺陷——夹层波及升主动脉者,既可行介入治疗,也可开胸手术治疗,A医院对两种治疗方法各自的优缺点向患方交代欠详细,有可能对介入优点强调较多,而忽视了对并发症和紧急替代疗法/方案的交代,使患者期望值过高,矛盾发生快,易激惹,这在心血管医生中最容易出现,也是患者/家属提出不解的突出点。医院应重视心血管重症患者的知情告知方法,熟悉治疗新进展和规范。随着心血管介入的普及,对于风险告知、治疗选择性,一些医生避重就轻,过度强调优点,从而增加了医疗纠纷的发生。

医方代表吴晓东　从患者主动脉夹层动脉瘤发展的进程看,A医院采取主动脉夹层腔内封堵术作为首次治疗选择并无过错。医学是一门实践科学,病情是动态变化的,基于当时的病情选择适用临床规范是客观存在的。

对于可能因介入优点强调较多带来的医疗缺陷，医方是否应承担民事责任，应按照《侵权责任法》第五十五条规定，根据医疗损害关联程度来综合考虑。二审民事调解A医院向患方支付95000元，缺乏充分的法理基础，对A医院欠公正。

律师代表

律师陈国翔 如果A医院不能提交证据证明已对患者的“病”进行了符合医学规律的诊治和护理（如从医学角度对介入/开胸治疗之异同和适用选择进行说明），也没履行好法律规定的说明解释义务（交待病情、医疗措施、风险、替代医疗方案等），则患方就丧失了知情选择权，造成患者损害的，医方就应承担赔偿责任，这符合目前司法判决实践。有关各方应当对《侵权责任法》第五十五条认真学习和掌握。

法官代表

法官官健 患者主动脉夹层诊断明确，争议是哪一型，Ⅰ型则行主动脉置换术；Ⅲ型则可行腔内封堵术，标准在于主动脉内膜破口位置。经反复三维动态观察，夹层开口在左锁骨下动脉远侧，这使医方在术前倾向Ⅲ型的诊断，并拟行介入。术中造影也进一步证实。故本案医方诊疗行为符合规范，尽到了与当时医疗水平相应的诊疗义务。

《执业医师法》、《医疗事故处理条例》、《医疗机构管理条例》、《医疗机构管理条例实施细则》等法律法规早已明确规定医师告知说明义务，2010年7月1日实施的《侵权责任法》对此进一步规定，医务人员在诊疗活动中应当向患者说明病情和医疗措施。需要实施手术、特殊检查、特殊治疗的，医务人员应及时向患者说明医疗风险、替代医疗方案等情况，并取得书面同意；不宜向患者说明的，应向患者近亲属说明，并取得其书面同意。若医方没有尽到充分的告知说明义务，侵犯了患者知情同意权/知情选择权，造成患者损害，则医方需承担相应的赔偿责任。

本案就是一个关于替代医疗方案告知说明义务的典型案例。

虽然患者诊断为DeakeyⅢ型夹层，但是其主动脉壁发生逆行剥离，升主动脉亦可受波及。此时，既可行介入，又可行外科手术。本案中，医方没有充分告知说明上述情况，剥夺了患者选择权。若患者首次选择置换手术，虽风险较大，但可能避免升主动脉夹层再发。医方在告知说明义务上的欠缺在一定程度上令患者丧失了可能避免再次手术的机会。

从医疗费用上看，第一次住院治疗的费用近20万元是可能避免发生的。因此，本案经调解医方同意返还95000元给患者，相当于上述费用的一半，基本是合理。

本案启示

医疗事故鉴定用语应规范合法

广东省医学会医事法学分会　广东行政学院法学教研部　宋儒亮

从司法实践而言，本案一审判患方败诉，但二审却又以医方同意支付一定费用而调解结案，背后关键是医疗事故技术鉴定结论。

医疗诉讼中常常有打医疗官司就是打鉴定的说法，鉴定结论对判决的重要性就如同手术对外科的价值。正因鉴定之重要，所以，当前鉴定——医学鉴定、司法鉴定和医疗损害鉴定——选择和适用冲突已成为一个全国范围内普遍性关注的问题，但冲突真有这么大吗？真难以调和吗？

医疗事故鉴定结论兼具医学性和法律性　包括《医疗事故技术鉴定书》在内的鉴定结论既是医学文书，也是法律文书。故鉴定用语既要符合医学规律，也要具有法律指向，即同时在医学和法律（医疗卫生管理法律、行政法规、部门规章和诊疗护理规范、常规）上能够说得过、用得了和行得通；若不能同时在医学、法律两个领域被接受和认可，就表明存在冲突、矛盾，用语的科学性会受到质疑。

“诊疗规范”用语具有指引、规范和评价的价值　就本案《医疗事故技术鉴定书》而言，诸如“符合临床诊疗常规和处置原则”、“符合诊疗规程”以及“并无违反治疗原则”等用语在全国各地的医疗事故技术鉴定书中都被或如此或类似地适用着，在医学上不是问题，但在法律领域，这类用语与《侵权责任法》所言的“诊疗规范”之间就存在不支持、不符合和不一致的问题。

《侵权责任法》第五十八条第一项规定：“患者有损害，因下列情形之一的，推定医疗机构有过错：(一)违反法律、行政法规、规章以及其他有关诊疗规范的规定……”《侵权责任法》第六十三条规定：“医疗机构及其医务人员不得违反诊疗规范实施不必要的检查。”以上说明，诊疗行为不符合诊疗规范可直接推定医方存在过错。

法律认可医方不需要承担赔偿责任的三种法定情形。《侵权责任法》第六十条规定：“患者有损害，因下列情形之一的，医疗机构不承担赔偿责任：(一)患者或者其近亲属不配合医疗机构进行符合诊疗规范的诊疗；(二)医务人员在抢救生命垂危的患者等紧急情况下已经尽到合理诊疗义务；(三)限于当时的医疗水平难以诊疗。以上情形中，医疗机构及其医务人员也有过错的，应当承担相应的赔偿责任。”

“诊疗规范”用语属性　在法律定性上，就《侵权责任法》而言，“诊疗规范”至少具有三大属性：①“诊疗规范”是医事法律的专用词，除非修改法律或者获得法律授权，否则，任何单位和个人不能擅自对其进行含义解释、名称转变或者概念互换。②要保证行医合法，就不能违反诊疗规范；违反诊疗规范，行医就存在不合法问题。如此认识是审查卫生行政机关是否履行行政监管职责、评判医疗机构是否依法履行诊疗和护理职责判断医生诊疗活动是治病救人还是谋取利益的参考依据。③“诊疗规范”属于具有医和法结合属性的一种行业共识。疾病因人而异，但诊疗规范却不以行医人的意志为转移，是行医所不能违反的底线。

综上所述，类似“符合临床诊疗常规和处置原则”、“符合诊疗规程”以及“并无违反治疗原则”等用语应当被“诊疗规范”用语所替代并从鉴定结论中消失，如若鉴定界能认同并在鉴定中完全依据法律意义上的诊疗规范，那么，有理由相信，医学鉴定和司法鉴定的差异会减少、差距会缩小。

因此，要让类似“患者一审完全败诉，但二审医方却同意调解支付95000元”的裁判结果在今后难再出现（弥合医学鉴定和司法鉴定的差异），我们必须尊重和执行“诊疗规范”。

临床专家点评

外科手术能根治主动脉夹层吗？

上海交通大学医学院附属瑞金医院　臧旺福　徐　洪

主动脉夹层（AD）是心血管病的高危病种，被称为不确定“炸弹”，随时会“爆炸”，治疗棘手，易致医疗纠纷。夹层破口近2/3在主动脉近端，20%在降主动脉，10%在主动脉弓三大血管分支处。

AD发生发展迅速，病情凶险，急性期死亡率高20%在入院前死亡；未经治疗者，近50%在诊断48小时内死亡，75%的患者在诊断后2周内死亡，故早诊断、早治疗极其重要。

基层或无治疗条件的医院，应在保证基础治疗前提下，及时告知家属，尽快请上级专科医生会诊或转院；有条件治疗的医院，治疗前后应充分与患者及家属沟通，告知相关问题和风险。AD是进行性发展的（全动脉性或全身性），需要系统治疗，支架或手术对某些患者并非根治性治疗，无论哪种治疗方式，术后仍可能出现像该病例一样甚至更严重的并发症。

明确疾病分型以指导治疗

DeBakey 分型和 Stanford 分型是目前应用最为广泛的 AD 分型方法(如下图)。诊断过程应特别注意明确 AD 的分型、鉴别夹层真假腔、确定有无 AD 外渗和破裂预兆、确定有无主动脉瓣反流及心肌缺血、确定有无主动脉分支血管受累等,为制定和开展积极有效治疗策略、预后评估等提供依据。

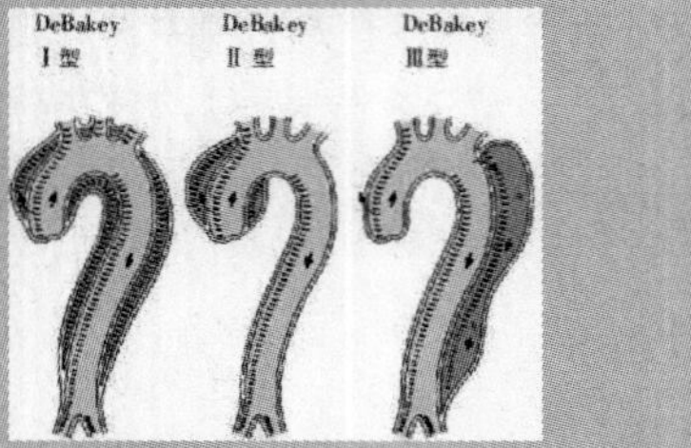

图 AD 分开示意图(注:DeBakey Ⅰ型指夹层起源于升主动脉并累及主动脉弓、降主动脉,Ⅱ型指夹层局限于升主动脉或主动脉弓,Ⅲ型指夹层起源于左锁骨下动脉远倒的降主动脉,未向下累及腹主动脉称Ⅲa 型,累及腹主动脉称Ⅲb 型;Stanford A 型指无论夹层起源部位,只要累及升主动脉,Stanford B 型指夹层起源于降主动脉未累及升主动脉。)

掌握治疗进展

治疗的主要目标是延缓及控制 AD 进一步扩展,防止血管损伤和主动脉破裂。

基础治疗　对于≥90% 的 AD 患者,药物治疗必不可少,控制血压达 125/80 mmHg、维持心率在 60 ~ 70 次/分及保持安静、避免过度用力等措施是治疗和护理关键,可明显改善患者预后,提高生存质量,降低死亡率,并为下一步介入或外科手术提供保障。

外科手术　治疗主动脉夹层最确切的方法便是外科手术,通常可"根治"。对于 Stanford A 型夹层、趋向破裂、合并重要脏器或下肢缺血、夹层逆行进展累及升主动脉、合并主动脉瓣关闭不全的急性 B 型夹层,应尽早实施外科手术。手术治疗目的是置换病变血管、消除假腔、重建分支血管血供。

依据病因、内膜破口位置、夹层累及的部位,采用不同手术方式行大动脉置换术、Wheat 术、Cabro 术、Bentall 术、Bentall 术半弓置换或全弓置换加支架"象鼻"术等。

介入治疗　介入方式主要是腔内修复/隔绝术,通过特殊覆膜支架的弹性扩张力将人工血管无缝合固定于病变动脉两端的正常动脉壁，封闭夹层破口。

介入治疗效果确切、创伤小、恢复快，但也存在支架异位、内漏、支架相关新破口、逆行夹层、分支阻塞等并发症。目前治疗适应证不断扩大，分支型支架出现，使部分累及主动脉弓及其近端的 Stanford A 型夹层介入治疗成为可能。

近年来“Hybrid”杂交手术理念也开始用于 AD，以缩小手术范围、减少手术时间、避免外科手术的巨大创伤、降低死亡率，临床上已取得不错疗效。

合理选择治疗

近年来，介入设备和支架材料发展及介入经验积累，使 AD 介入疗效越来越好。但有些部位的夹层，支架就很难解决问题，如破口距离锁骨下动脉 1.5 cm 时，支架能否完全覆盖？笔者认为，此时血管外科医生若想在无心外科医生参与情况下彻底解决问题，则应在左锁骨下动脉和左颈总动脉之间吻合一段人工血管，旷置前者开口，再用支架完整确切地覆盖夹层破口。当然该病例初次确诊就是手术适应证，手术能直接解决问题。

此类病例治疗选择在现实中很难。医生要较全面了解此病，不掺杂私利、公正客观地向患者和家属介绍各治疗方案的适应证、优缺点，以指导患者和家属做出正确判断。最终选择权在患者和家属，应尊重！无论何种治疗，医生必须告知风险和预后情况，避免出现纠纷。

读者反馈

“近年医疗诉讼增多，典型案例对临床有借鉴”

复旦大学附属华山医院心内科　李　剑

《一审患方败诉，二审调解医方部分赔偿——主动脉夹层介入治疗主动脉夹层介入治疗》主动脉夹层病例,发展快、变化多、容易死亡,是历年来医院心血管科最易引发诉讼的疾病。病例虽不够尖锐,也未让患方充分发表看法,但案件的社会学问题仍十分明显:安装支架后理论上2周左右随访,出现症状随时回院,但患者为何更换医院;出院到第1次出现症状仅3周,若回A院,可能会考虑病情进展行CT血管造影(CTA),制定相应对策,故患方也存在责任。在我国,患者可以自行选择医院。在各种社会因素而非医学因素的作用下,患者就可能随时更换医院和医生,而病史却不能统一可查,很容易导致医疗纠纷。B院若已知道患者既往史,就应在患者第1次胸痛时为其行CTA或建议其回A院复查,在此,B院也存在一定责任。

胃大部切除术后多次出血合并房颤
抗血小板与抗凝治疗之过失认定

广东省医学会医事法学分会 黄伟青 宋儒亮 欧阳斌 罗碧辉 赵 凯

病历简介

患者,男,74岁。8年前曾被诊断为“急性肾功能衰竭”,治疗后演变为“慢性肾功能不全”。3年前被诊断为“快速房颤”,服用盐酸胺碘酮等治疗。2年前因“消化性溃疡”行胃大部切除术,术后出血数次,长期口服胃黏膜保护药。同年因反复晕厥被诊断为“病态窦房结综合征”,随后置入永久性心脏起搏器。入院前一年发现高血压病,血压最高达170/90mmHg,服用美托洛尔降压治疗。

11月26日	因“反复心悸3年余,加重1周”入住A医院。心电图示窦性心律,心率72次/分,不完全性右束支传导阻滞,V2-V3 ST段呈非弓背形抬高。初步诊断:病态窦房结综合征(人工永久心脏起搏器置入术后)、慢性心力衰竭(心功能Ⅱ级)、胃大部切除术后、慢性肾功能不全。入院后即予阿司匹林肠溶片、贝那普利以及中医中药等治疗。
11月28日	患者仍诉心悸,心电图示房颤,心室率100次/分。遂嘱口服盐酸普罗帕酮片(自备)复律,停用阿司匹林肠溶片,改服华法林1.25mg,1次/睡前。
11月29日	患者心悸症状消失,心率90次/分,律齐。
12月1日	患者排棕褐色大便一次,急查凝血酶原国际标准化比率(INR)1.12,继续口服华法林。
12月2日	患者晨排棕褐色大便一次,急查粪便潜血(3^+)。当天上午、晚上分别复查血常规,红细胞、血红蛋白均呈进行性下降,提示存在上消化道出血。当晚即停用华法林,予奥美拉唑及对症处理,嘱全流饮食。
12月3日	患者晨排黑色软便一次,后为暗红色大便,量约250 ml,血压正常,急查粪便潜血(4^+),复查血常规,红细胞、血红蛋白均较前继续下降,即请消化科会诊,诊断为急性上消化道出血,予注射用奥美拉唑、奥曲肽、止血剂及扩容等治疗,并建议胃镜检查,但患方拒绝。上午11:00患者排黑便(量约250 ml)后突发神志不清,大动脉搏动消失,经抢救后患者神志恢复。

11:10患者又出现神志不清、呼之不应、双侧瞳孔不等大(左瞳直径约4.5 mm,右瞳直径约2 mm),予心肺复苏、气管插管、球囊辅助通气、呼吸机辅助呼吸及药物等急救处理,至14:40,监测心电图呈直线,告临床死亡。死亡原因考虑急性脑血管意外、心脏骤停、急性上消化道出血、病态窦房结综合征、慢性肾功能不全(氮质血症期)。患者死亡后,医方建议作尸检,遭患方家属签字拒绝。

鉴定意见

某市医疗事故技术鉴定

① A医院对患者的主要诊断正确。

② A医院先后予患者抗血小板(阿司匹林)和抗凝(华法林)预防栓塞事件(卒中)发生有适应证,其药物剂量、用法、抗凝强度均符合诊疗规范。

抗血小板和抗凝惹的"祸"?

③ A医院对患者的病情变化观察、评估及治疗及时,不存在误诊及延误救治问题。

④由于缺乏尸解资料,患者确切死因未能明确。根据患者诊治经过及病情演变,推断患者死亡是服用阿司匹林和华法林后出现药物不良反应(出血事件),导致急性脑出血(脑干出血可能性大)和急性上消化道出血所致。急性脑干出血非常凶险,抢救成功率几乎为零(尤其出血量大者)。

⑤ A医院医疗缺陷:在应用抗血小板和抗凝药之前,对患者可能存在的出血风险评估不足且缺乏与患方沟通,应让患方有知情权和选择权;对患者胃大部切除术后的病情评估与重视不够,尤其是术后仍出血数次,在应用抗血小板和抗凝药同时没有应用胃黏膜保护药。

据此认为,未发现医方医疗行为违反医疗卫生管理法律、行政法规和部门规章;患者死亡是药物不良反应导致的出血事件(急性脑出血、急性上消化道出血)的结果,与A医院医疗行为及医疗缺陷之间不存在直接因果关系。

结论:本医案不构成医疗事故。

原审判决

法院认为,依照《中华人民共和国民法通则》第一百零六条第二款、第一百三十四条第一款第(七)项规定,虽然患者死亡是药物不良反应导致出血事件的结果,但鉴于A医院在给患者服用阿司匹林或改服华法林时,没有同时应用治疗消化性溃疡药物,不符合治疗常规,A医院应酌情向患方作出40000元的赔偿,驳回患方其他诉讼请求。本案受理费、医学会鉴定费都由A医院承担。

上诉人(患方)

因不服原审判决,患方提出上诉理由和请求。

除引用了医疗事故鉴定书中的A医院医疗缺陷的内容外,还称:《医疗事故技术鉴定书》的意见已明确医方诊疗增加了患者消化道出血风险,患者死亡是药物不良反应导致的出血(急性脑出血、急性上消化道出血)结果。治疗行为与患者死亡之间存在因果关系。《死亡医学证明书》清楚列明了“A.导致死亡的直接病因:急性脑血管意外及心脏骤停。B.引起A的疾病或情况:上消化道出血。”也就是说,因患者上消化道出血造成急性脑血管意外及心脏骤停,最终死亡。

据此提出上诉请求:撤销原审判决,改判A医院死亡赔偿金、丧葬费、精神损害赔偿金共221407.4元;一审、二审诉讼费均由A医院承担。

被上诉人(医院)

A 医院既不同意患方的上诉请求,也不同意原审判决,但考虑到诉讼成本而没有继续提起上诉。

A 医院认为本案已经医疗事故技术鉴定,尊重医学会鉴定结果。

二审判决

原审法院委托医学会作出医疗事故技术鉴定。该鉴定结论虽然认为本案不构成医疗事故,但指出了医方医疗缺陷,包括医方在使用抗血小板和抗凝药之前,对患者可能存在的出血风险评估不足;缺乏与患方沟通,未告知患方治疗用药的适应证(效益)和可能出现的不良反应(出血风险),影响了患方知情权和选择权的行使;对患者既往基础病(胃大部切除术后)的评估与重视不够,尤其是术后仍出血数次,在应用抗血小板和抗凝药的同时没有应用治疗消化性溃疡药物。

虽然本案不构成医疗事故,但医方在给患者使用抗血小板及抗凝药治疗期间存在过错,且与患者最终出血死亡存在一定因果关系。

同时应注意到,患者 74 岁高龄,身患心、肾、胃等多脏器疾病,有应用抗血小板及抗凝药适应证;患者突发神志不清,经抢救无效死亡,考虑急性脑出血(脑干出血可能性大)是导致其死亡的直接和主要原因(由于患方不同意尸检,患者确切死因无法明确)。因此,患者自身原发病因素及医疗风险应为导致患者死亡的主要因素,医方过错应为次要因素,A 医院应对患方损失承担次要责任。

原审酌情确定 A 医院向患方赔偿 40000 元,处于次要责任赔偿额度范围之内,基本合理,驳回上诉,维持原判。

各方意见

本案争议焦点有两个：

一是医方对用药适应证和不良反应风险评估是否到位，核心问题在于使用抗血小板和抗凝药的告知说明及并发症防范；

二是医方诊疗行为与患者死亡原因是否存在因果关系，核心在于死因未明确、依推断定责。

医方代表

医方代表罗碧辉（心内科医生）：从理论上讲，该患者有应用华法林的强适应证，但也具备出现华法林出血不良反应的易患因素（“慢性肾功能不全”和“消化溃疡病胃十二指肠出血”史）实际应用中必须个体化治疗。由于华法林特殊药理作用和药代动力学特点，应用前需要患者签署《应用华法林的知情同意书》；应用时注意监测凝血酶原国际标准化比值（INR），同时注意患者是否合并其他脏器疾病，对短时间内血红蛋白波动要提高警惕。

医方代表李少明（神经内科医生）：抗凝治疗相对禁忌证包括消化道溃疡、血液病出血倾向、严重高血压、严重肝肾功能不全及未能排除的脑出血病史。临床上应用抗凝治疗，要结合患者实际情况进行风险评估。

抗凝引起颅内出血的风险随增龄而增大，年龄达到何种程度易引起出血尚有争论。该病例从心内科角度有抗凝治疗指征，但综合患者病情以及高龄考虑，应用时须十分谨慎。

律师代表

律师李立：因超说明书规定范围使用药物引发的医疗损害赔偿案日益增多，本案就是一起，焦点在于没有按药物说明书要求规范使用药物，药物说明书是临床用药的法定依据之一。本案涉案医院没能提供证据证明在使用两种药物时，其对药物适应证、禁忌证、使用注意事项、用法与用量以及药物配伍等是严格按照说明书所载来使用，缺乏应有的谨慎、注意和说明义务，那么根据《中华人民共和国侵权责任法》第五十八条的规定应推定为有过错。本案医方有过错，患者又有损害，缺乏抗辩事由，那么医方就要承担相应的法律责任。

事实上，如此风险可以预防，依据就是《处方管理办法》。在本案中，医方在患者药品使用上缺少了由执业药师审核调剂环节，这不符合《处方管理办法》第二条、第三十五条、第三十六条的规定。医嘱单也是处方，应当按照处方管理办法由药师进行审核、调剂、核对，才能更有效地防范药物使用带来的风险。

法官代表

法官官健：医疗事故技术鉴定结论虽然认为本案不构成医疗事故，但也指出了医方存在医疗缺陷。

法院对于损害后果的责任认定符合事实，赔偿也是在合理范围之内。

本案启示

患方拒绝尸检的医法思考

——行使知情而不同意权的不利医法后果

广东省医学会医事法学分会　广东行政学院法学教研部　宋儒亮

本案医患双方各有赢有输。医方之输，关键在药物使用不当，日后应当改进；患方之输，要害是“拒绝”不当（“诊断为急性上消化道出血后而建议行胃镜检查，但患方拒绝”、“患者死亡后，医方建议作尸体解剖，患方家属签字拒绝”），值得警惕。医疗活动是专业信息严重不对称的活动，作为掌握信息本身就缺乏的患者，选择“拒绝”要非常慎重，因选择备后就是要

有医学和法律代价的。临床上，患者选择“拒绝”就属法律上的知情而不同意。从本案而言，患者选择“拒绝”，既不利于患方，比如没有胃镜检查难以彻查出血原因和部位，不进行尸体解剖难于确定真实死因；也不利于医方，比如有诊断但难治疗、有方法但难查原因进而难提高治疗水平。在此，以尸体解剖为例，谈谈患方行使知情而不同意权背后所会引发的医学和法律之不利后果。

一是，尸检是有法可依的。

《医疗事故处理条例》第十八条规定：“患者死亡，医患双方当事人不能确定死因或者对死因有异议的，应当在患者死亡后48小时内进行尸检；具备尸体冻存条件的，可以延长至7日。尸检应当经死者近亲属同意并签字。尸检应当由按照国家有关规定取得相应资格的机构和病理解剖专业技术人员进行。承担尸检任务的机构和病理解剖专业技术人员有进行尸检的义务。医疗事故争议双方当事人可以请法医病理学人员参加尸检，也可以委派代表观察尸检过程。拒绝或者拖延尸检，超过规定时间，影响对死因判定的，由拒绝或者拖延的一方承担责任。”

二是，在医疗活动中，在死因认定问题做到有法必依，要满足三个条件。

（一）死者近亲属同意并签字是进行尸检的意思条件。如果不签字同意，就不能进行尸检。此时，如果医方缺乏说明义务导致患方不能行使知情同意进行尸检，不利结果就会由医方承担。

（二）应当在患者死亡后48小时内进行尸检是确定死因或者解决死因异议的时间条件。如果不在此时间之内进行尸检，就难以确定死因或者解决异议。而出现此情况对医方是不利的。

（三）拒绝或者拖延尸检，超过规定时间，影响对死因判定的，由拒绝或者拖延的一方承担责任，这是责任认定条件。这种责任是有法律后果的，可具有民事、行政和刑事之意义。

三是，要清楚尸检的医法价值，认真对待各自选择。

第一,死亡是民事法律关系终结的方式之一,死因检验是判定死亡真实原因的检验,是死亡判断的金标准。从医学上说,患者的死亡及死因应由医方向患者近亲属说明,患者近亲属一旦认可,死亡医学问题自然终结,各方按死亡程序进行相关法律活动。一旦产生死因争议,从法律上说,医方有义务就其主张患者的死亡和死因提出证据,即随诊疗护理而逐次形成病历等资料,尸体检验报告并非必须。一旦需要,则表明存在争议,这是关乎争议胜败的关键证据。

第二,在医疗损害赔偿纠纷中,医方提出但患方拒绝则尸体检验不能启动,随之产生如下后果:

1. 确定了责任方。不能启动原因方是患方而不是医方,而原因方往往是法律责任方。

2. 只能认同医方死因结论。从医学上,不进行尸体检验并不意味着不能从医学上确定死因。支持此医学死因的根据就是医方在对患者进行诊疗护理所确定的死亡临床诊断,证据就是包括病历资料等主、客观证据。医学上的病因诊断患方只能选择认同和接受,难有证据予以反对和推翻。

第三,要推翻死亡临床诊断的最有力证据常常就是尸检结论,否则,从医法角度,死亡的临床诊断就是死因结论。

从法律上说,不能启动尸体检验就意味者已构成了“拒绝或者拖延尸检和超过规定时间”,直接的民事法律后果就是“影响对死因的判断”,就是不能取得尸检结论。要说明,不能尸检并不意味着不能确定死因,只能确定无尸检结论支持的死因,即只能选择临床死亡诊断。

临床专家点评

安全有效应用华法林安全有效应用华法林

北京大学人民医院心内科　许俊堂

本例患者74岁,既往曾发生急性肾功能不全入院前3年曾被诊断为“快速房颤”,2 年前因“消化性溃疡”行胃大部切除术,术后出血数次,因病态窦房结综合征安装永久起搏器,发现高血压 1 年。本次住院为窦性心律,期间发作房颤,遂停用阿司匹林使用小剂量华法林抗凝第三日起发现上消化道出血,随后出血加重,并可疑颅内出血,治疗无效死亡。本例治疗可能存在以下不足:患者使用华法林的适应证有些勉强,给药有些仓促,应详细了解病情后再行定夺;对于患者的用药禁忌和可能风险估计不足/了解不清;未予减少消化道出血的措施;与患者及家属的沟通和交代不充分。

全面深入评估是否应用

华法林作为唯一口服抗凝药物应用的历史有六十余年,其效果和安全性得到了广泛验证,用好了严重出血发生率并不高于阿司匹林,甚至在大型临床试验中并不显著高于安慰剂。其主要适应证是瓣膜病、换瓣术后或中高危非瓣膜病性房颤患者预防发生血栓栓塞,静脉血栓栓塞的初始和长期治疗或二级预防,高危且危险因素长期存在患者预防发生静脉血栓栓塞。在非瓣膜病性房颤患者,口服华法林维持国际标准化比率(INR)在 2.0 ~ 3.0 可减少卒中 68%、死亡 23%。现有指南已将华法林等抗栓治疗作为房颤患者治疗最重要措施,是改变患者命运的治疗手段。

华法林是维生素 K 拮抗剂,其效果直接受维生素 K 摄入量影响,其吸收、代谢、转化等受遗传和环境多种因素影响,因此不同种族、个体甚至同一个体维持相同抗栓水平的华法林剂量不同/需要调整,且监测指标 INR 也受多种因素影响。由于上述原因,华法林不好用,许多医生不敢用、不会用,许多患者应该用却没有用,即便应用了,也存在用不好/不当的情况——效果不好/严重出血;另外,在患者遇有外伤、手术、患重病或应用其他相关药物时,如果处理不当,都可能造成严重后果。

医生给予患者华法林,首先应参考相关指南确定是否存在适应证,如非瓣膜病性房颤患者,往往根据 CHADS2 积分确定应用华法林还是阿司匹林;

接着考虑安全性,即是否存在应用华法林的禁忌证、禁忌证多少及权重,可以参考 HAS - BLED 积分。除此之外,医生还要考虑患者用药的依从性,是否能够按要求定期随访和监测,患者回常住地是否有条件继续应用华法林,患者及监护人的认知能力,患者未来是否有手术、妊娠等可能性或者计划等。同时,临床医生还应仔细权衡自己的能力,如果没有把握应用好华法林,应该让患者找相关专家诊治。华法林确实是一个好药,但必须用好,用不好就如同毒药,同一患者遇到不同的接诊医生,结局可能是不一样的。

谨慎细致决策具体应用

血栓和出血是一对矛盾,血栓高危患者通常也是出血风险较大患者,医生需要综合权衡应用抗凝药的获益和风险及患者意愿,谨慎决定是否应用。在治疗决策之前,除了专家会诊和集体讨论以外,还应向患者及直系亲属交代病情,尤其在用药风险方面,在取得患者及亲属理解和共识后,还应在病例中签字后方可用药。用药前还应讨论和交代有关防范措施及出现问题后的处理预案。对高危患者用药,应严密观察病情变化和加强监测,并且根据患者具体情况随时调整治疗方案,定期评估获益和风险。用药过程中还应采取减少出血风险的其他有效措施,如控制好血压、停用非类固醇类抗炎药物、避免与抗血小板药物同时应用、去除可能导致出血的疾病病灶、有消化道出血风险患者给予质子泵抑制剂或者胃黏膜保护药物等。

读者反馈

“加强沟通是预防医患纠纷的重要环节”

河南省确山县人民医院　王占山

卫生部领导曾说,90% 的医疗纠纷是医患沟通不畅引起。做好医患沟通能带来以下益处:在履行知情告知法定义务的同时,也尊重了患方知情选择权，做到了依法执业；让患方充分了解病情、治疗方案、替代方案及治疗中可能发生的意外情况、风险等。既体现了医生对患者的重视，让患方明白任何治疗措施都有利弊两重性，也可使医方重新审视并完善治疗方案，充分体现疾病的个体化治疗。

《在胃大部切除术后多次出血合并房颤抗血小板与抗凝治疗之过失认定》的案例中，A 医院存在如下缺陷：对患者病史重视不够，导致选择治疗药物时不够慎重；忽视了药物不良反应在该患者身上的高风险；对患者病情变化不够重视，如 12 月 1 日患者排棕褐色大便一次，若做粪便潜血发现出血并及时停华法林有可能避免发生严重出血。

转院:患者的权利　医生的义务

广东省医学会医事法学分会　吴　洋　程东海　宋儒亮　吴晓东　赖嘉敏

病历简介

2月15日	21时50分,患者因胸痛3小时余由120送至A医院急诊科。患者诉心前区压榨样疼痛伴冷汗、面色苍白。A医院予硝酸甘油静滴及对症处理。查肌红蛋白、肌钙蛋白、肌酸激酶及其同功酶升高。
2月16日	1时,A医院以患者冠心病、心绞痛、急性心肌梗死(AMI)待排、左下肺炎收住院。9时10分,A医院下病重通知,予患者绝对卧床、吸氧、心电监护,胸片示双下肺斑片状模糊影,诊断急性冠脉综合征、AMI(低血压状态)、肺部感染。予中心静脉压及有创血压监测、单硝酸异山梨酯+多巴胺+多巴酚丁胺静滴。当晚测肌红蛋白、肌钙蛋白仍高,但较前有所回落。超声心动图示左心室壁及心尖搏动减弱,主动脉增宽,主动脉瓣关闭不全。19时,患者再发胸痛,恶心、呕吐、频繁室早,血压偏低,予胺碘酮、硝酸异山梨酯等治疗。
2月17日	7时,家属提出转B医院,但未能实施。患者生命体征波动,继续抗凝、扩冠、抗心律失常、抗休克等治疗之后,病情有所缓解。
2月18日	0时30分,患者再发心前区闷痛。2时30分,疼痛加剧,烦躁不安,复查心肌坏死标志物较前增高。5时27分,患者心率70次/分,血压60/30 mmHg,呼吸30次/分,立即抢救。5时40分左右,患者呼吸心跳停止,继续抢救。7时25分,患者抢救无效死亡。死亡原因:急性心肌梗死。

患者死亡后,A医院建议行尸体解剖,以进一步明确诊断和判定死因,患者家属拒绝。

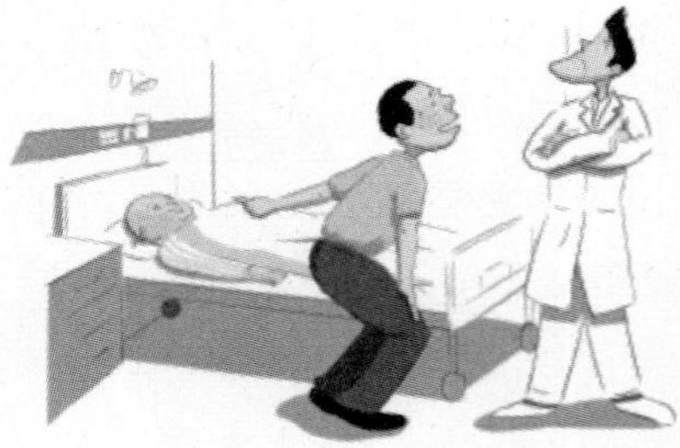

‘医生,你们若不具备相应治疗条件,请给我们转院吧”

鉴定意见

某市医学会鉴定意见

- 患者以心前区疼痛10小时入

院，入院后诊断为AMI（典型胸痛特点，心肌损伤及坏死标志物增高，心电图有缺血表现），首先应行冠脉造影（CAG），以明确冠脉病变情况，条件允许下开通罪犯血管，尤其在血流动力学不稳定情况下更应如此。然而，A医院对患者未能积极实施CAG及其后PCI治疗；尽管这样做对该患者有较大风险，但能明确诊断并可能赢得抢救成功的时机。

• 患者入院达48小时之久，未能实施紧急血运重建，且病情不稳定、血流动力学差，家属曾提出转院治疗要求，但医方未能积极配合，一定程度上使患者失去了救治机会。据此认为A医院对AMI患者未及时采取积极检查与治疗措施，亦未转往上级医院救治，违反了AMI诊疗护理规范、常规，存在医疗过失行为，与患者死亡之间有因果关系，本医案构成医疗事故。鉴于患者原发疾病危重，对其死因构成也起重要作用，故医方在本医疗事故中承担次要责任。结论本医案构成一级甲等医疗事故，医方承担次要责任。

某省医学会鉴定意见

• 医方对患者诊断正确，即急性非ST段抬高型心肌梗死（NSTEMI）、心力衰竭、心源性休克、心律失常，对患者诊疗过程不存在违反医疗卫生管理法律、行政法规、部门规章的行为，但存在违反诊疗护理规范、常规的过失行为：一直未能提供两份急诊心电图；未充分告知患者可选择的治疗方案，尤其是心脏介入或紧急冠脉搭桥方案，亦未主动告知本院不能行心脏介入，可考虑转院治疗；未按规范行急诊再灌注治疗。医方上述违规过失行为与患者损害后果有一定因果关系。据此认为本案构成一级甲等医疗事故。须指出，本例是重症AMI，即使紧急血运重建，死亡风险仍非常高；药物治疗是本病基础治疗，医方已充分给予。医方上述违规过失行为对患者死亡起次要作用”结论本案构成一级甲等医疗事故，医方承担次要责任。

原审法院

患者与A医院已形成医疗服务关系，A医院应尽可能为患者提供医疗安全保障。A医院是否应当承担相应损害赔偿责任，取决于A医院在诊疗过程中是否有过错，即患者死亡与A医院诊疗行为是否存在因果关系。本案省市两级医学会进行了医疗事故技术鉴定，鉴定结论均为属于一级甲等医疗事故。双方对本医案构成医疗事故均未提出异议。

一审判决A医院医疗行为已构成侵权，应对患者死亡承担60%的赔偿责任：A医院共应赔偿患方286863.68元。驳回患方其他诉讼请求。本案受理费10650元，由患方负担5497元，A医院负担5153元；本案鉴定费8000元，由A医院负担。

上诉人（医院）

一审法院判决赔偿死亡赔偿金没有法律依据。经一审法院委托某市及省医学会鉴定，结论均为“构成事故，医方承担次要责任”。根据省高级人民法院关于审理医疗损害赔偿纠纷案件若干问题指导意见第16条的规定，次要责任是指医疗损害后果主要由其他因素造成，医疗过失行为起次要作用，医疗机构应承担20%～40%的责任。

一审法院在责任认定上完全抛弃了两级医学会的结论，在未有相反证据提供的前提下要A医院承担60%的赔偿责任没有事实根据，不符合省高院的相关规定，显失公正、公平。

上诉请求：撤销一审判决并改判A医院只承担30%的赔偿责任（40035元），不承担死亡赔偿金；依法对诉讼费等的承担进行相应调整。

被上诉人（患方）

A医院在对患者的诊疗过程中，违反了卫生法律、法规和诊疗护理规范、常规，耽误了最佳诊治时机。

A医院不具有治疗AMI的资质，且未向患者及家属告知该疾病的严重性及可选择的治疗方案，采取的救治措施错误，未及时转院，导致了患者死亡。

一审判决认定的责任比例不符合事实，应该由 A 医院承担过错导致的全部赔偿责任。

二审判决

患者原发病因素以及医疗风险应为导致患者死亡的主要因素，一审判决认定医疗过失为主要原因并确定医方承担 60% 的责任不当，A 医院对患方的损失承担 40% 的赔偿责任为宜。本案应参照《医疗事故处理条例》中的有关赔偿规定确定赔偿项目及数额。

终审判决判令 A 医院赔偿患方共计 93379.57 元。一审案件受理费 10650 元，由原告（患方）负担 9198 元，由被告（A 医院）负担 1452 元；二审案件受理费 5002 元，由被上诉人（患方）负担 3921 元，由上诉人（A 医院）负担 1081 元；医疗事故技术鉴定费 8000 元，由 A 医院负担。

各方意见

本案争议焦点有三个：

一是 AMI 诊疗护理规范、常规的认定；二是不具备介入条件之医疗机构的转院义务；三是病历资料保存欠缺、知情同意不足与损害后果之间因果关系认定。

医方代表

医方代表吴晓东　医方存在医疗过错。本例患者 NSTEMI、心力衰竭、心源性休克、心律失常诊断明确后，仅接受抗血小板治疗难以奏效。按目前临床路径要求，医方应给予患者急诊血运重建治疗（经皮冠脉介入治疗或冠脉旁路移植术）；尤其在患者死前病情再度加剧时，医方仍然仅给予患者药物保守治疗。

侵害患者选择权。医方拒绝家属提出的转院申请,不符合转诊原则,同时侵害了患者及其家属选择权,令人难以理解。

判决被告医院承担40%的责任比例适当。

律师代表

律师助理赖嘉敏　本案医方一直未能提供两份急诊心电图,已违反《医疗机构病历管理规定》第九条“医疗机构应当将门(急)诊患者的化验单(检验报告)……在检查结果出具后24小时内归入门(急)诊病历档案”以及《医疗事故处理条例》第八条第一款“医疗机构应当……书写并妥善保管病历资料”之规定。须指出,这不是违反诊疗护理规范和常规,而是违反部门规章和行政法规的行为。

某些医生可能认为这是小问题,但法律对此监管严格。根据2010年7月1日实施的《中华人民共和国侵权责任法》第五十八条之规定,应推定医方有过错,承担赔偿责任。在司法实践中,医疗机构因病历不完整被推定有过错并承担赔偿责任的案例屡见不鲜,医疗机构要完善内部病历管理制度才能有效防范病历资料缺失带来的风险。

法官代表

法官官健　根据诊疗护理规范、常规,对于急性冠脉综合征、急性心肌梗死(AMI)的患者,当前在介入条件具备的医疗机构,首先应作紧急血运重建,立即行介入治疗。

本案中,对于AMI的患者,医方在不具备介入条件的情况下,未能实施紧急血运重建,并在患方提出转院要求时,医方也未能积极配合,这在一定程度上使患者失去了介入治疗或更好条件的救治机会,违反了AMI诊疗护理规范、常规。医方未尽到与当时医疗水平相应的诊疗义务,患者死亡与医方医疗过失行为之间有因果关系。

另外，还应注意到，患者入院后病情并不稳定，AMI 患者应当绝对卧床，即便当时对患者实施转院，在搬动过程中及转院途中，都存在相当大的风险。因此，两份医疗事故技术鉴定意见也指出医方医疗过失行为对患者死亡起次要作用。

二审法院采信鉴定结论及参照《医疗事故处理条例》中的有关赔偿规定确定赔偿项目和数额的做法合理。

本案启示

从鉴定意见表述看医方法治的进步、挑战和未来

广东省医学会医事法学分会　广东行政学院法学教研部　宋儒亮

“（医方）不存在违反医疗卫生管理法律、行政法规、部门规章的行为，但存在违反诊疗护理规范、常规的过失行为”是两级医学会认定医方构成了医疗事故的依据，就医疗事故认定而言，能有如此表述对医学会及其本案鉴定专家应是一个巨大而显著的进步，既具有指标性价值，也具有法治性意义，更是医疗法治水平在不断提升的重要体现，值得肯定。理由有三：

一是，表明医方已基本懂得了“医疗卫生管理法律、行政法规、部门规章和诊疗护理规范、常规”彼此之间存在法律效力和位阶之不同。《医疗事故处理条例》第二条规定：“本条例所称医疗事故，是指医疗机构及其医务人员在医疗活动中，违反医疗卫生管理法律、行政法规、部门规章和诊疗护理规范、常规，过失造成患者人身损害的事故。”虽然医学会从事鉴定工作已有很长历史，鉴定专家也多是医学大家，但从以往已生效的医疗事故鉴定书而言，医学会和鉴定专家们往往并不清楚也不在意“医疗卫生管理法律、行政法规、部门规章和诊疗护理规范、常规”彼此之间究竟有什么法律效力和位阶上的不同，如同患者到医院，看到穿白大褂都叫医生的道理一样，认为他

们没区别,但事实可能存在天壤之别。立法上,“医疗卫生管理法律”属于法律,效力最高,能且只能由全国人大及其常委会制定;“行政法规”只能由国务院制定,比法律效力低一级;“部门规章”由国务院各部委制定,效力比行政法规低;“诊疗护理规范、常规”的制定和效力目前还没有法规的明文和明确规定,仍属争议问题。

二是,表明医方已会初步明白选择使用“医疗卫生管理法律、行政法规、部门规章和诊疗护理规范、常规”进行医疗事故技术鉴定。众所周知,凡是从事医疗损害纠纷处理的法律专业人士都不否认如此事实:“医疗卫生管理法律、行政法规、部门规章和诊疗护理规范、常规”已作为一个专门名称被鉴定机构整体套用。如以往众多医疗事故技术鉴定书中,对凡不构成医疗事故的,均认为医方未违反“有关医疗卫生管理法律、行政法规、部门规章和诊疗护理规范、常规”,但同时又指出医方存在沟通不足等缺陷;对凡认定医疗事故的,均在认为医方违反了“医疗卫生管理法律、行政法规、部门规章和诊疗护理规范、常规”。同时,又认为医方存在沟通不足等缺陷。至于沟通不足等缺陷究竟是属于“医疗卫生管理法律、行政法规、部门规章和诊疗护理规范、常规”中的全部还是一个或者多个,根本没有医学会告诉当事人,甚至他们也许并不知道究竟这意味着什么。没有人教他们该如何区别、适用和使用“医疗卫生管理法律、行政法规、部门规章和诊疗护理规范、常规”才是问题关键。本案能有此表述表明此鉴定专家和医学会开始觉醒了,尽管如律师助理赖嘉敏所指出的其实医方违反的是部门规章。

三是,表明医方在选择适用“医疗卫生管理法律、行政法规、部门规章和诊疗护理规范、常规”方面有了重大的进步。同以往相比,能将“医疗卫生管理法律、行政法规、部门规章和诊疗护理规范、常规”进行选择并能区别适用,本身也表明医方在医疗法制认识上有了质的重大进展,在医疗法制运用上有了质的提升进步,这反映了这些年依法行医已取得初步成效,医疗普法有了积极成果。

除指出还存在上述小错误判断外,在肯定医学会鉴定工作有进步同时,

鉴定书也反映出医学鉴定工作仍存在挑战,主要也有三个:

一是,"诊疗护理规范、常规"究竟有哪些?鉴定中懂得选择适用和使用"医疗卫生管理法律、行政法规、部门规章和诊疗护理规范、常规",既是本医疗事故技术鉴定书之亮点,也是鉴定书被法院采纳的关键,但问题正如反映在鉴定书之中,比如其所言"医方对急性心肌梗死患者未及时采取积极的检查与治疗措施,亦未转往上级医院进行救治,违反急性心肌梗死的诊疗护理规范、常规",若追问:该"诊疗护理规范、常规"的正式名称是什么、在哪、由谁制定、何时制定和对什么人有效等时,答案是不详的,既令人担忧,又无所把握。

二是,"诊疗护理规范、常规"本身含义不明。就其名称不统一问题,择其要者举例如下:《侵权责任法》用的是"诊疗规范"、《执业医师法》用的是"技术操作规范"、《医疗事故处理条例》用的是"诊疗护理规范、常规"、《医疗机构管理条例》用的是"医疗技术规范"、《中医药条例 》用的是"医疗技术标准和技术操作规范"、《护士条例》用的是"诊疗技术规范"、《医疗机构管理条例实施细则》用的是"技术规范"等。在上述同"诊疗护理规范、常规"用词最靠近、含义最接近的词语中,除了"技术规范"在《医疗机构管理条例实施细则》中有明确规定(技术规范是指由卫生部、国家中医药管理局制定或者认可的与诊疗活动有关的技术标准、操作规程等规范性文件。)外,其他各词语中,既没有一个用词用语是相同的,也没有一个可说是可以相互代替的,除非存在特别理由,否则如此混乱状况——下位法如《医疗事故处理条例》不根据上位法如《执业医师法》进行制定等——表明:医疗立法上存在问题,医疗立法缺乏衔接和协调更是最大原因。

二是,"诊疗护理规范、常规"上存在的立法混乱状况就让其难以被医疗活动、鉴定活动和司法活动所准确选择适用。违反"医疗卫生管理法律、行政法规、部门规章和诊疗护理规范、常规"中的任何一个就存在被认定为医疗事故的可能,但问题是,在"医疗卫生管理法律、行政法规、部门规章和诊疗护理规范、常规"中,"医疗卫生管理法律、行政法规、部门规章"是明文规定、有名有姓和有据可查的,但何谓"诊疗护理规范、常规",整体而言,目前仍处于有名无实且名称不统一,其就难以被医疗活动、鉴定活动和司法活动所准确适用和使用,这让医学经验性更明显而医学科学性却被大打折扣。

不仅如此,在讨论"诊疗护理规范、常规"问题上,当前还存在一忧、一喜和一期待。

忧的是,在其与指南、行业共识、专家共识、专家原则以及临床路径等问题还存在纠葛,比如中国现在众多指南/共识等是不是"诊疗规范"、中国众多已被临床广泛使用的国外指南/共识等是不是"诊疗规范"以及属于部门规章范畴的"临床路径"是不是"诊疗规范"等,这些问题是直接困扰当前医学能否健康发展、鉴定水平能否提升和司法审判能否统一的要害所在。如果问题不解决好,医学科学性难以完全和彻底发挥,而诸如可能违反《侵权责任法》之"诊疗规范派"的"南派、北派"等却会大行其道,符合法律的"诊疗规范派"却难有施展抱负和才能之处,这让人忧心。

喜事也在发生,比如《侵权责任法》实施不久,2010 年 11 月 4 日,卫生部医政司公布《结直肠癌诊疗规范(2010 年版)》,这是符合《侵权责任法》要求的举措,表明医疗卫生行政部门意识到"诊疗规范"对医学科学的巨大推动和规范价值。这种变化所引发的医疗进步会在以后岁月了更持续发挥基础性作用,会让同样的病——无论在北京还是在新疆——获得同样诊断、治疗和护理,会让同为医生——无论中国医生还是美国医生——能够在科学共识上有效对话和沟通,会让同属西医——无论中国三级还是一级医院、无论中国医院还是美国等国的医院——都拥有同质科学性依据,理由很简单和直接:满足科学性前提下的符合规范化医疗才是具有最底和最低保障性质的医疗,这是医学科学性的必然要求,与各种所谓的金钱、国情、实力、设备等无关。

期待的是,"诊疗规范"(比用"诊疗护理规范、常规"更科学)既可用于判断行业的成熟程度,但"诊疗规范"的含义、范围和种类等界定又会引发利益冲突。正因如此,诊疗规范本身是一个从名称到内容再到适用都须尽快规范和完善的工作，否则，不仅难以为医方提供用于针对患者所言属于“不必要检查”等之责难，而且会引发会员们对协会、学会等社会组织产生其自律、规范以及指引不足的质疑。质疑和争议随社会进步而不断显现与强化。

临床专家点评

从心血管专业角度谈 A 医院之三大失误两点教训

广州军区广州总医院心内科 向定成

医方诊疗严重失误，与患者死亡存在一定的因果关系，构成医疗事故

诊断失误

诊断标准 不熟悉该患者因胸痛 3 小时余入院，伴压榨感，入院时肌钙蛋白等心肌坏死标记物水平已经升高，诊断可以明确为急性心肌梗死，遗憾的是未提供心电图资料，无法确定是急性 ST 段抬高性心肌梗死（STEMI）还是急性非 ST 段抬高性心肌梗死（NSTEMI），但无论如何，不应以心绞痛（急性心肌梗死待排）诊断入院。说明接诊医生不熟悉急性心肌梗死的基本诊断标准。

治疗失误

治疗策略严重失误 对于 ST 段抬高的急性心肌梗死患者，基本治疗原则是尽早开通梗死相关血管，而 NSTEMI 患者则应根据危险分层决定治疗策略。该患者在入院时已经存在血液动力学不稳定（低血压）且有持续性胸痛，即使是属于 NSTEMI 诊断范围，从入院时危险分层上就应属于极高危人群，此类患者应在入院后 2 小时内接受紧急冠状动脉介入治疗；即使入院时危险分层不属于极高危人群，因有反复心绞痛发作，在入院后 6 ~ 12 小时再次危险分层时亦属于极高危组，亦应积极进行紧急血运重建。

如果该院不具备介入治疗条件，应尽快转诊到有条件的医院接受紧急介入治疗，而不应该留在基层医院接受保守治疗。因为对于极高危人群的急性冠状动脉综合征（ACS），早期紧急介入治疗可能是挽救生命的唯一途径，在不具备介入治疗条件的医院停留时间越长预后可能越差。

药物治疗存在原则错误　患者入院时已经存在低血压状态，但医方仍继续给予硝酸酯类药物。

本案告诉我们，① 加强对基层医院的继续教育，对于随时可能威胁患者生命的 ACS 继续教育尤其重要，只有熟悉 ACS 诊治指南、常用药物使用适应证、禁忌证，医生才能正确诊治患者；②医生行医必须心中有法规意识，广义的医疗法规包括相关法律、管理规定和制度，从专业角度而言就是遵循指南规范化行医，医疗行为是否符合指南规定也是医疗事故鉴定过程中检查的重要内容。

“注意”病情，是义务！

患者病情恶化未入院，带药回家后死亡，医方被判承担30%损失赔偿

广东省医学会医事法学分会 田 柯 宋儒亮 陈 伟 范海媚 赖嘉敏

病历简介

患者，男，74岁。

2007年7月5日	A医院门诊胸片示患者左心室增大。
2007年7月9日	患者心慌、汗多、时有头晕头痛、无胸闷胸痛，A医院测血压158/61 mmHg、脉搏70次/分。 心脏彩超诊断高血压并左室心肌节段性缺血改变，左心泵血功能减退，近中度二尖瓣关闭不全，轻中度主动脉瓣关闭不全。 心电图(ECG)示窦性心律，左前分支传导阻滞。 此后患者在A医院以冠心病、高血压病进行中西药调理，病情稳定。
2008年7月7日	患者因头晕头痛、活动后气促5天，伴口干、双下肢稍浮肿再次就诊，血压158/57 mmHg，双肺呼吸音清，无干湿音，心脏左侧扩大。平时血压波动在120～196/70～78 mmHg，诊断气促原因待查：高血压性心脏病？冠心病？高血压病3级，建议入院诊治。但患者未入院，A医院予托拉塞米10 mg/qd/7天；螺内酯20 mg/qd/7天；硝苯地平控释片30 mg/qd/7天；福辛普利钠10 mg/qd/7天；美托洛尔25 mg/bid/7天；阿司匹林100 mg/qd/7天；地高辛0.13 mg/qd/7天；复方丹参滴丸10粒/tid/7天及中药五剂煎服配合治疗。
2008年7月7日	清晨患者昏迷，120医生到现场后确认临床死亡。患者死后未行尸体解剖。《死亡医学证明书》记载患者死亡直接原因系呼吸心跳骤停，引起疾病为冠心病。患方对证明书记载有异议。

鉴定意见

某市医学会《医疗事故技术鉴定书》

关于诊断

依据病史、心电图、胸部X线和心脏彩超等结果，患者于2007年7月和9月在医方取得了冠心病和高血压病的医疗保险指定慢性病诊断证明书；死亡前一天就诊时，已有活动后气促，双下肢浮肿，表明已有心力衰竭，结合其死前一年的胸部X线和心脏彩超示左心室扩大，射血分数降低，左室心肌节段性缺血改变，ECGST－T改变等，高血压病、高血压心脏病、冠心病、心脏扩大、缺血性心肌病、心衰等诊断成立。

关于药物治疗

因患者多种疾病并存，须予以降压、利尿、强心、扩冠及抗血小板等多种治疗，医方用药未违反临床用药规范，虽有药物改变，但与以往药物是同一类型，不存在用药不当，没有违反用药原则。

关于患者疾病诊治与死亡的关系

患者诊断明确，药物治疗恰当，死亡是其原发病进展所致。冠心病患者如心脏扩大又合并心力衰竭，极易发生心脏猝死。故该患者死亡首先考虑心源性猝死，与所用治疗药物无因果关系。

医方无医疗过失行为，存在以下医疗不足

① 2008 年 7 月 7 日患者就诊时，医方曾建议患者住院进一步诊治，但对患者因何未住院诊治没有做好书面记录。②应进行血生化、ECG、胸片、心脏超声等辅助检查评估病情变化。

结论：根据《医疗事故处理条例》第二条、第三十三条，本医案不构成医疗事故。

原审判决

医方对患者死亡造成损失承担 30% 赔偿

本案争议焦点：A 医院对患者实施的医疗行为是否存在过错，及医疗行为与患者的死亡是否存在因果关系。

A 医院医疗行为虽经医学会鉴定不构成医疗事故，但是否构成医疗事故并不是认定医疗过失损害赔偿责任的必要条件。医疗过失损害赔偿责任的一个必要构成要件是医疗行为与损害后果存在因果关系，只要存在该因果关系就会导致产生赔偿责任。

患方对 A 医院诊断冠心病有异议，但 A 医院指定病种为冠心病的诊断证明书有患者本人签名，此后患者也一直在 A 医院门诊就诊，故对于 A 医院诊断证明书中指定的病种冠心病已予以确认。

患者在继往有冠心病、高血压病、高血压性心脏病病史的情况下，于 2008 年 7 月 7 日因主诉头痛、头晕、活动后气促 5 天等到 A 医院复诊，说明患者病情复杂，病情重（有心衰表现），且 74 岁高龄，又有长期服药史。此时，A 医院应对患者进行肝肾功能、ECG、血电解质、心肌酶等检查，以便正确掌握病情，做出全面正确诊断和合理治疗，并应及时将患者收入院观察并治疗。

原审法院认定：A 医院未尽全面检查之责，且仅在门诊病历上建议入院进一步诊治，未及时将患者收住院。至于患方提出的医生周某执业资格问题，A 医院提交了其执业医师资格证书与执业证书，专业为内科，执业类别为中医，且患者此前一直在 A 医院行中西医治疗，故对患方所主张的此项过错不予支持，如患方有异议，应向卫生行政部门提出。

综上，原审法院认定 A 医院医疗行为确有过错，且其过错行为与患者死亡存在不能排除的直接因果关系，故 A 医院应向患方承担相应赔偿责任。患者于 2008 年 7 月 7 日前往 A 医院就诊时病情复杂，病情重（有心衰表现），且患者死亡后没有进行尸体解剖确定死因，故医疗事故鉴定书认定患者死亡应首先考虑心源性猝死是可行的，予以采纳。根据 A 医院过错程度、原因力大小等因素，医疗过错对患者死亡仅起次要作用，A 医院应对患者死亡给患方造成的损失承担 30% 的赔偿责任。

患方上诉

原审判决对患者基础疾病认定不清，判决 A 医院只需承担 30% 责任不合理。①错误认定患者冠心病、高血压性心脏病、心衰。②患者 ECG 记录“ST 段改变下降约 0.05 mv，T 波未见异常”，医学会鉴定书歪曲事实，将 ECG 检查记录更改为“ST－T 改变”。

一审时，患方提交了各种药物说明书，以此说明“安体舒通和福辛普利钠联用”、“硝苯地平和福辛普利钠联用”、“硝苯地平和美托洛尔联用”、“美托洛尔和福辛普利钠联用”的错误性，以及部分药物大剂量使用的错误性，但原审法院没有对此进行审查显然错误。

原审法院没有认定医生超范围和类别执业是错误的。

二审判决

维持原判，驳回上诉

二审经审理查明的事实与原审查明一致。

另查明,患方于本案诉讼前通过其代理人委托山东某司法鉴定中心作出法医临床司法鉴定意见书,认为:患者因病就诊,医方一是未认真分析患者病情,未及时收入院观察治疗;二是未尽全面检查之责,未行相关辅助检查,不能根据检查结果作出全面正确诊断和指导用药合理治疗;三是在未明确诊断情况下,盲目用药,且不在院用药治疗,不利于观察病情及药物疗效等,不能根据病情变化及时采取相应处理措施,以致患者回家后出现呼吸心跳骤停而死亡。故认为,医方医疗行为存在未尽病情注意义务、临床诊疗欠妥之过错,过错与其死亡存在因果关系。

该鉴定意见中所指医方未及时将患者收治入院、未行相关辅助检查等过错与医学会鉴定专家所指出的医疗不足基本一致,原审判决据此认定医方对患者死亡给患方造成的损失承担30%赔偿责任,基本合理,二审法院予以确认。

患方于上诉中对于医方的诊断、用药等医疗行为提出质疑,依据不充分,二审不予采信,原审判决并无不当,二审法院予以维持。

依照《中华人民共和国民事诉讼法》第一百五十三条第一款第(一)项规定,判决如下:驳回上诉,维持原判。二审案件受理费由患方负担。本判决为终审判决。

各方意见

“完善检查以正确指导用药”

华中科技大学附属协和医院心内科　黄　恺

该病例诊治不足及死因分析

诊断

·结合患者症状、体征、辅助检查可推断出本病例诊断成立,不存在误诊。

治疗不足

·患者于 2007 年就诊 A 院后，虽给予了中西药调理，但血压控制并不理想，而且未就冠心病做进一步检查和对相关危险因素进行干预。

·2008 年患者就诊时，接诊医师未对患者进行肝肾功能、心电图、电解质、血脂、血糖、心肌酶等检查，未能根据检查结果正确指导用药。虽在药物使用原则上不存在过失，但应考虑利尿剂会导致低血钾以及洋地黄类强心药会引起心律失常等问题。

·高血压性心脏病、冠心病、缺血性心肌病、心功能不全的患者，病情相对严重，接诊医师应对患者详细交代病情并告知疾病风险。虽有建议住院治疗，但也应该记录患者未入院原因。

死因分析

·患者在未知血钾是否正常的情况下，仍使用了利尿剂及洋地黄类药物，极易引发致死性心律失常，此可能是导致患者死亡原因之一。

·患者已有冠心病，在心功能恶化情况下，极易发生心肌梗死导致猝死。

“本案涉及合理注意义务的判断”

广东诺臣律师事务所律师　李　立

在临床上，医师须履行合理注意义务是有法律依据的，如《侵权责任法》第五十七条“与当时的医疗水平相应的诊疗义务”、《执业医师法》第二十二条“树立敬业精神，遵守职业道德，履行医师职责，尽职尽责为患者服务”。法律中有如此规定，目的就在于，要求医师应尽到与当医疗情况相适应的注意义务，应对患者生命健康权具有高度责任心，在对患者诊疗过程中应保持足够小心谨慎的态度，对每一诊疗环节的医疗行为风险都应进行评估，对可能发生的损害后果应有清楚认识并采取措施防止损害发生，否则医师就要承担过错责任。

本案医方经鉴定存在两项医疗不足(对患者因何未住院诊治没有做好书面记录,未进行血生化、心电图、胸片、心脏超声等辅助检查评估病情变化)说明,医师本可预见该后果发生,但因疏忽大意而未采取必要医疗措施存在过错,从而应承担法律责任。

“慢病患者就诊,不能简单开药了事”

广东省医学会医事法学分会常委　官　健

此案例系患冠心病、高血压性心脏病的老年慢病患者门诊开药回家,当晚心源性猝死于家中。经鉴定,医师开药得当,与患者死亡无因果关系。

对于此种情况,医方一般无须承担责任。本案判医方承担30%赔偿责任,是因为门诊医师对该患者处理草率。

临床上常见,长年服药的老年慢病患者在病情变化不大时就医,可能就是开药回家治疗,并没有准备住院治疗,也不愿意接受辅助检查。

此时,有些医师往往顺应患方要求,简单开药了事,忽略进行必要检查、风险说明和病历记录,从而埋下隐患。一旦出现问题(如本案),则让医方在诉讼中极为被动。若当时就诊时,医师能将患者病情及风险向家属明确说明,建议患方做检查,如果患方不同意,则将拒绝检查、入院诊疗等情况如实记录在门诊病历中并请患方签字,完全可能避免本不应由医方承担的风险责任。

本案启示

读不难，读懂难

——与“谨慎”/“注意”相对应医疗法定用语要牢记

广东省医学会医事法学分会主任　广东行政学院法学教研部　宋儒亮

本案中，医方过错主要表现为未尽到病情谨慎注意义务。如此情况、情形屡见不鲜，如何防范，值得关注。

一、过错的学理解读

“过错”指“过失”、“错误”。“过错”和“过失”常可互换，民事法律多用过错。

法源角度。其最早源于《法国民法典》第1382条规定：“任何行为使他人受损害时，因自己的过错而致损害发生之人对该他人负损害赔偿责任。”正因该条，拿破仑民法典编撰者确立了对后世影响深远的“过错责任原则”。

基本含义。“过错”指在一定条件下缺少应具有的合理谨慎，导致应注意、能注意而不注意造成了危害。应以其他合格执业医师相同条件下可做到的谨慎为标准评价医师过错。

学理判断。常用三要素理论：(1)“道德要素”指医师主观具有可非难性；(2)“物质要素”指医师作为或不作为；(3)“违法性要素”即违反法规确立规则、惯例、善良风俗或者疏忽懈怠未尽谨慎勤勉义务。此为判断依据的核心。

二、过错有无的认定在中国是法定的而非任意的

当前最集中体现过错认定的是《侵权责任法》，包括三种类型：

一是，直接确定为过错。既可常发生于一般诊疗活动中，如第五十四条规定：“患者在诊疗活动中受到损害，医疗机构及其医务人员有过错的，由医

疗机构承担赔偿责任。”又可发生于特定的——患方不配合、抢救生命垂危的患者等紧急情况下和当时的医疗水平难以诊疗——诊疗活动之中，如第六十条第二款即“前款第一项情形中，医疗机构及其医务人员也有过错的，应当承担相应的赔偿责任”，这是最常见的过错责任。

二是，由表现推定为过错。《侵权责任法》第五十八条规定：“患者有损害，因下列情形之一的，推定医疗机构有过错：（一）违反法律、行政法规、规章以及其他有关诊疗规范的规定；（二）隐匿或者拒绝提供与纠纷有关的病历资料；（三）伪造、篡改或者销毁病历资料。”司法实践中，推定医方有过错的，若医方不能证明自己没有过错的，应当承担侵权责任；但若患方对损害发生也有过错的，可以减轻医方的责任。

三是，规定为无过错。《侵权责任法》第五十九条规定：“因药品、消毒药剂、医疗器械的缺陷，或者输入不合格的血液造成患者损害的，患者可以向生产者或者血液提供机构请求赔偿，也可以向医疗机构请求赔偿。患者向医疗机构请求赔偿的，医疗机构赔偿后，有权向负有责任的生产者或者血液提供机构追偿。”司法实践中，因该条规定造成患者损害，不论医方有无过错，法律规定医方应承担侵权责任。

三、司法实践指向医方存在过错——“注意”或者“谨慎”——不同用语

“道德要素”和“物质要素”认定较易，“违法性要素”认定难，难在“注意”和/或“谨慎”义务的判断。为什么？理由虽很多，当前主要和常用医疗法规中少使用“注意”、“谨慎”是关键。用转用为别的词语，故难学习和掌握。要学习、了解和理解“注意”和“谨慎”，须清楚法定用语的转用，并清楚违反转用语之规定，存在不注意和不谨慎之质疑：

一是，用了“尽职尽责为患者服务”、“关心、爱护、尊重患者”进行表述。《执业医师法》第二十二条第二项规定：“医师在执业活动中履行下列义

务：……（二）树立敬业精神，遵守职业道德，履行医师职责，尽职尽责为患者服务；（三）关心、爱护、尊重患者，保护患者的隐私”。

二是，用了“避免产生不利后果”、“及时解答咨询”进行表述。《执业医师法》第二十六条第一款：“医师应当如实向患者或者其家属介绍病情，但应注意避免对患者产生不利后果。”《医疗事故处理条例》第十一条规定：“在医疗活动中，医疗机构及其医务人员应当将患者的病情、医疗措施、医疗风险等如实告知患者，及时解答其咨询；但是，应当避免对患者产生不利后果。”

三是，用了“不宜向患者说明的”进行表述。《侵权责任法》第五十五条规定：“医务人员在诊疗活动中应当向患者说明病情和医疗措施。需要实施手术、特殊检查、特殊治疗的，医务人员应当及时向患者说明医疗风险、替代医疗方案等情况，并取得其书面同意；不宜向患者说明的，应当向患者的近亲属说明，并取得其书面同意。医务人员未尽到前款义务，造成患者损害的，医疗机构应当承担赔偿责任。”

四是，用了“限于当时的医疗水平难以诊疗”进行表述。其第六十条第一款第三项规定：“患者有损害，因下列情形之一的，医疗机构不承担赔偿责任：……（三）限于当时的医疗水平难以诊疗。”至于何谓“当时的医疗水平”，最后需要有权机关进行解释，但无外乎考虑诸如所在地医疗状况、医院资质、医生职称、行业的诊疗规范以及此病诊疗现状等进行综合判断，裁判权仍在法院。

五是，用了“保护性医疗措施”进行表述。《医疗机构管理条例实施细则》第六十一条规定：“医疗机构在诊疗活动中，应当对患者实行保护性医疗措施，并取得患者家属和有关人员的配合。”第六十二条规定：“医疗机构应当尊重患者对自己的病情、诊断、治疗的知情权利。在实施手术、特殊检查、特殊治疗时，应当向患者作必要的解释。因实施保护性医疗措施不宜向患者说明情况的，应当将有关情况通知患者家属。”

六是，有用“注意事项”，但重点指向仍提醒要注意“说明书”要求。《药品管理法》第五十四条规定：“药品包装必须按照规定印有或者贴有标签并附有说明书。标签或者说明书上必须注明药品的通用名称、成分、规格、生产企业、批准文号、产品批号、生产日期、有效期、适应证或者功能主治、用法、用量、禁忌、不良反应和注意事项。麻醉药品、精神药品、医疗用毒性药品、放射性药品、外用药品和非处方药的标签,必须印有规定的标志。”

概言之,认定、认清过错要读懂和读透谨慎和注意。谨慎和注意读起来、写出来不难,但实践中要清楚它们与上述法定用语之间的转化,并在此基础上,特别提醒:如果医方懂得运用三要素理论进行自查以及明白过错有无最终应交由法院认定,那么,医方就可积极主动地进行有效防范,最大程度地实现避免和防范产生过错。

四、“注意”/“谨慎”在医疗法规中的转用语

“过错”的“道德要素”和“物质要素”认定较易,但“违法性要素”认定难,难在“注意”/“谨慎”义务的判断。为什么?理由很多,关键问题是当前主要和常用医疗法规中“注意”、“谨慎”使用少,而是转用其他词语。[①]

---

① 与“注意”/“谨慎”相应的医疗法规转用语:

“尽职尽责为患者服务”、“关心、爱护、尊重患者”《执业医师法》第二十二条第二项规定,“医师在执业活动中履行下列义务:……(二)树立敬业精神,遵守职业道德,履行医师职责,尽职尽责为患者服务;(三)关心、爱护、尊重患者,保护患者的隐私……”“不宜向患者说明的”《侵权责任法》第五十五条规定,“医务人员在诊疗活动中应当向患者说明病情和医疗措施。需要实施手术、特殊检查、特殊治疗的,医务人员应当及时向患者说明医疗风险、替代医疗方案等情况,并取得其书面同意;不宜向患者说明的,应当向患者的近亲属说明,并取得其书面同意。医务人员未尽到前款义务,造成患者损害的,医疗机构应当承担赔偿责任。”

“保护性医疗措施”《医疗机构管理条例实施细则》第六十一条规定,“医疗机构在诊疗活动中,应当对患者实行保护性医疗措施,并取得患者家属和有关人员的配合。”第六十二条规定,“医疗机构应当尊重患者对自己的病情、诊断、治疗的知情权利。在实施手术、特殊检查、特殊治疗时,应当向患者作必要的解释。因实施保护性医疗措施不宜向患者说明情况的,应当将有关情况通知患者家属。”

“避免产生不利后果”、“及时解答咨询”《执业医师法》第二十六条第一款,“医师应当如实向患者或者其家属介绍病情,但应注意避免对患者产生不利后果。”《医疗事故处理条例》第十一条规定,“在医疗活动中,医疗机构及其医务人员应当将患者的病情、医疗措施、医疗风险等如实告知患者,及时解答其咨询;但是,应当避免对患者产生不利后果。”

认定、认清“过错”要读懂和读透“注意”和“谨慎”。学习、理解“注意”/“谨慎”之义务，须知晓其与医疗法定用语的转用，并且必须牢记，若违反转用语之规定，则存在医疗行为“不注意”/“不谨慎”之质疑。

特别需要提醒医务人员注意的是，如果医方能运用三要素理论进行自查，并且明白医疗行为有无过错最终应交由法院认定，那么，医方就会积极、主动地进行有效防范，从而最大程度地避免和防范过错产生。

“限于当时的医疗水平难以诊疗”第六十条第一款第三项规定，“患者有损害，因下列情形之一的，医疗机构不承担赔偿责任：……（三）限于当时的医疗水平难以诊疗。”至于何谓“当时的医疗水平”，最后需要有权机关进行解释，但无外乎考虑诸如所在地医疗状况、医院资质、医师职称、行业诊疗规范以及此病诊疗现状等进行综合判断，裁判权仍在法院。

“注意事项”（重点指向仍提醒注意“说明书”要求）《药品管理法》第五十四条规定，“药品包装必须按照规定印有或者贴有标签并附有说明书。标签或者说明书上必须注明药品的通用名称、成分、规格、生产企业、批准文号、产品批号、生产日期、有效期、适应证或者功能主治、用法、用量、禁忌、不良反应和注意事项。麻醉药品、精神药品、医疗用毒性药品、放射性药品、外用药品和非处方药的标签，必须印有规定的标志。”

“说明”义务履行不全致风险蓄积

弹簧圈数量多少：不只是医疗费用，也是医疗风险

广东省医学会医事法学分会　姚　麟　郭　英　宋儒亮　刘治家　南　俊

病历简介

患者，女，62岁，高血压病史10余年，糖尿病史5年，血压、血糖控制良好，4年前曾行左乳腺癌根治术。

2000年8月17日，患者因头痛就诊A医院，磁共振成像（MRI）示左侧后交通动脉动脉瘤（约1.5cm×1.5cm）。8月21日，患者入住A医院脑外科，入院时血压142/90 mmHg（19/12KPa），神经系统检查无定位体征。

A医院拟对患者实施动脉瘤电解脱弹簧圈栓塞手术。术前医生向患者家属交代，患者的动脉瘤栓塞只需2～3个弹簧圈（7500元/个）就够了，只需5万～6万元医疗费。家属签署“同意手术”。

8月24日	下午，A医院为患者行经股动脉插管脑血管造影术，显示为左颈内动脉分叉部动脉瘤，大小约1.5×1.5 cm。医生认为患者弹簧圈数量要增多，费用增加到10万～20万元，家属表示同意手术继续进行，共使用17个弹簧圈，历时约5小时，术后患者生命体征平稳。
8月25日	清晨6时10分，患者突发头部剧痛、呕吐、大汗，病情发展迅速。6时30分出现浅昏迷，右侧肢体偏瘫。 7时30分，急诊MRI示左基底节区高血压性脑出血，已破入脑室，量约50 ml，A医院对其予以止血、脱水、术前准备。 8时30分，患者左侧瞳孔散大约4 mm，右侧约1.5 mm，予双侧脑室穿刺、置管、引流。 9时30分，决定急诊行开颅血肿清除术，但手术室无空台。等至11时30分开始手术，术中发现左基底节区有一大块血肿，血肿外侧可见细小动脉出血，给予彻底止血，共清除血块约65 ml。第二次术后，患者一直昏迷不醒。
2002年8月14日	患者因左额颞高血压性脑出血抢救无效死亡，家属不同意尸解。

鉴定意见

某省医学会医疗事故技术鉴定结论

1. 院方选择血管内栓塞治疗方法是恰当的，所用电解可脱铂弹簧圈是现今较理想、最常用栓塞材料，基本达到了治疗目的，技术上是成功的。

2. 术后出现左基底节区脑出血是高血压病常见并发症，与介入手术没有直接关系。

3. 院方亦有不足之处：术前对手术风险、弹簧圈作用及术后出现高血压性脑出血后向患者家属解释不够清楚，但这些不足与患者出现状况无直接因果关系。

结论：本医案不属于医疗事故。

原审判决

医方不承担赔偿责任

本案经鉴定不属医疗事故，A 医院今后对工作中的不足应重视和改进。

A 医院在工作中的不足不是造成患者高血压脑出血直接原因;A 医院在术前已将手术有关风险书面告知家属,在术中对弹簧圈数量增加也向家属作出交代,患者家属对此都同意;A 医院对患者术前、术后护理也是按照规定执行。因此 A 医院行为没有造成侵害事实,不应承担赔偿责任。

但是,A 医院在对患者的治疗过程中以各种名目收取的加班费及其他多收费用经某省卫生厅有关调查报告予以确定,对上述多收费用 A 医院应予退还给患者家属。

患方上诉

一审法院未依法对医疗事故技术鉴定作必要的司法审查。A 医院未履行术前风险告知义务,构成侵权。

A 医院未完成举证责任,本案为医疗侵权损害赔偿纠纷,适用举证责任倒置原则,A 医院应举证证明医疗行为与损害结果之间不存在因果关系及不存在医疗过错,而非是否属于医疗事故。

上诉请求:撤销原判决,改判医院赔偿医疗费、陪护费、伙食费及精神抚慰金等费用共计 718519 元。

二审判决

改判 A 医院承担部分赔偿

医方对弹簧圈放置数量未充分履行告知说明义务

本案中,患者在接受 A 医院为其进行左侧颈内动脉瘤电解脱弹簧圈栓塞手术治疗前,A 医院医生虽然向患者及其家属对放置弹簧圈的作用进行了说明,但对弹簧圈数量说明(只需 2 ~3 个)却与手术中实际放置弹簧圈数量(17 个)相差甚巨,二者相差 10 万余元,足以令患者家属考虑治疗方案选择。虽然在手术过程中,A 医院医生就放置弹簧圈数量征询过患者家属的意见,但由于患者已在手术中，家属不可能要求医院停止手术，故放置弹簧圈的数量实际只能由医院决定。虽然术前患者家属在《手术计划表》上签署“同意手术”，但该手术计划表只载明了手术要点和术中可能发生的问题及其对策、术后可能出现的并发症及处理等内容，并未对弹簧圈数量进行说明，而实际使用的弹簧圈巨额费用应视为经济风险。故A医院在术前未向患者及家属充分履行告知说明义务，侵犯了患者及家属知情权，即患者本来可以行使选择权，决定是否接受左侧颈内动脉瘤电解脱弹簧圈栓塞手术的治疗，从而避免巨额医疗费用支出。鉴于A医院存在未充分履行告知说明义务的过错，而患者及家属因此受到了医疗费用损失，本院酌情判令A医院向患方赔偿医疗费60000元。

医方对患者术后脑出血处理延迟

关于术后患者突发脑出血与动脉瘤栓塞手术之间的关系，某省医学会医疗事故技术鉴定结论与本院查明的事实相符，本院予以采信，可以认定脑出血是患者高血压病导致，与A医院介入栓塞手术之间无因果关系。但是患者在A医院对其进行完第一次手术后次日凌晨6时30分发生脑出血，A医院应当对其进行迅速救治，但A医院因为手术室无空台而延误了2个小时，9时30分已决定的手术迟至11时30分才对其实施开颅血肿清除手术。虽然A医院的开颅手术是在7小时内即所谓的超早期内进行，而且患者的脑出血病情发展迅速、出血量较大、昏迷发生早，但是，既然已出现手术指征，而且也已决定手术，自然应为越快手术则愈后效果越好。因此，可以认为该延迟手术行为减少了抢救成功、患者恢复意识的可能机会，与患者最终昏迷不醒成为“植物人”应有一定关系。而且，患者在清晨6时30分已昏迷，A医院应预见可能需要急诊开颅手术而在手术室预留备用手术台，在诊断明确并决定手术时能立即开展，从而避免延迟手术可能给患者带来的不利影响，增加抢救成功的机会。故本院酌情判令A医院向患方赔偿医疗损害赔偿款10000元。

二审法院据此作出判决：维持原审判决A医院将加班费及其他多收取

费用退还给患方的意见；改判A医院承担部分医疗费用和精神损害赔偿合计60000元；一审和二审受理费用均由A医院承担。

各方意见

医方代表

主任医师郭英　磁共振成像(MRI)报告“左侧后交通动脉动脉瘤”，脑血管造影报告“左颈内动脉分叉部动脉瘤”。尽管两者手术入路及治疗原则差别不大，但易被患方误解，所以应及时与患者及家属沟通，说明两种影像学方法在诊断上的不同及各自的优缺点，取得患方理解。

目前治疗颅内动脉瘤的方法有开颅显微外科夹闭术和介入栓塞术，应实事求是地向患方介绍两种技术的实施方法、优势及不足，由患方在充分理解基础上抉择。所用弹簧圈的多寡主要取决于动脉瘤的形态、大小等，显然该个案中的医生对所需弹簧圈数量的预见不够充分。另外，由于高血压脑出血后最终效果极差，从逻辑上导致患者反过来追究栓塞治疗过程中的过失。

从二审判决来看，法律不仅仅要求医疗机构如实告知患方病情、医疗措施、医疗风险等内容，而且对准确度、经济风险告知也提出了要求。

律师代表

医务科姚麟、律师陈国翔　一般而言，患方对知情同意的内容考虑更多的是病情、医疗措施、风险以及替代医疗方案等。在实践中，医方说明列举事项容易，但对“等”的判断和说明告知却存在难度，比如“等”究竟包括哪些开放性事项，不同案件有不同的内容，在本案就是医疗费用。

就医疗管理而言，医疗费用或效费关系也是患者及家属选择适合治疗方案时的重要依据，医务人员应以此为戒，避免纠纷。

法官代表

法官官健　本案充分体现了说明告知义务中的精髓——患者出于信任委托医生对自己进行治疗,但并非是完全被动地委托出去而丧失自我,而应是自身利益的最佳判断者;实现自身利益保护就要进行选择,这需要知情。

患者在接受治疗前应享有从医生那得到有关治疗效果、危险性、医疗费用负担等情况说明的权利,并依此决定是否接受该项治疗,即医生的裁量权受到患者承诺的制约,而患者承诺的有效性应以医生对患者进行充分说明为前提。无知情,无选择。

本案中,医生实际使用弹簧圈数量与预计、说明的相差甚大,致患者选择权难以实现。故医方承担责任也是情、理、法之中。

本案启示

由医患沟通项目变迁和增多
谈医方说明告知义务的履行

广东省医学会医事法学分会　广东行政学院法学教研部　宋儒亮

医疗活动中常遇到的医患沟通难题在于如何把要说明告知事项讲全、讲清和讲楚。难题靠经验、少说、不说、看人说和选择说这些方法是难以应对的,只有明法规才能给出全面而正确的答案。

一、患方有哪些具体民事权益权利需要医方医疗活动中予以尊重和保护

这已有法律规定,且在中国历史上是第一次。《侵权责任法》第二条第二款规定:“本法所称民事权益,包括生命权、健康权、姓名权、名誉权、荣誉权、肖像权、隐私权、婚姻自主权、监护权、所有权、用益物权、担保物权、著作

权、专利权、商标专用权、发现权、股权、继承权等人身、财产权益。”对每个中国公民而言，其民事权益是十八项有名权利再加一个兜底“等”构成。

在医疗活动中，凡是与医疗相关的民事权益比如命权、健康权、姓名权、名誉权、荣誉权、肖像权、隐私权等的保护就要由医方通过履行说明告知义务来实现。

二、医疗活动中能体现医方履行说明告知义务的主要证据形式

从病历书写规范角度而言，主要证据形式包括：手术同意书、麻醉同意书、输血治疗知情同意书、特殊检查、特殊治疗同意书和病危（重）通知书。

在司法实践中，这五种证据形式好比是医患沟通中需要搭建的五座桥。桥通，沟通畅；桥好，沟通好；桥坏，沟通差；桥短，沟通止，要像维护桥一样保持好沟通，这在医疗活动中很重要。

三、支持医方履行说明告知义务和满足患方享受知情同意权利的法律结点就是要讲全、讲情和讲楚三大类十项具体事项

“知情同意书是不是霸王条款”就是沟通不好的最极端事例，早已倍受质疑。表明：患方对医方想要干的事并不是都表示认同和理解的。患方需要医方从法律上给予明确的一个患方可接受的说法。

讲清、讲楚和讲全“说法”最关键。随着尊重和保障人权宪法理念不断强化，法规对患方知情同意事项要求在变迁、事项在增多，由《医疗机构管理条例》（医院层面）、《执业医师法》（医师层面）的三项到《医疗事故处理条例》（处理层面）的六项，到最新的《侵权责任法》（责任层面）七大事项就是最好的证明。具体包括：《医疗机构管理条例》确定了医方要在这三个——①施行手术；②特殊检查；③特殊治疗——事项取得患方知情同意。

《执业医师法》确定了在医疗活动中，医方要在这三大——①病情；②实验性临床医疗；③但应注意避免对患者产生不利后果——事项取得患方知情同意。

《医疗事故处理条例》确定了医方要在这六大——①病情;②医疗措施;③医疗风险;④及时解答患者咨询;⑤等;⑥但应注意避免对患者产生不利——事项取得患方知情同意。

《侵权责任法》确定了医方要在这七大——①病情;②医疗措施;③实施手术、特殊检查和特殊治疗;④医疗风险;⑤替代医疗方案;⑥等;⑦不宜向患者说明的——事项取得患方知情同意。

扣除医方沟通中相同事项比如病情等,就整体而言,在医疗活动中,医方在沟通中至少需要说明告知的有三大类十大法定事项,包括:

有名事项类,包括六大事项:包括:①病情;②医疗措施;③实施手术、特殊检查和特殊治疗;④医疗风险;⑤替代医疗方案;⑥实验性临床医疗。如果医方不能满足“六个有名事项”要求,体现的是医方依法行医基本功的缺乏和缺失;说明该医方之行医活动还不能满足依法行医的基本要求。

注意事项类,包括三大事项:包括:⑧及时解答其咨询;⑨不宜向患者说明的,应当向患者的近亲属说明,并取得其书面同意;⑩但应注意避免对患者产生不利后果。如果医方不能满足“三大注意事项”的要求,体现的是对患方与所处的社会、家庭和个人之间适应状态的不关注和不重视,表明医方执业缺乏基本注意和谨慎,而这与患者人权健康宗旨是不相称的,应当尽快给予调整。

开放事项类,以等表示:⑦等。“等”在实践中,有“等前说”和“等后说”之区别。从医疗活动实践以及诸如《侵权责任法》立法本意而言,医疗活动中的“等”应当选择使用“等后说”,这也是其具在法条中“兜底”的立法用意,也表明具有可持续性。在医疗法律实践中,如果医方不能满足“等”的要求,体现为医方对学习型医院建立的忽视和不足;表明医方应当有进行继续教育和培训学习的需求和必要,这也是学习型医疗的必然要求。

结合本案,之所以判决医方承担责任关键在于没有向患方说明告知全、清和楚上述三大事项,比对 3 大类 10 大事项可以发现,“弹簧圈”的数量和费用问题,从法律解读上说,可归属于“有名事项”中的“特殊检查、特殊治疗之“(四)收费可能对患者造成较大经济负担的检查和治疗”的范畴;也可以归属“等”之范畴，理由在于，虽上文法规已提到的事项没有关于“数量和费用”进行说明告知的规定，但在法理上，患者支付的医疗费用属于受法律保护的财产权，医方需要向患方说明告知，否则违法。因此，本案表面上是“弹簧圈”的数量和费用争议的小问题，实质上是行医能否依法的大问题。

临床专家点评

动脉瘤：脑动脉壁上的“气球”

解放军第307医院神经外科　李德生　段　炼

正确认识脑动脉瘤

脑动脉瘤是因脑动脉管壁局部先天性缺陷和管腔内压力增高，管壁逐渐变薄并异常膨出而形成的病变，就像是脑血管壁上吹起的一个气球，在精神紧张、情绪激动、劳累、头部剧烈摆动、负重等情况下很易破裂出血，而一旦出血则具有较高的致死率和致残率，如第2次破裂后死亡率约为70%，而第3次破裂死亡率几乎为100%。因此，脑动脉瘤相当于埋藏在人脑中的一颗不定时炸弹，随时都有爆炸危险。

脑动脉瘤有可能通过手术治愈，因此明确诊断后应当尽早手术治疗。不管是采用开颅夹闭或者介入栓塞、手术风险有多大，医方都应当将其利弊主动告诉患者及家属，征得患者及家属的理解和同意，具体治疗方式也要依据患者的身体情况以及救治医院在该项目开展的实际情况而定。手术后也不可掉以轻心，还要严密监测生命体征，防止脑缺血、出血等继发性病变，做好后期随访，防止因夹闭或栓塞不全导致再出血的发生。

加强医患有效沟通——我们努力的方向

医疗纠纷是指基于医疗行为，在医方与患方之间产生的医疗过错、过失、侵权等赔偿纠纷，近几年在我国呈快速上升趋势。

事实上，一部分医疗纠纷是由医疗过错和过失引起的，这些过错或过失往往导致患者不满意或造成对患者的伤害。

此外，在医疗活动中，仅患方单方面的不满意也会引起纠纷。这类纠纷可见于以下几个原因：患方缺乏基本的医学知识，对正确的医疗处理、疾病的自然转归和难以避免的并发症以及医疗中的意外事故不能理解；患方毫无道理的责难；过高的超过预期费用造成家庭经济负担等情况。这类医疗纠纷提示我们，医方在医疗活动中除了进行正常医疗签字外，还必须进行有效的医患沟通。

就该案例来说，患者合并基础疾病较多，不管采用何种手术方法，其治疗过程及预后都具有很多不确定性，出现任何并发症都有可能，治疗费用也存在不确定性。而医方从最初说几万元到后来几十万元，数额相差太大，此时家属心理上已经产生了不满情绪，这为后期的医疗纠纷埋下了伏笔；随后患者并发脑出血到最后死亡，治疗结果与家属预期截然不同，必然会导致患方对医方不信任而产生纠纷。

这就提醒我们，对任何患者尤其是高危患者，医方应当和患方进行足够的交流。本着尊重、同情、耐心原则，掌握患者家属的心理以体现医生对患者的重视；让患方充分了解病情、目前的治疗方案以及治疗中可能发生的意外情况、风险等，让患方明白任何治疗措施都有利弊两重性，让患方参与到治疗中来，也可使医方重新审视并完善治疗方案，体现疾病的个体化治疗。另外，在交流及其他方面都不能说得太满，都要留有余地。医护人员如能和患者沟通得非常融洽，不但可为治疗疾病提供信息，促进疾病好转，提高疾病治愈率，更为重要的是还能及时化解医患之间的误解和矛盾，减少医患纠纷和医疗事故的发生。

急性心衰死亡过失认定

四次鉴定,四种结论

广东省医学会医事法学分会　陈伟　杜作义　宋儒亮　范秀玲

病历简介

2005 年 11 月 1 日	患者因"面色苍白伴咳嗽两月余,发热 10 天"入住 A 医院血液内科。入院诊断:①慢性贫血;②肺部感染;③脾占位性病变;④心功能不全。给予抗炎、输血、输白蛋白、利尿、营养心肌等治疗,经家属同意后行骨髓穿刺,结合患者症状、体征及检查结果诊断"多发性骨髓瘤",经家属同意后行诊断性化疗,患者症状曾一度好转。
11 月 29 日	结肠镜检查,取活检,病理报告"结肠腺癌"。
12 月 14 日	心脏彩超示主动脉回声增强并主动脉瓣关闭不全、二尖瓣关闭不全(轻度)并左室顺应性减低。经专科会诊并对症治疗,患者心肺功能有所改善。
12 月 22 日	患方知情同意接受腹腔镜下结肠癌切除术,术后病理报告"(脾曲)结肠黏液腺癌",26 日转至普通外科。
2006 年 1 月 1 日	中午输液时,患者感胸闷、气促等不适。14:00 患者血压为 170/110 mmHg,医嘱予以硝苯地平 20 mg 舌下含服。15:30 患者诉气促加重,考虑急性左心衰,给予相关处理后病情无好转,血压下降、心率加快。16:30 患者心跳呼吸骤停,抢救 10 分钟后心跳恢复,送重症监护病房(ICU)处理。
1 月 2 日	6:40 患者突然出现心跳骤停,立即实施抢救。9:50 停止抢救,并告临床死亡。

原告(患方)

患者是死于输液过程中的急性心衰及重度肺水肿,这是因为院方违背医学基本常识,医疗护理制度有缺陷。

被告在患者术后的治疗与监控方面存在失误,导致患者出现严重的水电解质紊乱并酸中毒。

被告给出的“多发性骨髓瘤”诊断不能成立，而轻率实施化疗给患者造成了损害和痛苦。

因此，原告请求法院依法追究被告错误处置直接致患者死亡的责任，判令被告赔偿各种费用共785665.75元。

被告（医院）

患者入院时就存在心肺功能不全，入院后因主要实施外科手术并未凸显在第一位，而在术后凸显。

患者因“贫血原因待查”入院，综合症状、体征与各种检查结果，诊断“多发性骨髓瘤”和“结肠癌”无误。患者自入院后一直诊断慢性心肺功能不全，会诊达10次以上，各项会诊均记录在案。我院有主任医师亲自参与并严格按照规程给予及时、积极治疗，抢救过程合理规范。

该患者死亡，是目前医疗技术条件下无法抗拒的规律。

鉴定意见

某大学法医鉴定中心司法鉴定：心肺功能障碍致死

①体表及内脏未见明显机械性损伤，故排除机械性暴力作用所致死亡。

②双肺高度淤血水肿，显微镜下可见“大叶性肺炎”改变，左冠状动脉50%狭窄。

结论患者符合心肺功能障碍致死。

某市医学会医疗事故技术鉴定：医方承担主要责任

①医方在诊断“多发性骨髓瘤”证据不足时，诊断性使用化疗是不妥的。

②医方未考虑消化道原因或其他原因引起贫血，而考虑“多发性骨髓瘤”进行诊治，一定程度上延误诊治。

③ 患者诊断慢性心衰，但一直未按照指南进行规范化治疗，特别是没有

按照中心静脉压(CVP)指导入液量及控制输液速度。

④ 2006 年 1 月 1 日,患者急性左心衰发作时,血压 170/110 mmHg,医方错误应用硝苯地平进行治疗。

⑤ 违反护理规范、常规,没有按照一级护理要求对患者进行监测、观察及巡视,病历记录不完整,尤其是未提及 2005 年 12 月 31 日及 2006 年 1 月 1 日的患者输液量及输液速度。

结论医方存在违反诊疗护理规范、常规之医疗过失行为,与患者发生急性左心衰导致死亡存在因果关系,本医案构成一级甲等医疗事故。但由于患者自身存在慢性心衰等原发病,对其死因构成也起一定作用。因此,医方在本次医疗事故中应承担主要责任。

某省医学会医疗事故技术鉴定:医方无责任

① 2006 年 1 月 1 日,患者急性左心衰发作时,血压 170/110 mmHg,舌下含服硝苯地平 20 mg 不能认为有原则性错误。根据 2005 年版《中华人民共和国药典》,硝苯地平服药后 2 ~ 3 分钟起效,20 分钟达高峰,而患者病情再次加重及血压下降时间为用药后 1.5 小时。因此,硝苯地平与病情恶化无因果关系。

② 医方输液总量、成分及滴速记载显示,液体输入基本合理,且大部分输液过程中有 CVP 监测,患者发生急性肺水肿的原因是原有疾病导致心衰。

③ 患者为老年晚期消化道肿瘤患者,合并贫血、肺炎、冠心病等多种疾病,最后由于心肺功能障碍死亡,是其原有疾病发展所导致的不良后果。

④ 医方存在的过失行为:治疗患者心衰尚未达到指南的标准化治疗,个别护理项目记录不详细及肠镜检查时间有延误。

结论:未发现医方存在违反医疗卫生管理法律、行政法规、部门规章和诊疗护理规范、常规的行为。慢性心衰给予相应治疗,其措施基本正确。本医案不构成医疗事故,医方无责任。

司法鉴定科学技术研究所司法鉴定:医方承担次要责任

①原尸检送检组织切片检查发现,部分心肌细胞肥大,嗜伊红染色增强,灶性肌溶解,该病变符合心肌缺血改变,存在发生急性心衰的病理基础。此外,发现肺炎病理学改变,而肺炎可加重心脏负荷,促进急性循环功能衰竭发生。患者死因符合心脏存在一定病变基础上,受肺部感染、贫血、手术等多种因素影响发生急性左心衰,死亡主要是由于其自身疾病发生、演变的结果。

② 患者为心功能不全的患者,在术后应注意观察其各项指标的变化。患者术后血压偏高,医方未采取有效监控、处理措施,在滴速监测上也有不到位之处。急性左心衰发生后,缺乏对患者病情观察、处理的详尽记录。

③ 医方曾对患者实施 MP(马法兰 + 泼尼松)诊断性化疗,由于治疗后无相关不良反应及毒性反应,患者心脏功能也未见关联性的明显恶化,因此,不能认定该措施与患者死亡之间存在因果关系。

结论:医方对患者在心功能不全的基础上可发生急性心衰的情况认识不足,客观上存在治疗措施不到位、观察病情不仔细、抢救不及时等诊治过错,应负次要责任,建议参与度为40%左右。

法院判决

医方承担40%损失赔偿

经法医鉴定机构对患者进行死因鉴定,患者符合心肺功能障碍致死(某大学法医鉴定中心司法鉴定:心肺功能障碍致死)。原告起诉后在诉讼期间进行了两次医疗事故技术鉴定(某市医学会医疗事故技术鉴定:医方承担主要责任、某省医学会医疗事故技术鉴定:医方无责任),因两次鉴定结论截然不同,无法确定本医案是否构成医疗事故。后经原告申请,本案进行了医疗行为过错鉴定（司法鉴定科学技术研究所司法鉴定：医方承担次要责任），鉴定结论及复核结论均是患者在心脏存在一定病变、心功能不全的基础上，在肺部感染、贫血、手术等多种因素影响下出现急性心衰死亡。被告对患者的诊治行为存在过错，应负次要责任。结合患者本人身体健康状况原因及被告医疗行为的过错程度，确认患者本人身体状况是导致其死亡的主要原因，被告的过错行为是导致患者死亡次要原因。患者死亡而导致原告的损失，应由原告自负60%的责任，被告承担40%的赔偿责任。被告应赔付死亡赔偿金、医疗费、丧葬费、交通费、法医鉴定费、精神损害抚慰金、交通费等共合计194335元。本案经一审判决后，当事人双方均没有上诉，一审判决已生效。

各方意见

医方代表

主任医师杜作义　原告家属认为患者是死于输液过程中的急性心衰及重度肺水肿，是医方违背医学常识及护理缺陷造成的。

患者以“贫血待查”入院，同时合并“心功能不全、肺部感染”，病情危重。诱发急性心衰的因素有多种，虽容量负荷过大的确可诱发心衰，但由于患者已存在缺血性心脏病，兼有多种导致心肺负荷加重的非心源性因素（手术、贫血、感染、肿瘤等），因此，容量负荷因素直接导致其心衰、死亡的证据不足。

医方对滴速、出入量记载有所欠缺，并且在血压升高时对心功能不全患者使用了指南未推荐的药物。因此，医方存在对患者病情监控不及时、治疗欠规范的情况，一定程度上对患者病情加重有影响。

确诊患者“结肠腺癌”后，医方拟手术治疗前必须对该患者心肺功能不稳定的情况进行综合考虑，认真讨论患者有无手术禁忌证，能否耐受手术，术后则应加强对患者护理和监测，权衡各种治疗措施间的矛盾，根据病情变化调节治疗方案，而医方在此方面的确有所欠缺。另外，对患者的预后及术后恢复等情况医方也应向家属交代清楚，避免不必要的纠纷。

律师代表

律师范秀玲　一审法院未采信两家医学会的鉴定结论，而将上海某司法鉴定中心的鉴定结论作为判决依据，可能是考虑其“身份”相对中立，客观上利于保证鉴定结论公平与公正。

因涉及医方医疗行为过错和患者死亡之间因果关系的判定，法院通常只能依赖专业机构的鉴定结论，先后共委托进行了四次鉴定。但对于同一医疗行为，为何某市医学会与某省医学会鉴定意见不同，这可能与两级医学会的鉴定专家对鉴定事项中“患者自身疾病对其死亡原因力大小”的认识不同。

医疗损害责任纠纷案件作为专业技术性较强的特殊类型案件，如何平衡医患双方利益，建立便民、快捷、高效及具有公信力的司法鉴定程序，是目前法院及鉴定机构共同面临和亟待解决的问题。

法官代表

法官官健　医方的医疗行为过错增加了患者急性心衰的发生风险，并且减少了患者可能获救的机会，医方应承担一定的责任。关键在于如何合理确定医方的责任比例，这取决于原发病及医疗风险与医方医疗行为过错对患者死亡原因力大小的比较。

老年患者，患有基础心脏病、高血压、贫血、肺部感染、结肠癌晚期，术前已有较严重的心功能不全，短期内任何心脏负荷的额外增加都可能诱发急性心衰威胁其生命。

手术本身作为一种创伤，增加了患者发生急性心衰的风险，而医疗行为过错因素短期内放大了上述风险，长远来看，则可能缩短了患者的生存期限。

比较来看，原发病及医疗风险应为主要因素，医方承担次要责任符合大原则，承担的比例是20%、30% 还是40%，这在法官自由裁量权之内。患者自身状况很差，医方医疗行为过错程度只是一般，而法院判决医方为患者的死亡损失承担40%的赔偿责任，是否有些重，但也没有违反大原则。

本案启示

鉴定意见的审查、采用和阐明是一个专业活，但信服仍需努力

广东省医学会医事法学分会　广东行政学院法学教研部　宋儒亮

在司法实践中，一旦患者死亡，除非不存在异议，否则，将面临死因、有无过错和是否医疗事故的争议，而这只能通过不同鉴定机构、不同的鉴定才能给予意见，鉴定意见要经过审查、质证才能确定是否采纳，并同时进行理由阐明。

就如本案，一次死因鉴定（某大学法医鉴定中心司法鉴定意见）、两次医疗事故技术鉴定（某市医学会和某省医学会医疗事故技术鉴定意见）和一次司法过错鉴定（司法鉴定科学技术研究所司法鉴定意见）才能最终回答问题。四次鉴定，对案件当事人来说，是漫长的、复杂的和艰难的，但没有这些鉴定，难以回答上述问题；没有这些鉴定，难以正确审判，但是否具备这些鉴定，就一定能获得公正的审判结果？这就是当前医疗损害诉讼案要面临的突出问题。回答这些问题只能通过法庭审理，包括对鉴定意见的法庭调查、原被告法庭辩论等才能最终给出答案。

从判决看，四次鉴定回答了三个问题：一是，死因鉴定解决了死因争议，

即认为符合患者符合心肺功能障碍致死；二是，因医疗行为过错鉴定认定了被告对患者诊治行为存在过错，应负次要责任；三是，因两次鉴定结论截然不同，无法确定本医案是否构成医疗事故，所以，医疗事故有无并没有解决，但这不影响判决。但法院为什么会这样认为？要解释这些问题和懂得判决的选择，就要了解和熟悉如下与判决结果密切相关的鉴定审查问题，并在此基础上审视鉴定意见的审查、采用和阐明问题。这可从三个层面进行分析：

一、作为案件基本知识的层面

（一）要知道司法鉴定的含义和种类

《全国人大常委会关于司法鉴定管理问题的决定》之一规定："司法鉴定是指在诉讼活动中鉴定人运用科学技术或者专门知识对诉讼涉及的专门性问题进行鉴别和判断并提供鉴定意见的活动。"凡是在诉讼活动中，法院委托进行的鉴定就是司法鉴定，从这个角度，如本案医疗事故技术鉴定也应属于司法鉴定，尽管实践中仍以医疗事故技术鉴定称呼。

司法鉴定的种类。《全国人大常委会关于司法鉴定管理问题的决定》之十七规定："本决定下列用语的含义是：（一）法医类鉴定，包括法医病理鉴定、法医临床鉴定、法医精神病鉴定、法医物证鉴定和法医毒物鉴定。（二）物证类鉴定，包括文书鉴定、痕迹鉴定和微量鉴定。（三）声像资料鉴定，包括对录音带、录像带、磁盘、光盘、图片等载体上记录的声音、图像信息的真实性、完整性及其所反映的情况过程进行的鉴定和对记录的声音、图像中的语言、人体、物体作出种类或者同一认定。在医疗损害诉讼中，法医类鉴定常常是法医临床鉴定，如本案死因鉴定就是一种法学临床鉴定。"本案的死因鉴定和司法过错鉴定就是司法鉴定。

（二）清楚鉴定机构之间关系和鉴定人签名和出庭问题

先看鉴定机构关系。《全国人大常委会关于司法鉴定管理问题的决定》之八规定："各鉴定机构之间没有隶属关系；鉴定机构接受委托从事司法鉴定业务,不受地域范围的限制。鉴定人应当在一个鉴定机构中从事司法鉴定业务。”因此,本案尽管有四个鉴定,但鉴定机构彼此之间无隶属关系,这可说是两个医疗事故技术鉴定结论不一样故判决没有采纳的理由之一;同时,司法鉴定业务也不受地域限制,比如广州的医疗侵权诉讼案,可申请在北京、上海等进行鉴定,本案第四个鉴定就是如此。

再谈鉴定人签名和出庭问题。《全国人大常委会关于司法鉴定管理问题的决定》之十规定:“司法鉴定实行鉴定人负责制度。鉴定人应当独立进行鉴定,对鉴定意见负责并在鉴定书上签名或者盖章。多人参加的鉴定,对鉴定意见有不同意见的,应当注明。”之十一规定:“在诉讼中,当事人对鉴定意见有异议的,经人民法院依法通知,鉴定人应当出庭作证。”《中华人民共和国民事诉讼法》也如此规定,如第七十七条规定:“鉴定人有权了解进行鉴定所需要的案件材料,必要时可以询问当事人、证人。鉴定人应当提出书面鉴定意见,在鉴定书上签名或者盖章。”根据如此规定,鉴定人应出庭作证,但在鉴定书上应当签名或者盖章,注意:上述法律规定是授权性的,是在签名或者盖章中选择一个,比如目前医疗事故技术鉴定书就是选择了盖章。至于盖章是盖鉴定人章还是鉴定机构章,虽属于细节,但仍存在争议,而这导致许多争议。

(三)明确鉴定书在民事诉讼中只是一种鉴定意见,并不是一种结论,只有查实才能作为认定事实的证据

《中华人民共和国民事诉讼法》第六十三条第一款规定:“证据包括:(一)当事人的陈述;(二)书证;(三)物证;(四)视听资料;(五)电子数据;(六)证人证言;(七)鉴定意见;(八)勘验笔录。”本案的四种鉴定都属于一类证据:鉴定意见。如何看待它们的法律效力,须认清以下问题:

一是,在法律上,鉴定书包括医疗事故技术鉴定书等都只能作为一种法律效力待定的医学依据。《医疗事故处理条例》第二十七条第一款规定:“专家鉴定组依照医疗卫生管理法律、行政法规、部门规章和诊疗护理规范、常规,运用医学科学原理和专业知识,独立进行医疗事故技术鉴定,对医疗事

故进行鉴别和判定，为处理医疗事故争议提供医学依据。”

二是，上述鉴定书必须经过查证属实才行。《中华人民共和国民事诉讼法》第六十三条第二款规定：“证据必须查证属实，才能作为认定事实的根据。”鉴定意见在诉讼中要作为认定事实的根据，必须查证属实。

三是，经通知但鉴定人不出庭作证，鉴定意见是不被采用的。《中华人民共和国民事诉讼法》第七十八条规定：“当事人对鉴定意见有异议或者人民法院认为鉴定人有必要出庭的，鉴定人应当出庭作证。经人民法院通知，鉴定人拒不出庭作证的，鉴定意见不得作为认定事实的根据；支付鉴定费用的当事人可以要求返还鉴定费用。”

结合本案，从判决书看，上述四个鉴定意见并不必然具有法律效力，但法院审查中也没有要求鉴定人出庭作证，四个鉴定意见在这方面没有问题，但结果上是否定了医疗事故技术鉴定书意见，而采纳了其他两个鉴定书意见。

二、作为案件当事人权利的层面

主要是对鉴定意见不服问题，关于这个问题，可从四方面进行思考：

1. 可以申请专门知识人出庭。《中华人民共和国民事诉讼法》第七十九条规定：“当事人可以申请人民法院通知有专门知识的人出庭，就鉴定人作出的鉴定意见或者专业问题提出意见。”

2. 可以对鉴定人发问。《中华人民共和国民事诉讼法》第一百三十九条规定：“当事人在法庭上可以提出新的证据。当事人经法庭许可，可以向证人、鉴定人、勘验人发问。当事人要求重新进行调查、鉴定或者勘验的，是否准许，由人民法院决定。”如此一来，就可以对鉴定意见有了基本的法律判断。

3. 可以提出证据进行反驳。《最高人民法院关于民事诉讼证据的若干规定》第二十八条规定：“一方当事人自行委托有关部门作出的鉴定结论，另一方当事人有证据足以反驳并申请重新鉴定的,人民法院应予准许。”

4. 可以申请重新鉴定。《最高人民法院关于民事诉讼证据的若干规定》第二十七条规定:“当事人对人民法院委托的鉴定部门作出的鉴定结论有异议申请重新鉴定,提出证据证明存在下列情形之一的,人民法院应予准许:(一)鉴定机构或者鉴定人员不具备相关的鉴定资格的;(二)鉴定程序严重违法的;(三)鉴定结论明显依据不足的;(四)经过质证认定不能作为证据使用的其他情形。对有缺陷的鉴定结论,可以通过补充鉴定、重新质证或者补充质证等方法解决的,不予重新鉴定。”

诉讼中,当事人可以行使这四种权利的,但本案这方面权利行使并不充分。

三、作为案件审理的审判人员层面

(一)在诉讼程序角度,法庭有权力要求且医方也有责任提出鉴定申请

《最高人民法院关于民事诉讼证据的若干规定》第四条第一款第八项规定:“下列侵权诉讼,按照以下规定承担举证责任:……(八)因医疗行为引起的侵权诉讼,由医疗机构就医疗行为与损害结果之间不存在因果关系及不存在医疗过错承担举证责任。”特别提醒,这是程序上的规定,并不是实体上规定。本规定仍在使用表明:社会上某些主张《侵权责任法》出台后,医疗侵权不再使用举证责任倒置的说法是不全面,也是不妥当的,在诉讼程序上,仍然采用举证责任倒置原则。这也是本案为什么会有两个医疗事故技术鉴定书的缘故。

(二)在鉴定书审查层面

在全国范围内,法院审查鉴定书的项目和内容是明确的。《最高人民法院关于民事诉讼证据的若干规定》第二十九条规定:“审判人员对鉴定人出具的鉴定书,应当审查是否具有下列内容:(一)委托人姓名或者名称、委托鉴定的内容;(二)委托鉴定的材料;(三)鉴定的依据及使用的科学技术手

段;(四)对鉴定过程的说明;(五)明确的鉴定结论;(六)对鉴定人鉴定资格的说明;(七)鉴定人员及鉴定机构签名盖章。"如果这些做到位,是可以基本判断鉴定书的科学性和合法性的,但遗憾的是,司法实践中往往做不到这点,比如本案就没有完全做到这点。

在广东省范围内,对鉴定审查更进了一步。

一是,明确规定进行形式和实质审查。《广东省高级人民法院关于人民法院委托医疗损害鉴定若干问题的意见(试行)》第二十四条规定:"人民法院应当对医疗损害鉴定书进行形式和实质审查:(一)鉴定程序是否合法;(二)鉴定书是否符合本意见第十五条、第十六条、第十七条、第十八条的规定,对不符合规范的鉴定书,可要求鉴定机构补正;(三)鉴定结论是否明确,鉴定结论不明确的,可要求鉴定机构进行补充说明或补充鉴定;(四)鉴定结论是否符合有关法律、法规、医学行业规范。人民法院应根据医疗机构的过错大小、医疗过错行为对损害后果的原因力以及损害后果确定医疗机构的赔偿责任。人民法院的裁判文书应当载明对医疗损害鉴定结论的审查情况、审查结论,并说明理由。"

二是,鉴定人员要签署姓名和职称,加盖印章并附证书。《广东省高级人民法院关于人民法院委托医疗损害鉴定若干问题的意见(试行)》十八规定:"医学会或司法鉴定机构出具的医疗损害鉴定书,应当由鉴定人员签署姓名和职称,加盖鉴定机构印章,并附鉴定机构资质证书和鉴定人员职称证书或执业证书复印件。司法鉴定机构在鉴定过程中咨询临床医学专家的,还应当在鉴定书中载明专家的姓名、职称和工作单位。"这更细化了,更容易操作了,是明显的进步。

(三)在诉讼中,包括审判人员在内的有关人员摘录有要求,即不得断章取义

《最高人民法院关于民事诉讼证据的若干规定》第三十一条规定:"摘录有关单位制作的与案件事实相关的文件、材料,应当注明出处,并加盖制作单位或者保管单位的印章,摘录人和其他调查人员应当在摘录件上签名或

者盖章。摘录文件、材料应当保持内容相应的完整性，不得断章取义。”这条规定很重要，但在判决书中，审判人员往往并不是严格执行的，这方面应当受到更大和更有力的监督。

四、如何评价本案四个不同鉴定书与判决之间的关系层面

有了以上专门知识，可有如下基本判断：

第一，存在四个不同鉴定并不违法。既可是案件审理需要，即法院有需要；也是当事人权利行使之必然，这是法规赋予当事人的权利，只要依法行使权利就应当受到保护，在这个问题上，不能简单以时间成本说事。

第二，从法院角度，只要是诉讼中形成，由法院委托的都属于司法鉴定。从学理角度，鉴定书一和鉴定书四属于司法鉴定；鉴定书二和鉴定书三属于医疗事故技术鉴定，但从诉讼角度，只要在诉讼期和由法院委托都归于司法鉴定之类。

第三，但从判决角度看，无论属于何种鉴定，要作为判决证据使用，须由法院主持，交由当事人依法进行质证。本案中，这四个鉴定书在判决书中已罗列，但质证情况在判决书中并没有进行阐明，这是遗憾的。但这个工作只能由审判人员依法进行。

第四，这四个鉴定书给出的都只是鉴定机构的一种鉴定意见，它们之间并非具有效力高低之分，也并不是法院都必然要采纳的证据。如何采纳、怎么采纳和采纳哪个是审判权的范畴，当事人无权决定。

结合本案可发现，有些鉴定意见被判决采纳，比如“患者死亡而导致原告的损失，应由原告自负60%的责任，被告承担40%的赔偿责任”之表述，就是采纳了鉴定书四有关“参与度40%”的鉴定意见。

第五，至于判决为什么采纳这个鉴定意见、又为什么不采纳哪个鉴定意见，本应当依法阐明的，而这是有规定的，比如《最高人民法院关于民事诉讼证据的若干规定》第七十九条规定：“人民法院应当在裁判文书中阐明证据

是否采纳的理由。对当事人无争议的证据,是否采纳的理由可以不在裁判文书中表述。”

但遗憾的是,本判决书在罗列了四份不同鉴定书后,并没有具体阐明采纳鉴定书的理由,而是直接运用法官自由裁量权进行判决了,这不应当的,但问题是,如此问题本在二审还存在解决的可能,但判决后并当事人没有上诉,判决就这样发生效力了,问题就这样无法解决了。

所以,在鉴定问题上,当事人要认真对待和充分行使自身权利,法院和审判人员要认真履行鉴定意见的审查、采纳、阐明之义务,因为鉴定意见的审查、采用和阐明是一个专业活,案结事了并让人信服仍需努力。

临床专家点评

正确处理伴发合并症的心衰

复旦大学附属中山医院、上海市心血管病研究所 彭 娟 邹云增

引发急性心衰的疾病谱极广泛,发病前可有器质性/结构性心脏病(如冠心病、心瓣膜病、心肌病等),也可由无心脏结构性病变的疾病(如高血压、应用抑制心脏的药物等)所致;可突然起病(如急性心肌梗死、急性重症病毒性心肌炎、多种原因所致急性血流动力学障碍),也可在慢性心衰基础上急性加重。

该患者已有慢性心衰,因肺部感染、贫血、手术等多因素影响,出现急性心衰而死亡。对此案例,我们暂且抛开责任鉴定和审判意见,思考临床医生应如何正确处理伴发多种合并症的急性心衰患者。

治疗合并症、改善全身状况

结合案例,患者基础疾病为消化道肿瘤,有贫血、肺部感染等并发症,同时存在慢性心衰,需要接受以下处理:治疗消化道肿瘤,纠正贫血,控制肺部

感染，改善全身营养状态和免疫状态。

处理诱发因素

案例中未描述患者具体的出入水量、补液速度、电解质情况，也不了解患者高血压危象用药后的血压情况。从现有资料推测，本案例患者此次急性心衰的可能诱发因素包括手术创伤和应激，术后禁食、输液总量和补液速度不当致出入水量失衡，电解质紊乱，高血压未能控制等。恰当处理诱因有利于控制心衰。

急性心衰治疗

本案例未提供患者气促时的体征及心电图、血生化、血气分析、脑钠肽（BNP）、凝血功能、D－二聚体等相关检查结果。临床考虑为急性心衰时，须及时处理。参考目前国外最新的心衰治疗指南，治疗流程请见右图。

急性心衰控制后处理

该患者尸检发现存在心肌缺血等基础心脏病，在临床实践中，当此类患者急性心衰缓解后，还须完善基础心脏病的检查，治疗冠心病和慢性心衰。优化药物治疗（包括抗血小板聚集、调脂、扩冠以及给予利尿剂、血管紧张素转换酶抑制剂和 β 受体阻滞剂等），有利于防止急性心衰再发和改善预后。

小结伴发多种合并症的急性心衰患者是临床各科室都可能面对、须紧急处理和抢救的急症，制定实施全面、系统、深入的处理策略和及时正确抢救能最大限度地改善患者预后。

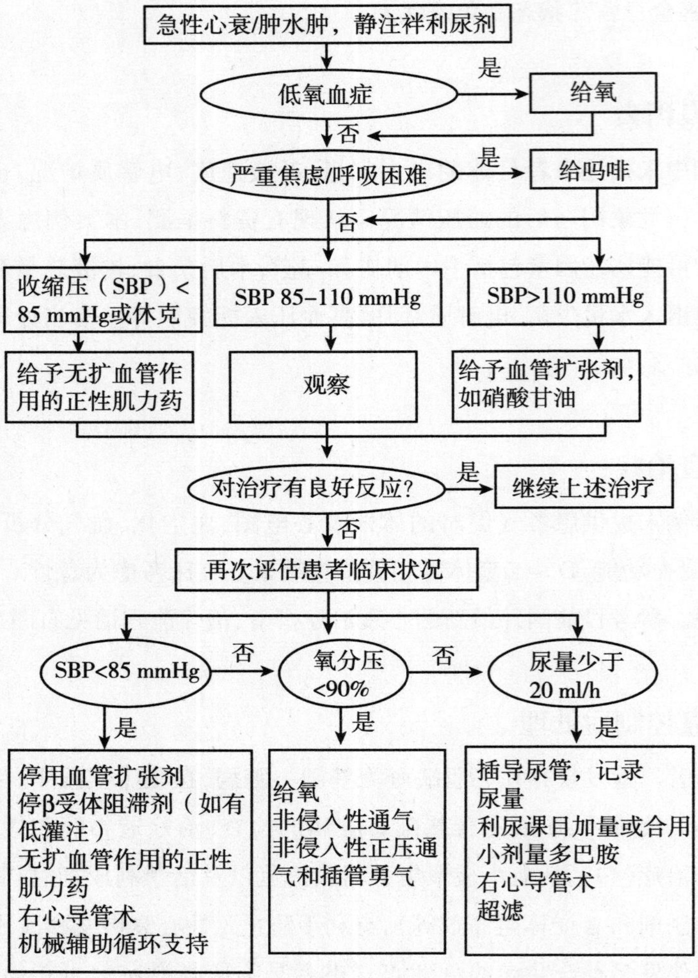

急性心衰处理流程［2012 年欧洲心脏病学会（ESC）指南］

符合指征，操作失当

白蛋白使用有“致命伤”吗？

广东省医学会医事法学分会 黄伟青 罗碧辉 宋儒亮 欧阳斌 赵 凯 赖嘉敏

病历简介

2003年10月18日	一名91岁男性患者因间歇性下腹痛12小时入住A医院，入院诊断为：①腹痛原因待查，不完全性肠梗阻。②冠心病，陈旧性前壁心肌梗死。A医院采取保守治疗无效后认为患者有手术指征。
10月20日	患者接受肠粘连松解手术。术后患者被送往心内科重症监护病房，予常规护理、禁食、持续胃肠减压、腹腔引流、留置导尿管、持续监测生命体征、观察24小时出入量，并给予静脉滴注20%人血浆白蛋白(50 ml)，每天2瓶。肝功能检查显示白蛋白水平41 g/L。
10月21日	白蛋白水平28 g/L，当晚患者出现心率加快、肺部少量湿音、频发室性早搏等表现，予对症处理。
10月25日	患者出现心悸、气促、心率增快等心衰表现，予以西地兰、呋塞米等药物治疗后缓解。
10月26日	患者出现胸痛，当时血压133/69 mmHg，心率130次/分，心电图显示V1～V6导联ST段明显压低，含服硝酸甘油并维持静滴后缓解，复查心电图上述改变好转，监测中心静脉压(CVP)。
11月6日	患者再次出现气促、血压升高、心率增快、双肺满布湿音等心衰表现，并出现室性心动过速、血氧饱和度下降，经抗心衰、气管插管和使用呼吸机等处理情况好转。
11月7日	暂停输注白蛋白。
11月10日	患者再次出现心衰及心律失常，经抢救复苏成功。
11月12日	复查肝功能显示白蛋白水平31g/L，痰培养有白色念珠菌和金黄色葡萄球菌生长，给予患者每天注射1瓶白蛋白，并加用氧氟沙星和氟康唑治疗。
11月17日	复查胸片示双侧肺炎，结合痰培养，考虑有呼吸机相关肺炎，撤离呼吸机，予克林霉素和亚胺培南治疗。

11月18日	再次停止输注白蛋白，行气管切开术，继续使用呼吸机。之后，患者在近8个月的治疗、抢救过程中，A医院多次组织全院专家会诊，持续监测生命体征，予抗炎、抗心衰、抗心律失常、输血等疗法，但终因抢救无效，患者于2004年7月4日死亡。

鉴定意见

某市医学会医疗事故鉴定意见：不构成医疗事故

①患者高龄且合并多种疾病，在住院过程中，出现心力衰竭、呼吸道感染等严重并发症。医方在其诊治过程中，多次组织全院专家会诊，对患者进行肠粘连松解术后，采取对症支持疗法等措施，符合临床医疗原则。

②术后患者白蛋白代谢处于高分解代谢状态，有使用白蛋白的适应证。在输注白蛋白过程中，医方监测CVP并控制输液速度，未发现医方医疗行为违反医疗卫生管理法律、行政法规、部门规章和诊疗护理规范及常规，不存在医疗过失行为。

③患者术后出现心衰主要由基础疾病所致，与医方应用白蛋白无必然的因果关系，其死亡与医方的医疗行为无因果关系。

结论：本案不构成医疗事故。

某省医学会医疗事故鉴定意见：不属于医疗事故

①未发现医方在对患者的诊疗过程中存在违反医疗卫生管理法律、行政法规、部门规章和诊疗护理规范及常规的行为。

②患者术后存在低蛋白血症，而且存在无法进食等影响胃肠营养补充的情况，有使用白蛋白的明确指征。患者反复发作心衰、心律失常主要由基础疾病所致。白蛋白静滴后虽然可引起血浆渗透压升高、血容量增多，但是医方在应用时已经监测CVP并采取利尿、强心等措施，其医疗行为符合诊疗

规范。

③医方对使用白蛋白的时间、总量、预防心衰的措施和营养补充的其他方法等问题缺乏综合考虑。

结论:医方医疗行为的不足与患者的损害后果无因果关系。本案不属于医疗事故。

一审判决

不构成医疗事故

双方主要的争议在于医方使用人血浆白蛋白是否适当的问题上。患者高龄且合并多种疾病,心脏等器官功能较差。在此情况下,医方为患者补充白蛋白时应更加小心谨慎地控制用量和使用时间、以避免白蛋白有可能对患者原已脆弱的器官进一步造成损害。

省市两级医学会的分析意见(某市医学会医疗事故鉴定意见:不构成医疗事故、某省医学会医疗事故鉴定意见:不属于医疗事故)都认为医方在使用白蛋白的用量和时间方面缺乏综合考虑,属于医疗瑕疵和不足,可说明医方在使用白蛋白时对患者高龄和身体状况较差等特殊因素考虑不周,仍按一般标准为患者使用白蛋白,且使用时间过密,没有相应减少用量,因此认定医方在使用白蛋白时,确实在用量和时间方面存在过失。

虽然医方使用白蛋白存在过失,但不能因此就推定患者的死亡结果完全由白蛋白使用不当所造成,原告将患者的死亡全部归因于医方使用白蛋白的过失并不符合事实。故采纳两级医学会关于医方的医疗行为与患者死亡无因果关系、不构成医疗事故的鉴定结论。

基于此,本院作出判决:一、医方在本判决发生法律效力之日起3日内赔偿医疗费损失20000元给原告;二、驳回原告的其余诉讼请求。

原告(患方)

一审判决仅仅将白蛋白水平作为确认被告使用白蛋白是否正当的标准,不符合医学科学和法律推理的逻辑。

一审判决已确定被告在使用白蛋白时在用量和时间方面存在过失。但是,一审判决没有全面揭示被告使用白蛋白过失的严重性,而且没有证据证明使用白蛋白与患者死亡之间没有因果关系。

据此,原告请求法院撤销一审判决,改判被告赔偿医疗费、家属交通费、死亡赔偿金、精神损害赔偿金合计271902元。

被告(医院)

不同意原告的上诉请求,同意一审判决。

二审判决

医方承担15%的赔偿责任

患者因肠梗阻入院手术,手术当日检测白蛋白水平为41 g/L,处于正常范围。虽然因肠梗阻手术影响进食需加强营养供给,但补充营养完全可以用其他营养制剂,此时使用白蛋白并非必要。术后第1天,患者白蛋白水平降至28 g/L,有使用白蛋白的指征。但是应注意,患者高龄且合并多种疾病,对其使用白蛋白应特别注意剂量、浓度、滴注速度以及密切监测。在白蛋白使用之初,医方未监测CVP,患者多次出现心衰、肺水肿的表现,但医方仅给予对症处理,并未对白蛋白的用量、滴注速度等作出调整。直至2003年11月6日,患者出现更为严重的心衰、肺水肿表现,才于11月7日停止使用白蛋白。据此可见,医方在使用白蛋白时,未针对患者的特殊情况谨慎使用,疏于监控,存在过失。

在手术前和手术当日,患者并无心衰、肺水肿的表现。而恰恰在使用白蛋白的第 2 天,患者出现了心衰、肺水肿的表现,依据医学常理判断,医方使用白蛋白中的过失行为确实将大大增加患者发生心衰的可能性。患者于 11 月 6 日发生严重的心衰、肺水肿后,虽经抗心衰治疗后情况有所好转,但之后病情恶化。这说明,因医方使用白蛋白的过失而导致的心衰、肺水肿与患者之后的病情恶化乃至死亡之间有密切联系,故本院认定医方的医疗过失行为与患者死亡之间亦存在一定的因果关系。

综上,本院认定医方的医疗过失为次要因素,酌定医方对于患者的损害后果承担 15% 的赔偿责任。判决如下:

一、维持一审民事判决第二项;

二、变更一审民事判决第一项为:医方赔偿医疗费、死亡赔偿金、交通费、精神损害赔偿金共 39377.46 元给原告。

各方意见

医方代表

医师罗碧辉　患者高龄,其心脏代偿能力比较差。手术和输注白蛋白是心力衰竭加重的常见诱发因素。高龄患者行肠梗阻手术后,应用白蛋白存在合理性争议。一直以来就有不成文的临床观点认为术后应用白蛋白是为了补充营养、提高免疫力、预防感染、促进创口愈合。但是,美国《白蛋白临床应用指南》指出,不合理的临床应用包括补充营养、治疗肾病综合征和慢性肝硬化。

医师黄伟青　本案判决较合理。高龄器质性心脏病患者手术风险极高,致死诱因和病因复杂,对待此类患者要严格把握治疗适应证。保守治疗还是积极治疗应依法,形成合理预期,尊重患方选择权。

法院判决提示，医师术前在高龄患者风险评估（如输注白蛋白后发生心衰及相应的应对措施）、用药指征把握及与患方细致沟通（如发生多脏器功能障碍后的综合救治效果）等问题上能力不足，培训有待加强。

律师代表

律师葛志坚　药品纠纷案件事实的审查、过错的判断和因果关系认定的专业性很强，发生药品引发损害是否为医方责任，不由医方和患方单方面自行决定，判案非常依赖鉴定意见，需进行医疗损害鉴定。

在实务中，有药品说明书作为证据的案件会更有利于律师查清事实和判断过错、发现和解决问题。同样，根据药品说明书也可以帮助患方和医方确定责任，他们都应当保留药品说明书。

法官代表

法官官健　本案争议集中在白蛋白的使用上。适当补充白蛋白的确对患者术后恢复有利，但本案患者心脏功能储备很差，存在因加重心脏负荷而导致心衰的风险，所以，是否有必要使用白蛋白值得商榷。患者术前白蛋白水平是正常的，术后虽有降低但并不严重，不存在必须使用白蛋白的情形。但是，因使用白蛋白而增加了心脏的负荷，使本已非常脆弱的心脏失代偿，则可能导致心律失常、心衰、肺水肿等严重的并发症，危及生命。两害相较取其轻，医师使用白蛋白虽不算错，但存考虑欠周之嫌。

首先，在用量上，第一次使用时医师予患者每日用 2 瓶白蛋白（20g），持续使用时间长达 16 天，这对于本案患者大可不必，即便不导致并发症，也是严重的浪费。其次，在滴速上，第一次使用时医嘱并未强调对于滴速的控制（可与第二次使用时的医嘱相比较），这说明当时医师并没有意识到滴速过快可能给患者带来的不利后果。再次，在监测上，第一次使用白蛋白时，医师起初并未监测中心静脉压，而是在患者出现心衰表现后才开始监测。最后，在使用时机上，医师于手术当日即开出使用白蛋白的长期医嘱，术后患者多次出现心衰、肺水肿表现，且10月30日白蛋白水平已恢复正常，但医师在11月6日前未停用白蛋白或对白蛋白用量、滴速作出相应的调整，未尽到谨慎的注意义务。

白蛋白并不是普通的营养药品，使用不当不仅造成资源的浪费，更可致命。在临床实践中，出于经济利益因素等的驱使，目前广泛存在过度医疗倾向，越是昂贵的药品、高档的检查、先进的器械，医师越是趋之若鹜，既浪费医疗资源又加重患者负担，还可能导致严重副作用，本案即为教训。

本案启示

认真对待药品说明书利于更好地防范药品医疗损害纠纷

广东省医学会医事法学分会　广东行政学院法学教研部　宋儒亮

在医疗活动中，因药品、消毒药剂、医疗器械和不合格血液造成患者损害所引发的医疗损害赔偿纠纷案越来越多见。从司法实践角度，要防范因药品、消毒药剂、医疗器械或者输入不合格的血液引发的医疗纠纷，认真对待药品说明书是一种事半功倍的好经验，也是有效的依法行医之举。

一、导致药品、消毒药剂、医疗器械和不合格血液侵权争议增多的三大原因

当前，在药品、消毒药剂、医疗器械和输入不合格血液引发侵权争议增多问题上，存在三大原因：医院药事管理不当、侵权责任法有新规定和医方忽视药品说明书，这些原因值得医方特别关注，具体表现在三个方面：

在医院管理设计上存在明显不当。药品是先过账房后过药房，使得药师在药物、血液制品的使用监督作用被悬空、搁置。

法律归责认定上日益严格。药品、血液制品引发侵权纠纷案中，适用无过错责任原则而不适用过错原则，导致药品、血液制品院内使用越多则风险越大。

司法实践上医生不重视药品说明书。因医方不看药品说明书而引发药事侵权案在增多，而药品说明书的取得和查证却简单、快捷，让这类纠纷可易取得结论，患方更留意这类纠纷。

二、药品、消毒药剂、医疗器械和不合格血液引发的侵权证据有专业特殊性

药品、消毒药剂、医疗器械和输入不合格的血液引发争议可为一类民事争议。民事诉讼有七种法定证据。《民事诉讼法》第六十三条规定："证据包括：（一）当事人的陈述；（二）书证；（三）物证；（四）视听资料；（五）电子数据；（六）证人证言；（七）鉴定意见；（八）勘验笔录。证据必须查证属实，才能作为认定事实的根据。"如同其他医疗护理引发侵权证据形式一样，虽然药品、消毒药剂、医疗器械和输入不合格血液引发侵权的证据也包括上述七种法定形式，但要指出的是，药品、消毒药剂、医疗器械和输入不合格的血液引发侵权责任所涉证据具有一定的专属性，比如药品所引发诉讼中，证据类中就有药品所特有的——"药品说明书"——"书证"，从证据规定上，其属于"国家机关、社会团体依职权制作的公文书证"，其证明力一般大于其他书证；证据类中也有药品所特有的——需双方对现场疑似输液、输血、注射、药物等的共同封存的实物——"物证"，不仅如此，在因输血引发不良后果纠纷中，除要求对血液进行封存保留的，医疗机构应当通知提供该血液的采供血机构派员到场。这些证据特点是其他医疗侵权所不常有的。

总之，相比其他医疗侵权争议，药品、消毒药剂、医疗器械和输入不合格血液引发争议的证据更具专业性和专门性，了解和熟悉此特点和特性，既利于在药品、消毒药剂、医疗器械和输入不合格的血液侵权争议中善于抓住证

据重点，也利于在此基础上尽快实现对过错判断和纠纷解决。

三、虽已有防范药品、消毒药剂、医疗器械和输入不合格血液引发侵权争议监督机制，但实践中也常易被忽略

以人血白蛋白进入医院并用于患者为例，为保障患者安全和防范侵权责任发生，已有如下成形的权利监督和救济制度予以保障的，概括为：

（一）四项权利：医师处方权、药师调配权、护士意见权和医院点评权

（1）医师处方权。一方面，开具处方是执业医师的权利。《药品管理法实施条例》第二十七条规定："医疗机构向患者提供的药品应当与诊疗范围相适应，并凭执业医师或者执业助理医师的处方调配。计划生育技术服务机构采购和向患者提供药品，其范围应当与经批准的服务范围相一致，并凭执业医师或者执业助理医师的处方调配。个人设置的门诊部、诊所等医疗机构不得配备常用药品和急救药品以外的其他药品。常用药品和急救药品的范围和品种，由所在地的省、自治区、直辖市人民政府卫生行政部门会同同级人民政府药品监督管理部门规定。"另一方面，不适宜而要确认或者重新开具处方的权利仍属执业医师。《处方管理办法》第三十六条规定："药师经处方审核后，认为存在用药不适宜时，应当告知处方医师，请其确认或者重新开具处方。药师发现严重不合理用药或者用药错误，应当拒绝调剂，及时告知处方医师，并应当记录，按照有关规定报告。"处方权是专属执业医师或者执业助理医师的，这是法定权利。

（2）药师调配权。在医疗和药事实践中，医师可为患者开具血液制品，但血液制品是否适合患者，其调配权决定权在药师，这由《处方法律办法》所确定。《药品管理法》第二十七条规定："医疗机构的药剂人员调配处方，必须经过核对，对处方所列药品不得擅自更改或者代用。对有配伍禁忌或者超剂量的处方，应当拒绝调配；必要时，经处方医师更正或者重新签字，方可调配。"《处方管理办法》第三十四条规定："药师应当认真逐项检查处方前

记、正文和后记书写是否清晰、完整,并确认处方的合法性。"第三十七条规定:"药师调剂处方时必须做到"四查十对":查处方,对科别、姓名、年龄;查药品,对药名、剂型、规格、数量;查配伍禁忌,对药品性状、用法用量;查用药合理性,对临床诊断。"

(3)护士意见权。在病房使用血液制品时,护士对医师、药师的医嘱包括用药医嘱等,享有提出意见权,这由《护士条例》所确定。《护士条例》第十七条规定:"护士在执业活动中,发现患者病情危急,应当立即通知医师;在紧急情况下为抢救垂危患者生命,应当先行实施必要的紧急救护。护士发现医嘱违反法律、法规、规章或者诊疗技术规范规定的,应当及时向开具医嘱的医师提出;必要时,应当向该医师所在科室的负责人或者医疗卫生机构负责医疗服务管理的人员报告。"

(4)医院点评权。从医院角度,医院还可通过处方点评制度,对医师、药师和护士在药物使用上是否依法进行事前、事中和事后的管理。《处方管理办法》第四十三条规定:"医疗机构应当加强对本机构处方开具、调剂和保管的管理。第四十四条规定:"医疗机构应当建立处方点评制度,填写处方评价表,对处方实施动态监测及超常预警,登记并通报不合理处方,对不合理用药及时予以干预。"

(二)一本书:药品说明书

药品说明书。从医务人员分工角度,在药物是否合法和适宜上,医院、医师、药师和护士四者之间既相互监督,又相互配合。这其中,"药品说明书"是具有最大共识的证据,它既是《药品管理法》确定的、须贯穿用药始终的法定依据,又是减少和避免药物性损害的最直接、方便和可靠的凭据。患者用药爱好、医师开药习惯、药师调药经验都不是患者用药的法定依据。重视药品说明书可以最小代价但最大程度防范药品侵权责任发生。

(三)一项费:药事服务费

药事服务费。从本质上看,药事服务是现代医疗服务中不可分割的一项技术服务。药事服务费是指对医生和药剂师的处方、处方审核、药品调剂、管理等工作所应给予的报酬，是为合理弥补医院药事服务成本、维持医院药房正常运转而设立的收费项目。《处方管理办法》第三十五条规定："药师应当对处方用药适宜性进行审核，审核内容包括：（一）规定必须做皮试的药品，处方医师是否注明过敏试验及结果的判定；（二）处方用药与临床诊断的相符性；（三）剂量、用法的正确性；（四）选用剂型与给药途径的合理性；（五）是否有重复给药现象；（六）是否有潜在临床意义的药物相互作用和配伍禁忌；（七）其他用药不适宜情况。"要实现规章要求，需要有费用支持。收取药事服务费正是体现药师服务价值的依据之一，体现了对药师专业和药品价值的一种专业认可，既让药师实现了价值独立，不再依附医疗，更让药师职责进行了法律回归，这对保障药事安全具有深远的现实和历史意义。

综上所述，在人血白蛋白使用的全过程中，医方对医务人员具有事前、事中和事后的全方位的管理职责；在开始阶段，医师和药师两种不同权利存在表明：既有分工和合作，也监督和制约，彼此不能替代；在执行阶段，护士意见权仍有监督和制约；而药事服务费体现的是药事服务全过程的成本，是药事服务劳动价值所在。这些职权、责任和费用的存在，就是让患者放心用药的院内制度建设，而药品说明书就是保证这些制度有效运行的核心依据之一。

四、本案引发争议的法律解读分析

结合本案，查阅人血白蛋白说明书，可以清楚地知道：在【用法用量】中有要应特别注意速度缓慢的明示、在【不良反应】中有快速输注可引起血管超负荷导致肺水肿的提示和在【禁忌】中有高血压患者，急性心脏病者、正常血容量及高血容量的心力衰竭患者的警示，这些——明示、提示和警示——就是风险，药品说明书也是一种法定的风险说明书。

结合本案，省医学会鉴定"医方对使用白蛋白的时间、总量、预防心衰的措施和营养补充的其他方法等问题缺乏综合考虑"的意见可看出，在为患者进行白蛋白输液时，医师处方时、药师调配时、护士执行时肯定都没有严格按照药品说明书要求进行，并没有体现医务人员应有的谨慎和注意义务，同时，从个案结果看医院处方点评权也并没有发挥作用，否则，若在一个平时强调和注重行使医院处方点评权的医院，对类似白蛋白等药品使用应是严肃和认真的，这也体现医院管理仍未达到精细化、针对性，面对像药品说明书已明指出风险的预防工作仍有漏洞。

患者吃药不看药品说明书并不奇怪，这需要教育；但医师开药、药师调药和护士给药不看药品说明书就不是奇怪而是失责了，这需要问责。防范药品医疗损害纠纷，从认真对待药品说明书开始。

临床专家点评

心脏病患者和老年人输注白蛋白需谨慎

本例患者曾因溃疡病合并出血、十二指肠球部溃疡穿孔、右腰肌急性扭伤、老年白内障、急性粘连性肠梗阻、冠心病、不稳定型心绞痛、急性前壁心肌梗死、不完全性肠梗阻、上消化道出血、胆囊结石等多种疾病先后 13 次在 A 医院住院治疗，并做过“胆囊切除术”、“胃大部分切除术”、“肠梗阻松解术”等手术，A 医院在该患者的前 13 次救治中的贡献是不容抹杀的。省市两级医学会的鉴定意见基本一致，“不属于医疗事故的结论”理应得到法庭和患者家属的尊重。

人血浆白蛋白是由健康人血浆分离提取制成，对增加循环血容量和维持血浆渗透压起主要作用。临床用于治疗因烧伤、创伤和失血等引起的休克，脑水肿及大脑损伤所致脑压增高，防治低白蛋白血症以及肝硬化或肾病等引起的水肿和胸水、腹水。

20 年前，人血制品安全性问题(丙型肝炎病毒和人免疫缺陷病毒污染)曾引起广泛关注和警惕，但长期以来人血浆白蛋白被认为是“补药”，有益无害。因此，临床应用常存在较大随意性，适应症往往被扩大。

事实上,医学上未知的东西远远多于医师已了解的东西,医务人员是凡人不是圣人,知识能力和临床经验等均有限。现代医学能发展到今天造福人类,取得的成就主要是先人生命相托与医师在共同与疾病战斗中互相信任所获得的。

追求医疗诊治的完美和解除患者痛苦是我们每位医师终身奋斗的目标。作为心内科医务工作者,从本案例中我们得到如下经验和教训:

首先,"肠粘连松解"手术后患者血浆白蛋白下降的规律、危害和治疗方法与时机需要普通外科医师通过现代循证医学研究回答。

其次,人血浆白蛋白使用应严格掌握适应证,一般不宜采用"预防性使用"策略。本例输注当日患者白蛋白水平为41 g/L,存在使用时间过早嫌疑。

人血浆白蛋白有增加循环血容量和维持血浆渗透压的治疗作用,同时也存在诱发心力衰竭的风险。临床上在心脏病患者接受人血浆白蛋白前后往往需要予呋塞米静注,对心衰严重伴尿量少或肾功能不全患者有时需要在血液超滤保护下才能安全应用。本例患者有冠心病等病史。如果病情允许,应在手术前后行超声心动图和血N末端脑钠肽前体检测来评估患者心脏功能,才能更好地指导临床用药。

再次,文献报告,75岁老年人即使一般表现尚属健康,发生舒张性心力衰竭的可能性仍高达50%。80岁以上老年人用药剂量和疗效大多缺乏循证医学研究证据,需要医师格外小心,真正做到"如履薄冰,如临深渊"的谨慎处置。必须谨记,按照一般成年人剂量和速度输注白蛋白有可能导致老年人急性心力衰竭发生,后果严重。

最后,加强医务人员自身学习和继续教育非常重要,尤其要注意普及全科医师的基本知识。在使用任何药物和治疗措施时,既要看到适应症,更应排除禁忌症。在治疗矛盾时选药必须征得患者和患者家属同意方可进行,并做好相应抢救预案。在目前医务人员专业划分越来越细的情况下,医院做好危重、疑难和老年患者疾病会诊工作尤为重要,可以避免许多错误,更高水平地服务于患者。

严格、限量、分次、慢速、监测
谈心功能不全患者白蛋白使用5要诀

重庆医科大学附属第一医院重症医学科　张　丹

指南所述"不合理临床应用"应如何看待

2000年美国大学医院联合会(UHC)《美国白蛋白临床应用指南》仍是至今引用最多的指南,其主要原则对实践仍有指导意义,但也有些需要商榷和补充之处。该指南提出的白蛋白不合理临床应用包括补充营养、治疗肾病综合征和慢性肝硬化等情况。

白蛋白在营养支持和低白蛋白血症中的使用循证医学证据表明,低白蛋白血症与老年患者、危重患者的不良预后,以及与外科患者术后并发症显著相关。强调白蛋白不能用于补充营养的主要依据是,从营养学角度来看白蛋白不是良好氮源。人血浆白蛋白分解产物缺乏合成其他蛋白质的一种必需氨基酸——色氨酸,且白蛋白降解半衰期长,输注白蛋白短时间内并不能发挥营养作用,应强调肠内外营养适当提供营养成分和热量。

在严重低白蛋白血症,尤其是重症患者出现明显低白蛋白血症不良反应时,应给予白蛋白治疗。此时补充白蛋白目的不是给予营养,而是保持基础血浆白蛋白水平以维持机体正常稳态。重症疾病状态下机体代谢重新优化选择,蛋白合成下降,尤其部分患者伴有基础肝脏疾病,即使正确的营养支持也往往需要数周乃至数月才能将血浆白蛋白升至正常水平,限制白蛋白治疗可能对这些患者预后不利,白蛋白治疗应是与肠内外营养治疗同时强调的辅助治疗。

白蛋白在肾病综合征和慢性肝功能不全疾病中的使用肾病综合征和肝硬化患者分别存在白蛋白的额外丢失和合成减少,通常不须规律使用白蛋白,但在以下临床情况可考虑白蛋白治疗:①肾病综合征患者伴严重的全身水肿，利尿剂使用效果差时；②使用利尿剂后患者出现血浆容量不足临床表现时；③穿刺抽取大量腹水伴循环衰竭时；④肝硬化自发性腹膜炎患者；⑤肝肾综合征患者。笔者认为，有肝硬化低白蛋白血症基础的复杂外科手术后患者也是白蛋白使用的一个可能指征。

心功能不全患者白蛋白治疗的一点体会

低白蛋白血症在心功能不全患者中发生较多，主要由于胃肠道淤血导致营养摄入和吸收障碍，交感神经系统代偿性兴奋引起热量消耗增加，分解代谢增强，肝脏淤血导致白蛋白合成减少，肾脏淤血引起的蛋白尿及合并感染等原因造成。低白蛋白血症可能是机体对心衰状态下降低心脏负荷的一种代偿反应。尽管如此，研究表明低白蛋白血症与心功能不全的危重患者不良预后密切相关。

至今，心功能不全患者中白蛋白治疗的研究资料还非常有限。白蛋白具有多种重要生理作用，心功能不全患者中白蛋白治疗安全范围显著变窄，因此对于有白蛋白治疗指征的这类患者，关键不是白蛋白能否使用，而是怎样使用。我们曾见到多例妊娠心肌病患者因输注白蛋白过多过快而引起急性左心衰，也见过急性心内膜炎患者使用白蛋白后并发急性肺水肿，导致脱机困难。

在心功能不全的危重患者中，使用白蛋白应掌握“严格、限量、分次、慢速、监测”五项原则，即严格掌握白蛋白使用指征、限制白蛋白使用总量、分次给药、慢速滴注、密切监测患者血液动力学。

总之，对白蛋白的临床应用要建立在充分了解其生理功能及疾病规律的基础上，同时要充分了解循证医学证据中升华出来的指南，要把它放回其时代背景下理解和评价。1998 年 Cochrane reviewer 荟萃研究得出使用白蛋白增加患者死亡率的结果，导致白蛋白应用指征偏严格的 2000 年美国 UHC 指南出台。虽然此后多项大样本量研究得出不尽相同的结论，但《美国白蛋白临床应用指南》至今仍未更新，使之无疑有局限性。我们期待新指南的推出，尤其是中国指南的诞生。相信如果我们正确掌握白蛋白使用指征和方法，就可以还白蛋白以“清白”，它也不再是“致命药”。

暴发性心肌炎致5岁患儿入院 9个多小时死亡，是病情太急还是救治太缓？

广东省医学会医事法学分会 陈国翔 姚 麟 宋儒亮 官 健 许 雯

病历简介

患儿男，5岁，因“发热2天，频繁呕吐1天”于2004年8月8日12时50分到A医院急诊科就诊，值班医生诊断为急性胃肠炎，给予头孢他啶抗感染及输液等处理。当天下午4时许，在输液过程中，患儿再次出现频繁呕吐、脱水，医生在复诊后，将患儿转入该院儿科病房。

患儿于当天18时带液入住儿科病房。入院查体：体温36.2℃，脉率104次/分，呼吸频率24次/分，神志清，呼吸平顺，精神疲倦，对答切题，颈软无抵抗感，双侧瞳孔等圆等大，对光反射存在。咽部充血，双侧扁桃体I度肿大，双肺呼吸音粗，未闻及干、湿音，心音稍低钝，腹平、软，肠鸣音减弱。入院诊断：发热、呕吐原因待查（中枢神经系统感染？急性胃炎？）；中度脱水。医生给予抗感染，维持水电解质平衡等对症治疗，但患儿病情仍持续恶化。

20时30分 患儿出现烦躁，医生给予药物镇静处理。

20时55分 患儿再次出现烦躁，牙关紧闭。

21时 患儿呼吸、心搏骤停，全身发绀。医生及护士立即对患儿实施人工呼吸、胸外按压、球囊面罩加压给氧、使用肾上腺素、心电监护、气管插管、使用呼吸机等一系列抢救措施，但患儿一直未能恢复心跳、呼吸。

抢救持续至22时20分，患儿心跳、呼吸停止，双侧瞳孔散大，心电图波形为一直线，医生向家属宣布患儿临床死亡。

鉴定意见

某司法鉴定中心法医病理尸检结果

① 心、脑、肺、肝、肾等多器官衰竭；

② 弥漫性脑水肿，弥漫性肺水肿，全身炎症反应综合征；

③急性全心炎，严重心肌出血，心肌损害（较长时间）；

④急性弥漫性胃肠炎；

⑤ 急性扁桃体炎，急性淋巴细胞性咽炎，气管支气管炎。

某市医学会医疗事故鉴定意见

① A 医院在对患儿的诊疗过程中，未违反医疗卫生管理法律、行政法规、部门规章、诊疗护理规范和常规。

②在整个诊疗过程中，患儿除有心音稍低钝的体征外，未发现其他病毒性心肌炎的临床表现。本例患儿在住院治疗期间未能明确诊断，其主要原因为临床表现不典型，病情进展迅速。

③ 尽管患儿在治疗期间未能明确原发病的诊断，但 A 医院给予了对症支持治疗，并且在抢救期间采取了一系列积极措施，治疗原则和具体治疗方案并无不当之处。

④ A 医院在诊疗过程中存在一些不足：患儿就诊之初，A 医院医生未能预见患儿疾病的严重性，因此没有及时把患儿病情的严重性通知患儿家属；患儿住院期间，医生与患儿家属沟通不够充分，导致家属对患儿病情的严重性认识不足，对不良预后没有心理准备；医疗记录不完整，诊疗过程中无血压记录，而且首诊医生对患儿的病情复杂性认识不够，未能引起足够重视，病情观察欠仔细。

结论：本病例不属于医疗事故。

某省医学会医疗事故鉴定意见

①未发现A医院在对患儿的诊疗过程中存在违反医疗卫生管理法律、行政法规、部门规章的医疗行为。但其在诊疗过程中存在如下过失:A医院医生在诊治患儿过程中,对异常临床症状体征变化处理经验不足,导致对病情的观察不够全面,未考虑到其他儿科重症疾病发生的可能(如暴发性心肌炎、心源性休克等),并因此未进行相应系统的生命体征监测,也未向患儿家属说明病情的严重性。

②本病例临床过程及病理检查结果符合暴发性心肌炎的表现,并因此发展为全身炎症反应综合征、多系统器官衰竭而导致患儿死亡。由于该病起病急骤,发展迅速,病情凶险,死亡率高,早期诊断常有困难,导致难以早期采取针对性强的有效救治措施。故患儿死亡是其病情发展的结果,与医疗过失无关。

结论:本病例不属于医疗事故,医方无责任。

《侵权责任法》出台后,紧急情况下救治权实施的关键在院长

原告(患方)

患儿在A医院急诊科输液过程中,原告(患儿家属)发现患儿烦躁不安,上身出汗严重,手脚冰凉。原告找到医生反映病情,要求及时进行处理。但医生认为患儿上述症状是急性胃肠炎的正常反应,没有过来察看患儿的病情,也没有采取任何措施进行处理。

当天下午约4时,患儿病情加重,呕吐更加频繁,并出现烦躁不安、出汗严重、手脚冰凉等病情,原告要求医生采取措施进行处理,医生这才将患儿转入住院部。转入住院部后,患儿病情再次加重,原告再次向医生反映患儿病情,要求医生采取有效的措施进行处理。医生对原告说,根据化验结果,患儿水、电解质紊乱,要补钾、输液。在输液过程中,患儿病情急剧恶化,最终死亡。从患儿到A医院急诊科就诊,到按被告的指示住院治疗,时间长达8~9个小时,被告连患儿的血压都没有测量,被告的不负责任可见一斑。

据此,原告请求法院判令被告赔偿原告医疗费、丧葬费、死亡赔偿金共计10万元。

被告(医院)

原告对事实的陈述不正确。患儿在急诊科输液过程中,原告来反映患儿病情的时间是在当天下午4时后,接到其反映后,我院急诊科医生立即复诊,并将患儿转入儿科病房。

儿科医生给予抗感染、纠正水电解质紊乱等对症支持治疗,并完善相关检查。

当天20时30分,患儿出现烦躁,医生给予药物镇静。患儿于20时55分再次出现烦躁,并随即出现心跳、呼吸骤停,医务人员立即对患儿实施了一系列抢救措施,但患儿一直未能恢复心跳、呼吸。22时20分,患儿心跳、呼吸停止,最终死亡。根据法医病理尸检的死因鉴定结果(某司法鉴定中心法医病理尸检结果），患儿死亡是由自身严重疾病所致。

> 综上所述，我院对患儿的整个诊疗过程符合医疗卫生管理法律、行政法规、部门规章和诊疗护理规范、常规；我院对患儿的整个诊疗过程与患儿死亡的结果既不存在因果关系，也不存在医疗过错，不应承担民事赔偿责任。

一审判决

驳回原告的诉讼请求

法院依据法定程序先后委托某市医学会、某省医学会对本病例进行鉴定，两级鉴定机构分别作出的《医疗事故技术鉴定书》均认为本病例不属于医疗事故。

虽然两级医学会对患儿病因的表述略为不同（某市医学会认为是“病毒性心肌炎”，而某省医学会认为是“暴发性心肌炎”），但均认为患儿因该病进展为全身炎症反应综合征、多系统器官衰竭而导致死亡，并且由于该病起病急骤，发展迅速，病情凶险，死亡率高，早期诊断常有困难，导致难以早期采取有效救治措施。因此，被告在诊疗过程中虽然存在一些过失，也未能及时确诊病因，但被告的医疗过失行为与患儿死亡无因果关系。

被告在诊疗过程中不存在违反医疗卫生管理法律、行政法规、部门规章和诊疗护理规范、常规的行为，故本病例不属于医疗事故，因此，原告要求判令被告承担赔偿责任的请求缺乏相应的事实和法律依据，不予支持。

关于被告是否存在怠于履行职责的问题，因被告予以否认，而原告又未能提供相应的证据予以证明，故不予确认。

据此，一审法院作出判决，驳回原告的诉讼请求。由于原、被告双方均未在限期内向上级法院提出上诉，因此，一审法院作出的判决为生效判决。

各方意见

医方代表

医师姚麟　虽然本案最终以医院胜诉告终，但医院医疗安全管理中仍有经验、教训值得吸取。比如，虽然暴发性心肌炎早期诊断常有困难，难以早期采取针对性强的有效救治措施，但本案是因未考虑到此类儿科急症，对该患儿病情的严重性评估不足，未能及时将患儿病情的风险告知家属而引起。即使在后期医师两次下病重通知，家属对患儿病情的严重性仍认识不足，对不良预后没有心理准备。

关于医生是否存在怠于履行职责问题，因在医院提供了医生诊疗经过的情况下，原告认为医生怠于履行职责的主张要举证证明，否则法院不予确认。

律师代表

律师陈国翔　省、市医学会的两次鉴定结论是具有法律效力的。《最高人民法院关于民事诉讼证据的若干规定》第七十一条规定："人民法院委托鉴定部门作出的鉴定结论，当事人没有足以反驳的相反证据和理由的，可以认定其证明力。"

就本案而言，医方不存在违反医疗卫生管理法律、行政法规、部门规章的医疗行为是无须承担民事责任的大前提。患儿的死亡是其病情发展的结果，与医疗过失无关，医方的医疗过失行为与患儿的死亡无因果关系。在原告没有提供其他证据的情况下，法院依法判决驳回原告诉请是正确的。

法官代表

法官官健　本案经两级医学会鉴定，不管是市医学会所表述的"不足"，还是省医学会所认定的“过失”，都说明医方对于患儿病情的严重性缺乏认识，观察病情不够全面、仔细，甚至没有测量血压，反映出重视程度不够，处理经验不足。这足以认定医方没有尽到与当时医疗水平相应的诊疗义务，在法律上已经构成过失。本案的争议焦点在于该医疗过失行为与患儿死亡后果之间是否存在因果关系，这是决定医方是否应承担侵权赔偿责任的关键。诚如医学会鉴定中所言，早期诊断常有困难，导致难以早期采取针对性强的有效救治措施，但这并不等于一旦患了该病，就相当于判了死刑。恰恰相反，如果医方能采取及时、正确的诊疗措施，患儿并非没有生还希望。

在法律界，对于医疗过失行为与损害后果之间是否存在因果关系，应以相当因果关系说作为判断标准。相当因果关系说的基本思想是“一个可能性的判断过程”。也就是说，如果根据社会一般见解，能够确定加害行为客观上有可能导致损害后果，就可以认定二者具有因果关系，并不要求加害行为与损害后果之间具有必然的联系，强调结果发生的“可能性”。就本案而言，医方的过失行为减少了患儿可能成功获救的机会，与患儿死亡后果之间存在相当的因果关系。当然，比较原发病因素与医疗过失因素对患儿死亡的原因力大小，原发病显然是导致死亡的主要因素，因此医方的责任程度并不大，可能占10% ~20%比较合适。

本案启示

临床医疗是医学与法学有机结合的活动

广东省医学会医事法学分会　广东行政学院法学教研部　宋儒亮

看病治疗与签字同意之间关系一直在考验者医方、患方和官方三方，一直以来存在“知情同意书是不是霸王条款”的质疑表明：患方对医方想要干的事并不是都表示认同和理解的，患方、医方总认为官方未充分保护本方的利益。如何避免诸如医生留泪而患者死亡等双输案例再发生，如何做到依

法行医并防范出现不利医疗纠纷后果,值得各方深思,特别医方更需从法律意义上更好地了解、认同当下进行的各种临床医疗。

一、依法行医的四种法律视野

概括而言,行医要实践和实现依法,从法律关系角度,存在四种法律意义的解读,宪法意义上的依法行医(如要遵守《宪法》第四十五条关于公民在年老、疾病或者丧失劳动能力的情况下,有从国家和社会获得物质帮助的权利的规定)、刑事法律意义上的依法行医(如要遵守《最高人民法院、最高人民检察院关于办理商业贿赂刑事案件适用法律若干问题的意见》关于商业贿赂犯罪的规定)、行政法律意义上的依法行医(如设立医院要遵守《医疗机构管理条例》关于医疗机构执业须登记并领取《医疗机构执业许可证》的规定)和民事法律意义上的依法行医(如医方要遵守《侵权责任法》关于存在医疗过错并造成患者损害要承担赔偿责任的规定),并在此意义上,依次对应存在四种法律责任即宪法责任、刑事责任、行政责任和民事责任。

二、三种不同法律性质的临床医疗

结合临床实践,从法律角度,可将当前临床医疗大致分为三大类,存在不同法律要求,行医要依法就要满足这些要求;否则,面临相应法律责任:

(一)常规类临床医疗

常规类临床医疗解读的核心就是如何理解"常规"含义。其在词典有三种含义:①沿袭下来经常实行的规矩;通常的做法。②医学上经常使用的处理方法,如血常规。③一般的;通常的。

医疗活动中,常规类临床医疗最常见,如心血管患者门诊和复诊治疗等。

结合医疗损害处理的司法实务,开展常规类临床医疗的关键是"须签知情同意书";司法实务争议的焦点主要是:是否属于并发症、有无医疗事故和要否民事赔偿，难点是"知情同意但不争议"。

（二）紧急类临床医疗

紧急类临床医疗解读核心就是如何理解"紧急"。从法规角度上，属于"紧急类"临床医疗包括但不限于：急危患者（《执业医师法》）、危重患者（《医疗机构管理条例》）、生命垂危患者（《侵权责任法》）、急危患者/垂危患者（《医疗事故处理条例》）、垂危患者（《护士条例》等。

医疗实践中，紧急类临床医疗也比较常见，例如外科急腹症、腹部脾破裂引发的大出血、心肌梗死患者的抢救等，"急、危和重"是紧急类临床医疗的特点。

结合医疗损害的司法实务，开展紧急类临床医疗的关键是"可签知情同意书"；司法实务的争议焦点主要是：是否紧急（考医生）、应否签字（考患者）、是否批准（考领导）和能否过关（考法院），难点是"知情但不同意而存争议"。

在紧急类临床医疗问题上，随着《侵权责任法》出台，其前后要求有些变化：

之前："紧急情况是必须救"，这对医院、医生都有明确要求，比如对医院则是不救就转，不转就救。《医疗机构管理条例》第三十一条规定："医疗机构对危重患者应当立即抢救。对限于设备或者技术条件不能诊治的患者，应当及时转诊。"第三十三条规定："医疗机构施行手术、特殊检查或者特殊治疗时，必须征得患者同意，并应当取得其家属或者关系人同意并签字；无法取得患者意见时，应当取得家属或者关系人同意并签字；无法取得患者意见又无家属或者关系人在场，或者遇到其他特殊情况时，经治医师应当提出医疗处置方案，在取得医疗机构负责人或者被授权负责人员的批准后实施。"对医生则是必须要救治，如《执业医师法》第二十四条规定："对急危患者，医师应当采取紧急措施进行诊治；不得拒绝急救处置。"

之后："紧急情况是可救可不救"，紧急情况下救不救关键在院长，这对医院有了新要求，比如《侵权责任法》第五十六条规定："因抢救生命垂危的患者等紧急情况，不能取得患者或者其近亲属意见的，经医疗机构负责人或者授权的负责人批准，可以立即实施相应的医疗措施。”

结合医疗损害的司法实务，考察当前紧急类临床医疗现况，存在这样一个判断：救有风险而不救有危险。因此，两弊权衡取其轻而不是利弊权衡是价值判断的关键，也即救还是不救，既考验医疗水平，更考察法律权威。

（三）实验性临床医疗

三种临床医疗中，只有“实验性临床医疗”有专门的法定用词，《执业医师法》第二十六条第二款规定：“医师进行实验性临床医疗，应当经医院批准并征得患者本人或者其家属同意。”

实验性临床医疗解读的核心是“实验”二字，词典上“实验”解释为：①指为了检验某种科学理论或假设而进行某种操作或从事某种活动。②指实验的工作，如做实验。

实验性临床医疗特点是高创新与高风险；结合医疗损害的司法实务，实施实验性临床医疗条件是医院批准和患方同意，医院批准面临诸如资格、资质、分级等问题；开展实验性临床医疗的关键是“签订名副其实同意书”，司法实务争议焦点主要是定性即如何化解“小白鼠困局”，医方定性难、患方同意难、行政监管难是实验性临床医疗实施的三难。

三、临床医疗是医与法有机结合的治疗活动

一是，依法行医要落到临床医疗活动之中，它不是临床医疗之外的事情和工作。行医要依法，既是医疗救治、医疗管理需要，也是医疗法治的要求，这从手术分级要求就可看出，《医疗技术临床应用管理办法》第三十八条规定：“医疗机构应当建立手术分级管理制度。根据风险性和难易程度不同，手术分为四级：一级手术是指风险较低、过程简单、技术难度低的普通手术；二级手术是指有一定风险、过程复杂程度一般、有一定技术难度的手术；三级手术是指风险较高、过程较复杂、难度较大的手术；四级手术是指风险高、

过程复杂、难度大的重大手术。”

二是，懂法行医才能赢纠纷，才能防范违法甚至犯罪发生。从行政监管角度，截至 2012 年 10 月，医疗卫生管理法律有 11 部，行政法规 39 部，部门规章 173 部。从很大意义上说能否保护好医方合法权益、能否监管好临床活动、能否预防好医疗纠纷，这些法规的履行非常关键，可谓意义重大、责任重大。

比如对超过登记范围以外患者不救治，理由是担心构成非法行医。说要合法行医，就不能在火车上、公路边、车站旁救治患者，但事实并非如此。面对急诊和急救，医疗机构的诊疗活动是可以超出登记的诊疗科目范围的，而这是受法律保护的，《医疗机构管理条例实施细则》第八十条规定：“除急诊和急救外，医疗机构诊疗活动超出登记的诊疗科目范围，情节轻微的，处以警告；有下列情形之一的，责令其限期改正，并可处以三千元以下罚款：（一）超出登记的诊疗科目范围的诊疗活动累计收入在三千元以下；（二）给患者造成伤害（未达到人体损伤残疾程度标准的）。有下列情形之一的，处以三千元罚款，并吊销《医疗机构执业许可证》：（一）超出登记的诊疗科目范围的诊疗活动累计收入在三千元以上；（二）给患者造成伤害（达到人体损伤残疾程度标准被确定残疾程度的）；（三）省、自治区、直辖市卫生行政部门规定的其他情形，属于急诊和急救的救治并不受登记的诊疗科目范围限制的。”

又比如是否服从和符合医疗卫生管理法律、行政法规之规定，关系到违法甚至犯罪的认定，比如存在抚养义务的患者近亲属若对患者拒绝承担救治等抚养义务，情节恶劣的，就涉嫌犯罪，《刑法》第 261 条规定：“对于年老、年幼、患病或者其他没有独立生活能力的人，负有扶养义务而拒绝扶养，情节恶劣的，处五年以下有期徒刑、拘役或者管制。”这对因没有钱而要求放弃救治患者的近亲属就是一个惩罚。

三是，就临床医疗活动而言，满足法律要求是工作的底线。应当按照《执业医师法》、《医疗机构管理条例》和《侵权责任法》的规定，在清楚医方说明内容和患方签字要求存在差异情况下，正确区别三类——常规类临床医疗、紧急类临床医疗、实验性临床医疗——不同临床医疗的法律性质，不能一概而论，区别对待，正确适用。就患者同意签字角度，可用三个“签”表示：常规类临床医疗——“须签”、紧急类临床医疗——“可签”和实验性临床医疗——“真签”。不同之签，虽只有一字之差，但性质迥然，意义不同。

看病是诉求，知情同意是需求，守法是要求。医疗的目的保护生命健康，法律的目的是保障人权，生命健康权是最基本的人权。法对人权的价值犹如医对生命的意义，医法结合就是生命保护和人权保障二者的有机融合。离开医的治疗是图财害命，离开法的医疗是草菅人命，临床医疗是医与法有机结合的治疗活动。

临床专家点评

与疾病的无奈赛跑

儿童暴发性心肌炎诊治要点

复旦大学附属华山医院　李　剑

这是一个让人感到万分痛心的病例。我们可以通过复习该患儿的诊疗过程，为以后最大限度救治此类暴发性心肌炎患者提供借鉴价值。

暴发性心肌炎是指迅速进展至严重的血流动力学紊乱、心源性休克或严重心律失常的心肌炎，其发病率约占急性心肌炎的11% ~20%。由于症状不典型、病情进展快，死亡率达90%以上，容易引发医疗纠纷。病毒感染是暴发性心肌炎的主要原因，儿童发生病毒感染后，较成人更需要警惕心肌炎的发生。在本例患儿的诊治过程中，以下两个方面的问题值得讨论。

关于诊断　暴发性心肌炎患者心肌损害广泛，起病急，进展快，抢救成功的关键在于及时作出正确的诊断。流行病学研究发现，急性心肌炎的非特异性临床表现主要为发热和呕吐，50%左右的患者会出现上述症状。其中，暴发性心肌炎患者恶心、呕吐症状的发生率较一般的急性心肌炎患者高。

该患儿经过常规、积极治疗无效时，应考虑病毒性心肌炎的可能，需进行一些有针对性的检查。心肌活检虽然是诊断急性心肌炎的金标准，但其敏感性欠佳且属于有创检查，临床可行性差。临床可行的主要是血清心肌标志物的检测和心电图、超声心动图等辅助检查。急性重症心肌炎时血清心肌标志物常异常升高，心电图出现 ST－T 改变及多种心律失常等。此外，有研究表明，急性重症心肌炎时血白介素－10 和肿瘤坏死因子－α 水平明显升高。

更为重要的是，通过测量生命体征（体温、心率、呼吸、血压）并做好记录，就能够评估疾病的严重性，关心患儿、细致观察，可能观察到疾病的进展，从而尽早向患儿家属说明疾病的严重性并及时进行干预。

关于治疗　治疗目标主要是维持患者正常心排出量以保证组织的正常灌注。尽管目前有关病毒性心肌炎的病原学、病理学和病理生理学研究进展非常迅速，但针对这些进展的有效治疗却非常有限，对症治疗仍是最主要的治疗方法。

静脉滴注人血丙种球蛋白可以减轻心肌的炎症反应，直接清除病毒，抑制病毒感染后的免疫损伤等，对儿童暴发性心肌炎的治疗有效。激素治疗可以减轻细胞水肿及炎症反应，并在一定程度上延缓病情的恶化。此外，上述两种治疗对于严重感染所致的全身衰竭也有一定的作用。

合并快速发展的心衰和心源性休克的患者还可使用人工辅助装置，短期应用经皮心肺支持系统以及心室辅助装置与体外膜肺氧合等，如合并严重缓慢性心律失常时可使用临时起搏器。但是这些都是建立在严密监测基础上的。正是对疾病的严重性认识不足，因此医院未进行相应的、充分的对症治疗（仅给予“抗感染、维持电解质平衡”的输液治疗）。

总之，综上所述，该患儿从18时进入病房到20时30分病情急转直下，仅仅2个半小时，病情非常严重，对于暴发性心肌炎的诊治来讲，这是一场与时间的无奈赛跑。但是就院方来讲，在患儿12时50分进急诊科时没有测量血压，下午4时患儿因病情加重收入院时，仍然没有血压记录，未行心电图检查。连生命体征都没有测量，当然对疾病的进展无法把握。在这方面，医院方面是有责任的。从医疗角度看，对发热合并呕吐且常规处理效果欠佳的患者，尽可能收集一些心脏疾病相关的证据，尽早给予心电监护和支持治疗，这场同疾病的赛跑就多了一分胜算。

病重患者院内独自去做检查返回途中猝死护理对错的是非之争

广东省医学会医事法学分会 程东海 吴 洋 宋儒亮 杨 扬 吴晓东
陈 明 赖嘉敏 曹培杰 林晓军

病历简介

患者男,69岁,因反复咳嗽、咳痰和呼吸困难于2005年9月21日入住A医院呼吸科。

入院查体:体温36℃,脉率80次/分,呼吸频率20次/分,血压148/82 mmHg。呼吸运动双侧增强,双肺叩诊音不对称,双侧过清音。胸部X线检查示双下肺纹理稍粗,未见实变。心影稍大,心胸比0.56。初步诊断:①慢性支气管炎急性发作;②阻塞性肺气肿;③支气管扩张;④肺动脉栓塞?长期医嘱为一级护理和24小时持续低流量吸氧。

9月21日19时	予患者静注盐酸左氧氟沙星等药物抗感染。 20时24分,心电图(ECG)示不完全性右束支传导阻滞;ST-T改变。 21时,血钾2.87mmol/L(正常值3.50~5.30 mmol/L)。予患者氨茶碱、氯化钾、西地兰。 22时15分,予10%氯化钾15 ml静滴;10%氯化钾30 ml分3次口服。
9月22日8时	第2次检测血钾2.53 mmol/L。 9时,恒速(60 ml/h)静滴氨茶碱0.25 mg bid。 17时30分,患者诉活动后气促,予西地兰0.2 mg+生理盐水20 ml推注后症状缓解。
9月22日	医师向患者家属下《病重通知书》。
9月23日8时	第3次检测血钾3.39 mmol/L。患者上午独自步行前往B超室和肺功能检查室,做完检查后独自步行返回病房途中突然晕倒,经抢救无效于当日上午10时35分死亡,死因为猝死。患者家属不同意进行尸体解剖。

鉴定意见

某市医学会医疗事故技术鉴定意见

① 医方在患者入院后予吸氧、抗感染、解痉等对症处理，并做进一步的检查，此过程符合医疗诊疗原则；

② 患者自行去做B超和肺功能检查，对于需要一级护理、已下病重通知的患者，在进行相关检查时没有使用轮椅或车床运送，也没有准备氧气和护理人员护送，医方违反了部门规章和护理常规；

③患者有低血钾，医方补钾不充分，为其不足，但未至于导致严重心律失常；

④患者有使用氨茶碱、西地兰指征，使用这两种药的剂量和速度不会在第2天引起患者严重心律失常而导致死亡；

⑤医方对患方突然晕倒、昏迷后的救治措施是积极和恰当的。由于患者家属不同意尸体解剖，患者的死因未能明确，考虑为其自身疾病引发的猝死。

结论：未发现医方的医疗行为违反医疗卫生管理法律、行政法规；诊疗过程中存在违反部门规章和诊疗护理常规之处；存在医疗不足；患者的死亡考虑为猝死，与医方的违规之处及上述医疗不足之间不存在因果关系。因此，本病例不构成医疗事故。

一审判决

医方承担70%的责任

①被告在使用药物方面的医疗行为并无明显过错，与患者的死亡无因

果关系。

②被告医护人员在明知患者可能有严重肺动脉栓塞和心脏病、需要一级护理、不适宜步行活动的情况下，未尽到说明和监督的义务，致运送人员没有用轮椅运送患者返回病房，因此被告在护理方面确有过错；

③患者的猝死由肺动脉栓塞和冠心病引起的可能性极大。肺动脉栓塞和冠心病在多数情况下由心肌缺血诱发而致猝死。患者的冠心病发展又存在由步行活动后心肌缺氧增加、心肌缺血加重等因素诱发的可能性，并不能完全排除两者之间的因果关系。因被告对患者步行活动的行为负有护理的过错，故也不能完全排除被告护理过错与患者死亡结果的因果关系；

判决被告护理过错在侵权因果关系上是不能排除的主要原因，故被告应对患者的死亡承担主要责任，本院确定被告按 70% 的比例对原告进行赔偿。判决 A 医院赔偿给原告医疗费 1189. 68 元、死亡赔偿金 104927. 9 元、精神损害抚慰金 20000 元合计 126117. 58 元。驳回原告的其余诉讼请求。

被上诉人（患方）

被上诉人（患者近亲属）认为患者死亡由上诉人的过失造成。同意原审法院判决。核心诉请同原审判决，如下：

A 医院在患者病情危重、需要一级护理的情况下，没有用轮椅或车床运送患者去做检查，患者脱离护理人员监护、中断吸氧和输液长达 1 小时，导致患者突发心律失常猝死，违反了部门规章和护理常规（鉴定意见）。

由于补钾不足，导致患者低血钾没有得到纠正，增加了患者心律失常的可能性，而西地兰在低血钾、不完全性房室传导阻滞情况下应慎用。A 医院所用氨茶碱浓度过高，滴注速度过快，引起患者心律失常。

患方据此要求 A 医院赔偿：医疗费、护理费、住院伙食补助费、营养费、死亡赔偿金、精神损害赔偿金、病历复印费合计 205506. 73 元。

上诉人(医院)

A医院因不服一审判决(医方承担70%的责任),向二审法院提起上诉,主要诉请为:我院医务人员对患者已给予合理的诊断、治疗,及时履行告知义务,对患者的处理恰当,不存在医疗不当行为。患者死亡前无明显的心绞痛表现,其死因最大的可能性为突发的冠状动脉痉挛引起心肌缺血加重、心律失常导致死亡。

患者从病房到B超室和肺功能检查室,行走不超过10分钟,期间一直有专业医务人员在场对患者进行监护和观察,其不可能脱离医务人员监护达1小时。

我院在患者入院次日下发《病重通知书》,但患者自认身体健壮,对自身病情认识不足,致使其不配合我院的工作,拒绝运送人员要求其坐轮椅、吸氧的建议,没有等候运送人员接送而擅自离开,导致不幸结果的发生。由于患者家属不同意进行尸体解剖,导致患者的死亡原因无法认定,但由患者自身疾病引发猝死却是毋庸置疑的。

我院对患者用药恰当。患者入院时有低钾血症,当天21时予静脉及口服补钾,22日上午6时仍有口服补钾。患者有使用氨茶碱的指征,我院用恒速泵以极慢速度静滴,不存在滴注过快的情况。患者是否因使用氨茶碱导致心律失常最终致死,应以氨茶碱的血药浓度是否超标为准,但因家属拒绝尸检而无法取证。9月22日17时30分予患者用西地兰0.2 mg加生理盐水20 ml推注,至9月23日上午9时已过15小时,此时患者体内西地兰残留甚微。患者是否存在洋地黄类药物中毒也因未尸检而无法取证。

一审法院认定患者猝死由肺动脉栓塞和冠心病引起的可能性极大,没有事实根据。直至患者死亡相关检查尚未完成,故肺动脉栓塞无法确诊。医院的护理过错诱发患者猝死的可能性多大,或者医院的护理过错是否是诱发患者本身疾病的主要原因,举证责任在医院,但患者入院时间不足两天,相关医学检查尚未进行,对患者的病情尚未确诊,而家属又不同意进行尸体解剖,导致死因无法查清。院方据此请求二审法院撤销原判,予以改判。

二审判决

驳回上诉人(A 医院)的诉讼请求

对于本案需要一级护理、持续吸氧且已下病重通知的患者,A 医院在进行相关检查时没有使用轮椅或车床运送,也没有准备氧气和医护人员护送,违反了部门规章和护理常规,明显存在医疗过错。

根据最高人民法院《关于民事诉讼证据的若干规定》第四条第一款第(八)项之规定:因医疗行为引起的侵权诉讼,由医疗机构承担举证责任。在患者入院时,A 医院怀疑其存在肺动脉栓塞;ECG 等检查表明患者存在心功能不全症状和心肌缺血表现,A 医院亦认为患者可能有冠心病;而在未获悉第三次血钾检验结果前,患者还存在低钾血症。患者的上述病症要求其卧床休息并得到周密的照顾,但 A 医院却让患者步行去做相关检查和检查后单独返回病房。经审查,A 医院并不能提供证据证明其医疗行为与患者的损害结果之间不存在因果关系;原审法院认定患者猝死由肺动脉栓塞和冠心病引起的可能性极大,而这有可能与患者步行活动后致心肌耗氧增加、心肌缺血加重密切相关,从而酌情判令 A 医院对患者的死亡承担 70% 的责任,符合民事证据高度概然性之证明标准。

据此,二审法院驳回上诉人上诉,维持原判。

各方意见

医学代表

陈晞明　患者入院时有呼吸困难症状,医院虽从呼吸系统考虑并采取相应的治疗措施，但没有更好地从全面考虑病情，进一步诊查呼吸困难与心脏病变的关系，对心脏病方面的病情未予以充分重视。本案患者活动后气促是心脏病潜在的危险因素，施治科室应遵守会诊制度，及时请心内科专业医师进行会诊；对于一级护理，在院内转移检查的过程中仍需要密切的护理观察和陪护，院方未能严格按照一级护理的相关制度要求执行。上述行为对患者在住院治疗过程中出现心源性猝死有一定的相关性。

吴晓东　1. 依据临床症状及其体征，患者诊断为："符合慢支炎并感染；心影增大，并考虑横位心与心脏增大鉴别，建议心电图检查；右上纵隔增宽，考虑与升主动脉扩张有关，建议必要时作进一步检查。"当晚心电图检查显示为"不完全性右束支传导阻滞"证实，诊断基本明确。2. 对患者的治疗：患者严重低钾，处理还是及时的，但缺乏严密观察，这么低的血钾水平对患者最终死亡是否具有因果关系，我们认为有一定关联。3. 患者在入院后第三天，自行从病房去做 B 超和肺功能检查，检查结束后在返回病房的途中晕倒在医方急诊室门口，经急诊科和呼吸科医生积极抢救终告无效死亡。我们认为，对于一个一级护理并下病重通知的患者，在进行相关检查时没有使用轮椅或车床运送，也没有准备氧气和医护人员护送，医方确实很大意，我们认为还是违反了部门规章和护理常规。4. 在 9 月 22 日使用西地兰等药物，此药物的剂量和用药速度不能排除 9 月 23 日引起患者严重心律失常而导致死亡。我们一定要关注的是，患者已明确诊断为"不完全性右束支传导阻滞"，使用西地兰有值得商榷之处。5. 由于患方未同意作尸体解剖，患者的死因未能明确，是否患者自身疾病引发的猝死，不能排除。6. 关于承担责任：患者的病情危重，疾病本身在患者死亡的参与度是主要的，医方承担 30% 的次要责任是合适的。

律师代表

林晓军　1. 患者死亡后经医院充分说明原告仍不同意进行尸检，导致无法查明其确切死因;2. 原告应对无法查明死因承担相应的责任;3. 即使如医院或鉴定专家所说的是猝死,但猝死的原因很多,包括心肌梗死、脑出血、肺栓塞、急性坏死性胰腺炎、哮喘、过敏、心源性和非心源性疾病等;4. 死亡讨论记录只是医师的分析和临床经验总结,除非经过质证被法院认为,否则,不必然作为定案认定死因的根据;5. 结合案情,患者的死亡原因最多只应有 50% 的可能由冠心病、肺栓塞引起;医院即使承担责任也只是建立在这 50% 的可能范围内为妥;6. 医院即使承担主要责任也只是建立在这 50% 的可能范围内。综上,医院只应承担次要责任,即 30% ~40% 当为合适。

法官代表

官健　本案医方的过错应该是可以认定的,主要表现在:对于一个一级护理,已下病重通知的患者,在进行相关检查时没有使用轮椅或车床运送,也没有准备氧气和医护人员护送,违反了部门规章和护理常规。这可能导致两种不良后果:一是可能诱发猝死的发生;二是当患者出现紧急情况时,无法做出及时的应对和处理。因此,医方的过错与患者的猝死之间可以认定存在相当的因果关系,医方应当承担侵权赔偿责任。关键在于,医方应承担何种程度的责任比例比较合适,也就是责任主次之争。在医疗损害赔偿纠纷中,确定医方的责任比例,主要看原发病、医疗风险及医方过错对损害后果的原因力大小。当然,若患方对损害的发生也有过错,还应适用过失相抵的原则,减轻医方的责任。一般来说,若损害后果为医方过错直接导致的,医方则承担 50% 以上的主要责任,甚至全部责任;医方过错对损害后果的发生只起到间接的作用,则医方承担 50% 以下的次要责任。本案中,患者高龄,原发病为慢性支气管炎急性发作、阻塞性肺气肿,既往有高血压、心肌劳损,X 光、心电图、B 超等检查均显示有心脏病变,不排除肺动脉栓塞、冠心病的存在,本身存在猝死的病理基础。医疗风险因素在于患者进行必要的检查需要搬运及变换体位,可能引致意外猝死的发生。而医方未按常规运送患者进行检查的过错则增加了患者可能发生猝死的风险，在原有疾病的基础上诱发了猝死，医方过错应为诱发因素。一般来说，诱发因素属于间接作用因素，而原发病应为患者猝死的主要原因。因此，本案判决医方承担70%的主要责任，似乎过于激进，以医方承担次要责任为宜。

案件启示

"三分治疗、七分护理"是有道理的

广东医学会医事法学分会 广东行政学院法学教研部 宋儒亮

疾病治疗,常言"三分治疗、七分护理",该观点虽不能一概而论,但"护理"在临床活动中的价值和作用不仅仍为治疗所接受、经验所验证和民众所认知,而且也从医疗诉讼中也获得肯定,比如当前诊疗护理中,护理问题也正成为当前一个容易被忽视、忽略但常常导致医方存在过错并依法要承担法律责任的事由之一,因此,从医学结合角度,正确掌握并充分落实法律对护理工作的规范要求,恰反映护理之价值,而也应为依法行医之必要之路。

一、护理实践若不依法则应清楚护理过错可因此而依次引发相应民事、行政和刑事责任

国务院以行政法规方式确定护理工作应当遵守法规规范,并明确了护士的执业权限。《护士条例》第十六条规定:"护士执业,应当遵守法律、法规、规章和诊疗技术规范的规定。"同时,还就护士的执业权限进行明确规定。《护士条例》第十七条规定:"护士在执业活动中,发现患者病情危急,应

当立即通知医师;在紧急情况下为抢救垂危患者生命,应当先行实施必要的紧急救护。护士发现医嘱违反法律、法规、规章或者诊疗技术规范规定的,应当及时向开具医嘱的医师提出;必要时,应当向该医师所在科室的负责人或者医疗卫生机构负责医疗服务管理的人员报告。”

卫生部以部门规章方式确定护理工作分为四级,并对四级护理应完成工作进行了十分清楚的界定。《全国医院工作制度与人员岗位职责》八、分级护理制度之2规定:“2. 医师根据病情下达护理分级医嘱后,作出分级护理的标记。(1)特级护理 1.1 病情依据:a. 病情危重,随时需要进行抢救的患者。b. 各种复杂或新开展的大手术后的患者。c. 严重外伤和大面积烧伤的患者。d. 某些严重的内科疾患及精神障碍者。e. 入住各类ICU(重症监护病房)的患者 1.2 护理要求:a. 除患者突然发生病情变化外,必须进入抢救室或监护室,根据医嘱由监护护士或特护人员专人护理。b. 严密观察病情变化,随时测量体温、脉搏、呼吸、血压,保持呼吸道及各种管道的通畅,准确记录24小时出入量。c. 制定护理计划或护理重点,有完整的特护记录,详细记录患者的病情变化。d. 重症患者的生活护理均由护理人员完成。e. 备齐急救药品和器材,用物定期更换和消毒,严格执行无菌操作规程。f. 观察患者情绪上的变化,做好心理护理。g. 由监护护士或特护人员专人护理。(2)一级护理 2.1 病情依据:a. 重症患者、各种大手术后尚需严格卧床休息以及生活不能自理患者。b. 生活一部分可以自理,但病情随时可能发生变化的患者。2.2 护理要求:a. 随时观察病情变化,根据病情,定期测量体温、脉搏、呼吸、血压。b. 加强基础护理,专科护理,防止发生并发症。c. 定时巡视病房,随时做好各种应急准备。d. 观察用药后反应及效果,做好各项护理记录。e. 观察患者情绪上的变化,做好心理护理。f. 每三十分钟巡视一次。(3)二级护理 3.1 病情依据:a. 急性症状消失,病情趋于稳定,仍需卧床休息的患者。b. 慢性病限制活动或生活大部分可以自理的患者。3.2 护理要求:a. 定时巡视患者,掌握患者的病情变化,按常规给患者测量体温、脉膊、呼吸、血压。b. 协助、督促、指导患者进行生活护理。c. 按要求做好一般护理记录单的书写。d. 每一至两小时巡视一次。(4)三级护理 4.1 病情依据:生活完全可以自理的、病情较轻或恢复期的患者。4.2 护理要求:a. 按常规为患者测体温、脉膊、呼吸、血压;b. 定期巡视患者,掌握患者的治疗效果及精神状态;c. 进行健康教育及康复指导。3. 根据病情变化及评估的结果,应及时变更护理等级。"

上述界定表明:从医事法律角度,不同病情有不同医嘱,医嘱确定护理级别,护理须严格遵守,否则,一旦违反护理级别规定,直接构成医方——护士先存在——先护理过错并构成医疗过错和——违法,若医生没有发现并纠正,就构成了过错,若再有患者损害,就要承担三方面的法律责任。

可导致医疗事故而依次存在刑事、行政和民事法律责任,而这已有国务院之行政法规所确定。这可以从三方面确定:

一方面,以诊疗护理规范、常规作为判断依据之一确定是否构成医疗事故依据。《医疗事故处理条例》第二条规定:本条例所称医疗事故,是指医疗机构及其医务人员在医疗活动中,违反医疗卫生管理法律、行政法规、部门规章和诊疗护理规范、常规,过失造成患者人身损害的事故。"

另一方面,一旦构成医疗事故则要可被进行刑事惩罚和应进行行政处罚。《医疗事故处理条例》第五十五条规定:"医疗机构发生医疗事故的,由卫生行政部门根据医疗事故等级和情节,给予警告;情节严重的,责令限期停业整顿直至由原发证部门吊销执业许可证,对负有责任的医务人员依照刑法关于医疗事故罪的规定,依法追究刑事责任;尚不够刑事处罚的,依法给予行政处分或者纪律处分。对发生医疗事故的有关医务人员,除依照前款处罚外,卫生行政部门并可以责令暂停6个月以上1年以下执业活动;情节严重的,吊销其执业证书。

再一方面,可导致民事法律责任,全国人大以法律方式确定在存在过错也包括护理过错且患者又有损害就要承担民事赔偿责任。《侵权责任法》第五十四条规定:"患者在诊疗活动中受到损害,医疗机构及其医务人员有过错的,由医疗机构承担赔偿责任。"一旦患者存在损害,而又存在护理过错,依法要承担法律责任。

上述法律规定要求诊疗护理中不能有任何过错，否则，承担法律责任之风险就实难避免。

二、临床活动依法进行之前提在于医之各方权利行使既须满足分工，又符合制约之要求

具体而言，就依法行医而言，医方开展医疗活动，须通过四个权利主体的权利行使而依次展开：

一是，医师通过行使选择合理的医疗、预防、保健方案权而启动医疗活动。《执业医师法》第21条第1项规定："在注册的执业范围内，进行医学诊查、疾病调查、医学处置、出具相应的医学证明文件，选择合理的医疗、预防、保健方案"；这是医师执业的核心权利。比如本案，最终确定患者要进行一级护理的医嘱就是医生之选择合理医疗的行使，护理应当遵守这样的医嘱。

二是，药师主要通过行使处方调配权而保证药品在医疗活动中是适宜和合法。药物是否适合患者适用，调配权决定权在药师，这是由《处方管理办法》规范和保障的。《处方管理办法》第三十四条规定："药师应当认真逐项检查处方前记、正文和后记书写是否清晰、完整，并确认处方的合法性。"第三十七条规定："药师调剂处方时必须做到"四查十对"：查处方，对科别、姓名、年龄；查药品，对药名、剂型、规格、数量；查配伍禁忌，对药品性状、用法用量；查用药合理性，对临床诊断。"医师和药师在处方上，彼此之间既有分工、合作，也有监督和制约，这两个权利彼此不能替代。比如本案中，虽然患者主张其使用的药物存在问题，但经过审理，判决认定不存在违法，也不存在不适宜问题，审判表明本案药师调配权的行使是受到审判权肯定的——判决表明了这点。

三是，护士主要通过行使紧急救护权而落实护理是符合法规要求，目的是避免构成法律意义上之护理过错。医疗活动中，护士对医师而言并不是

完全服从的，自身也是被赋予权利的，比如针对医师医嘱，护士就享有法律上的意见建议权，这已有《护士条例》所保证。《护士条例》第十七条规定："护士在执业活动中，发现患者病情危急，应当立即通知医师；在紧急情况下为抢救垂危患者生命，应当先行实施必要的紧急救护。护士发现医嘱违反法律、法规、规章或者诊疗技术规范规定的，应当及时向开具医嘱的医师提出；必要时，应当向该医师所在科室的负责人或者医疗卫生机构负责医疗服务管理的人员报告。"

虽然在本案中，正是针对患者可能有严重肺动脉栓塞和心脏病而预判患者存在生命健康危险而由医师确定患者应是一级护理，这是医师的执业判断，护士应当遵守。

此时，护士应遵守的规定并不是没有规范可依的，最直接的就是护士执业所应当熟知的《全国医院工作制度与人员岗位职责》，其明确一级护理是有特定的"病情依据"的，比如"重症患者、各种大手术后尚需严格卧床休息以及生活不能自理患者"、"生活一部分可以自理，但病情随时可能发生变化的患者"，也明确了是有特定"护理要求"的，比如"随时观察病情变化"、"加强基础护理，专科护理，防止发生并发症"、"定时巡视病房，随时做好各种应急准备"等。结合本案，遗憾的是，护士在既应当知道一级护理所内涵的特定病情和护理要求，也应当知道该患者属于一级护理而存在不适宜步行活动的情形的情况下，本应当避免的风险没有避免。本案患者之不利后果就表明，这是一种典型的、应当知道但并没有真正防范而导致其护理已构成了法律意义上的过错之案。

四是，医生、药师和护士的执业应当符合医院执业的需要，也即医院通过获得执行许可而依法要求医生、药师和护士进行诊疗护理。《医疗机构管理条例》第二十五条规定："医疗机构执业，必须遵守有关法律、法规和医疗技术规范。"这包括查房上也应依此进行。这已有明确的规定，《全国医院工作制度与人员岗位职责》七、查房制度规定："1. 科主任、主任医师或主治医师查房，应有住院医师、护士长和有关人员参加。科主任、主任医师查房每周 1～2 次，主治医师查房每日一次，查房一般在上午进行。住院医师对所管病员每日至少查房二次。2. 对危重病员，住院医师应随时观察病情变化并及时处理，必要时可请主治医师、科主任、主任医师检查病员。3. 查房前医护人员要做好准备工作，如病历、X 光片，各项有关检查报告及所需用的检查器材等。查房时要自上而下逐级严格要求，认真负责。经治的住院医师要报告简要病历、当前病情并提出需要解决的问题。主任或主治医师可根据情况做必要的检查和病情分析，并做出肯定性的指示。4. 护士长组织护理人员每月进行一次护理查房，主要检查护理质量，研究解决疑难问题，结合实际教学。5. 查房的内容：5.1　科主任、主任医师查房，要解决疑难病例；审查对新入院、重危病员的诊断、治疗计划；决定重大手术及特殊检查治疗；抽查医嘱、病历、护理质量；听取医师、护士对诊疗护理的意见；进行必要的教学工作。”结合本案，在查访问题上，医方是存在问题的，这正如医疗事故技术鉴定书所言：“病重患者入院 3 天没有副高级职称以上的医生查房以指导诊治，未履行三级医生查房制度”。这就是医方的过错。

之所以存在这个问题，从医院角度是因医院的执业活动并没有遵守法规——《全国医院工作制度与人员岗位职责》七、查房制度——规定，而制定这个规定的目的本身就是赋予医院应当通过诸如查房等规定，依法管理医师、药师和护士的，结果就是让各方既能依法履职，又能治病救人。

三、存在护理过错是本案医方承担民事赔偿法律责任的主因

行医要避免风险，依法为最佳选择。了解熟悉、认真理解和接受法规要求，既是落实依法行医之基本依据，又是最大程度避免和防范护理过错之最根本保障，更也是防范构成医疗损害赔偿的不二选择。这正如本案法院判决所言：“医护人员在明知患者可能有严重肺动脉栓塞和心脏病，需要一级护理，不适宜步行活动的情况下，无尽到说明和监督的义务，致输送人员没有用轮椅运送患者返回病房”。这就属于护理存在过错的司法判定。可以

设想，假如护理人员能认真遵守一级护理要求、医生能认真检查落实医嘱以及医院能通过查房等要求各方依法执业，那么，本案就不会因护理过错而最终导致医方承担赔偿之责任了。

判决是严肃的，教训是深刻的。希望能通过司法判决，从医学上，能够避免护士、医师和医院出现过错，从法律上，是让“七分护理”的价值的再获得医疗实践和医疗诉讼的肯定和回归，实现医患和谐。

临床专家点评

对病重患者及时完善检查，重视知情告知

北京大学人民医院心内科　张海澄

在本病例中，从患者入院到死亡仅 3 天，相关检查结果甚至都没有完全报告，下面仅从临床角度作简要分析，以供临床医师参考。

了解患者有无高危因素　完善相关检查 对于医学会鉴定及两次判决中均提及的冠心病猝死可能，临床医师在问诊时应详细了解患者有无冠心病常见的高危因素，比如患者的高血压病史、有无糖尿病史、有无高脂血症、是否吸烟、有无冠心病家族史、平日有无胸痛胸闷病史等。此外，入院后观察心电图、心肌损伤标志物的动态演变对于诊断也有重要意义，应当重点描述。即便是阴性的描述也非常重要，就像书写病历记录一样，阴性的症状和体征、检查作为鉴别诊断，是必不可少的。作为用于诉讼的法律文书，更应简明扼要、重点突出、层次清晰。

对于医学会鉴定及两次判决中均提及的肺栓塞猝死可能，临床医师应了解患者有无糖尿病及吸烟史、有无长期应用女性激素、有无久坐或久卧床病史、有无下肢浮肿或下肢痛、有无近期停用阿司匹林等病史、入院时相应查体结果、D－二聚体检查结果、心电图有无动态变化、超声心动图有无相应的右室压力负荷过重、下肢 B 超结果等。

在临床上，大家越来越重视肺栓塞的早期识别，但漏诊率仍非常高。认真的病史询问、高危因素评估、详细的查体，加上相应的检查，是早识别、早诊治的关键。比如D－二聚体，如检测结果为阴性，则对于除外肺栓塞十分重要（阴性价值远超过阳性），在该病例的诊治过程中未提及D－二聚体水平。下肢查体、超声检查亦非常重要。心电图会出现系列动态变化，最多见的是窦性心动过速、不完全性右束支阻滞、V1～3导联出现倒置T波，而大家熟知的$SIQ_{Ⅲ}T_{Ⅲ}$仅见于1/4的肺栓塞患者，且是新出现的才有意义。

针对低钾血症，应了解患者是否曾应用利尿剂等排钾药物、酸碱平衡情况、饮食与二便情况等。针对应用西地兰，应了解患者的心功能情况如症状、体征、相应的检查如脑钠肽（BNP）以及心律/心率情况等。

知情告知 医方入院后既已下达《病重通知书》，通知书上应尽可能列出可能发生的情况，建议全院一定使用统一版本的告知书，特殊情况再手写补充。此患者为一级护理，自行坚持等待护送中心的轮椅，此时建议再次签署知情同意书，告知其独自去检查有可能出现的风险，由患者签字，作为法律诉讼时的证据。此外，患者家属拒绝尸解也应当签署正规的“拒绝尸解知情同意书”。

第3章 医法再探

医事法学视域中医疗服务急需商讨的五大前沿话题

广东省医学会医事法学分会　赖永洪*

医学与法学是天生的一对“双胞胎”,这两大学科始终伴随着人类社会的文明进步。在自然科学领域,医学是“顶天立地”的学科;在社会科学领域,法学也是“顶天立地”的学科。所谓“顶天”,就是尖端、是至高的,是自然科学中最尖端的部分当然包括医学、生命科学,人类社会的进步离不开法学,法学也是顶天的。所谓“立地”,就是说几乎没有一个人能够逃避医学、逃离医疗服务,所以说医学是立地的。法学也是相似的,一个人生活在社会中必然会涉及“法”,依法治国、维护社会公平正义就更离不开“法”,法学必然也是立地的。医学的鼻祖希波克拉底说过“医术是一切技术最美和最高尚的”,“人类导师”亚里士多德也说过“法律应该成为在任何方面受到尊重

* 赖永洪,广州医学院第三附属医院党委书记,管理学硕士,主任医师。曾任广州医学院第一附属医院常务副院长、广州医学院第三附属医院院长。现兼任广东省医学会常务理事、广东省医学会医事法学分会副主任委员,广州市医学会常务副会长,广东省医师协会副会长、广东省医师协会人文医学工作委员会主任委员。

和保持至高无上权威的”，这都能演绎出医学、法学就是“顶天立地”的。

医事法学就是涉及医事的法之学，医事就是医学、医疗服务等与医相关活动的一切事情、事务。医事法学就是医学与法学这两门古老而常新的学科的结合、交融，是很有生命力的，而且这两个学科的结合也是天然、天生的。5500 多年前的第一部成文法汉谟拉比法典，里面就有对医生和医疗服务的法律规定。

医疗服务是指医疗机构及医务人员为了满足特定状况的人（通常称其为患者）的疾病诊疗、健康维护、生育保健等需求并能为双方带来利益，所提供的技术服务与人文服务等一系列活动。涉及医疗服务医患双方的关系、行为、义务与利益。平常，我们更多的是从医学、医疗技术、服务活动、服务质量等的角度来讨论医疗服务的有关问题。本文，我们试图在医事法学的视域中来探讨医疗服务几个敏感的话题。旨在促进医患双方及政府、公众在医疗服务中能有法可依、有法必循。

患者拒绝接受正当合理诊疗怎么办

患者拒绝接受正当合理诊疗，当医患关系在理性情形时，那好办，通过民事关系可调整，医生尊重患者的自主权。当有伦理冲突时，就较难办了，医生的良心受煎熬，明知这不符合患者的利益，但却无能为力。当在患方非理性的情况下，更难办，医生左右皆难。

面对拒绝接受正当合理治疗的患者，医生如何作为呢？最好是能让医生有法可依，政府、卫生行政部门通过制定相关的法规规章给医生具体的行为指引，就如香港的《医院管理局对病人同意或拒绝接受治疗及/或输血的指引》有明文指引[1]，但目前我们医疗实际工作医院还没有这方面的法律文书的清晰而明文的指引。确实应该让医生更好的有法可依，这应成为有关部门与人士推动医事法学研究与实践的重要任务之一。

由此还引出了知情同意签署是医方的义务还是医患双方的义务的话

题，公众一般认为在医疗服务中的知情同意签署是法律赋予医方的义务。我认为，在医疗服务中，知情告知是医方为保障患方知情权而履行的法定义务，但签署知情同意是医患双方的义务。这样既体现对患者的尊重与负责，又有利于争取患者主动配合，保障患者的利益。当然作为医方应当保证患方是在充分知情基础上的自主同意，同时应当尊重病人的知情不同意。

能拒绝给特定患者诊疗吗

《医师执业法》规定：对急危患者，医师应当采取紧急措施及时进行诊治；不得拒绝急救处置（第二十四条）；遇有自然灾害、传染病流行、突发重大伤亡事故及其他严重威胁人民生命健康的紧急情况时，医师应当服从县级以上人民政府卫生行政部门的调遣（第二十八条）。

通常认为，按照民法的“法无禁止即自由”原则，在医疗服务中，医患双方的关系在民法的调整下，除以上《医师执业法》规定的两种情形外，医生应该是有权拒绝诊疗患者的。但如果真是如此这般在当下主张“医生应该有权拒绝诊疗患者”的话，医生将面临极大的道义上的责难。但在事实上，医生有权拒绝为一些特定情形的患者诊疗，将更有利于调整改善医患关系。东南大学卫生法学教授张赞宁曾提出，医疗行为作为一种特殊的民事行为，暂且可以将医方的拒绝治疗权限制在下列7种情形内：①当病人不配合治疗时；②医生人身权利遭受威胁或不法侵害时；③医生的人格尊严遭受侮辱时；④病人及其家属违反院纪院规，又不听劝阻时；⑤病人欠费或拒付费用时；⑥当医生成为该病人的被告时；⑦当患方向医方提出不切实际的过分要求，又不听劝阻时[2]。

这些主张是否合法值得商榷，但医事法学应从学术研究的角度探讨这些敏感话题，应当在推动制定法律法规及指导临床实务上将大有作为，让医生能有法可依。

谁能真正代表患者

近年来,随着医改的深化与推进,在探索建立完善医保谈判机制的工作中,“谁能代表患者?”的问题真成了问题。普遍的现象是,作为与“医方”相对的“保方”(各级社保管理与经办部门)理所当然地认为能代表患者,但保方真能代表患方吗?2008 年首都医科大学常文虎做了一项研究[3],调查了医院院长、患者、医保机构管理人员三类人员对医院提供过度诊疗服务或过度检查总体情况的看法。结果显示,医院院长认为“医院提供过度诊疗服务或过度检查总体情况”属于“轻微”的占 33.3%、认为“一般”占 33.3%、“较严重”占 27.8%、不了解/不表态者占 5.6%;医保机构人员认为轻微、一般、较严重、不了解/不表态分别占 2.56%、23.1%、71.80% 和 2.56%;而患者认为“医院提供过度诊疗服务总体情况”是“轻微”者占 33.5%、“一般”占 26.6%、“较严重”占 18.7%、不了解/不表态者占 21.2%。很显然,保方的看法与患方相距甚远,反而医院院长的看法与患者较为接近。

要解决“谁能代表患者”这一问题,医事法学的研究可以从理论上探讨回答这一问题,就是谁能最优解决委托代理问题,就由谁代理。委托代理理论的核心就是代理人一方代表委托人一方的利益行使某些决策权,产生代理关系。委托人基于代理人较自己具有专业化或其他优势,让渡某些决策权,则产生委托关系。经典委托代理理论有两个基本假设:第一是委托人和代理人之间利益是存在冲突的,代理人关心的是付出(成本),委托人关心的是结果(收益),委托人的收益就是代理人的成本(付出的钱和努力)。第二是委托人和代理人之间信息不对称,代理人很清楚知道自己的付出的努力程度与水平,而委托人一般难以知道代理人工作的努力状况。在医、保、患利益相关的各方,应借助委托代理理论来优化解决各自的代理问题,即患者应委托谁来代理其权益,也就是回答谁能代表患者的问题。

要解决“谁能代表患者”问题,也可以在实践中参考借鉴台湾健保的做法与经验。台湾健保由患、医、保三方代表构成健保监督与协商的主体,在费用协商上以对等比例的方式建立协商机制,被保险人与雇主代表(患方)、医事团体机构代表(医方)、政府与学者专家代表(保方)各占1/3。台湾健保法规定"卫生署"必须组织三个委员会就健保局的业务和政策做出监理和审议。第一个委员会是"全民健康保险监理委员会",此委员会共29人,除主任委员由"卫生署"委任外,其余成员包括专家(5人)、被保险人代表(5人)、雇主代表(5人)、保险医事服务机构代表(5人)、政府代表(8人),专家是"卫生署"委聘,其余代表则由各相关团体之代表出任。这个委员会主要对政策、法规及业务进行建议,审议健保局之年度计划、报告、预算、结算、查核业务、财务与账目等,这是健保局对全民负责的一个重要机制。第二个委员会是"全民健康保险医疗费用协议委员会",根据全民健康保险医疗费用协议委员会组织规程规定,"本会隶属行政院卫生署,置委员27人,其中1人为主任委员,其委员名额分配如下:医事服务提供者代表9人,保险付费者代表与专家学者9人(前者8人、后者1人)、相关主管机关代表九人。"此委员会主要是按健保法之总额支付制度之法规,与各界之代表进行协商,订定每一年度之总额和分配的方式,如门诊与住院费用分配比率、各专科医疗服务之分配比例、协议超出总额之药品费如何由总额中扣除之比例等。第三个委员会是"全民健康保险争议审议委员会",负责审议健保局与被保险人、投保单位和医疗机构之间的争议。这三个委员会表现出台湾的健保制度在法规上确定了如何对社会负责,引入社会各阶层参与,共同决定健康照护的各种决策和监理执行的情况,使健康照护真正惠及全民。

怎样处置面临的艾滋病病人人际关系难题

医生在处理艾滋病病人的医患关系时,有不少为难之处。比如临床会遇到这样的情景,当艾滋病病人不愿把艾滋病病情透露给其未婚妻时,医生为了他人(病人未婚妻)的利益,应该怎么办?可以不顾病人的意愿吗?可以不顾病人未婚妻的利益吗?《艾滋病防治条例》第三十九条规定“未与本人或者其监护人同意,任何单位或者个人不得公开艾滋病病毒感染者、艾滋病病人及其家属的姓名、住址、工作单位、肖像、病史资料以及其他可能推断出其具体身份的信息。”第四十二条规定“对确诊的艾滋病病毒感染者和艾滋病病人,医疗卫生机构的工作人员应当将其感染或者发病的事实告知本人;本人为无行为能力人或者限制行为能力人的,应当告知其监护人。”很显然,对于“医生应该负责任地把实情告知病人的未婚妻吗”的问题,答案是否定的。

也就是说,法规已明确规定医生不能把艾滋病病人的实情告知其未婚妻。但有人认为,艾滋病病人的隐私权与他人的健康权或公共安全发生冲突时,他人的健康权或公共安全优先于患者的隐私权。不少医务人员都认为,医护人员要尊重艾滋病病人的隐私和人格,但也要对病人的家属等第三者负责,故病人被正式确诊为艾滋病或携带者时,医生有权告知病人的配偶,使其采取安全的措施,以避免感染艾滋病,减少该病的扩散。

当病人不愿把艾滋病病情透露给未婚妻时,医生确实就左右为难了。医生应该做到的是晓之以理、明之以法。《艾滋病防治条例》第三十八条规定艾滋病病毒感染者和艾滋病病人应当履行“将感染或者发病的事实及时告知与其有性关系者”、“采取必要的防护措施,防止感染他人”等的义务。第六十二条规定“艾滋病病毒感染者或者艾滋病病人故意传播艾滋病的,依法承担民事赔偿责任;构成犯罪的,依法追究刑事责任。”

医生在处理与艾滋病病人的医患关系时,需要特别注重三个看似相互矛盾对立的、但实质是相辅相承的要件,一是隐私保护(告知病情时需要排他),二是保障他人及公共利益(不让他人知道,难以保障他人及公共利益),三是告知坏消息(需要寻求家庭、社会支持)。医生要处理好这三者的关系,就特别需要具有在依法基础上良好的医患沟通技能。

因此,在医疗服务中,要做到有法必循,就特别要重视如何让医务人员更有效地“循法”,如何在法律的框架下让医务人员更好地对患者晓之以理、明之以法，体现更好的人文关怀，这都是医事法学领域的现实课题。

怎样保证"说明"是有效的和已到位了

《侵权责任法》第五十五条："医务人员在诊疗活动中，应当向患者说明病情和医疗措施。需要实施手术、特殊检查、特殊治疗的，医务人员应当及时向患者说明医疗风险、替代医疗方案等情况，并取得其书面同意；不宜向患者说明的，应当向患者的近亲属说明，并取得其书面同意。医务人员未尽到前款义务造成患者损害的，医疗机构应当承担赔偿责任。"

说明就是要说得让别人明白，保证有效"说明"的要领就是医方要充分告知、让患方能正确理解。在临床工作中，我们还有重视一些妨碍"说的让人明白"的因素，如医患双方以不同的方式看待疾病，甚至患者听不懂医生所说的真实意见；患者情绪化反应或家属等外界因素影响，影响了患者倾听医生告知解释的效果，导致其不能正确理解；医生没有解释清楚，更难让患者理解；医生没有核实患者的理解程度，或没有理会患者的回应、反馈等。

其实，在临床实践中，为了保证做到有效"说明"，还有许多具体问题需要大家去探讨的。如(1)要向患者说明什么，是以医方规定的内容为限，还是以患方想知道的内容为限？(2)要说明到什么程度，是根据患者本人的认知水平能理解的程度，还是其家属中文化水平较高者能理解的程度？(3)什么情形属于不宜向患者说明的，是否需要明确"不宜向患者说明的情形"？是法定？约定？还是医方自由裁量？等等，这些都是医事法学应该回答的问题。

总之，医事法学应从源自医疗服务实践的学术研究出发，推动医事法律、法规、规章、指引的完善，达到让医者更有法可依的目的，这是医事法学的主要任务。同时，为了让医务人员能更有效地"有法必循"，需要在法律的框架下体现更好的人文关怀，给"冷冰冰"的法律以"人"的温度，这也是医事法学服务于医疗活动的重要内容。医事法学任重道远。

参考文献

[1]香港法律改革委员会报告书《医疗上的代作决定及预设医疗指示》第5章,2006年8月,载 www. hkreform. gov. hk。

[2]张赞宁:“医方有拒绝治疗权和强制治疗权”,载《医院院长论坛》2007年第4期,第48~53页。

[3]常文虎:《医疗费用支付方式选择研究》,内部资料,2008年11月。

在新的医患关系背景下，重新认知知情同意的意义

广东省医学会医事法学分会　姚　麟　杨　扬*

2007年11月，北京朝阳医院，因为一位产妇的丈夫拒绝在手术知情同意书上签字，两条生命就因此而无辜地逝去了。我们不知该指责疑虑、彷徨的丈夫，还是坚持规章的医生，只知道这两条鲜活的生命为我们敲响了改善医患关系的警钟。而近几年层出不穷的医务人员受伤害案件，更是让我们疑惑不解。现在的医患关系到底怎么了？在人类从没像现在这样长寿，也从没像现在这样享有健康的今天，为什么医患关系却从没像现在这样紧张？

我们可以例举很多引起医患关系紧张的原因：体制因素、政府原因、民众素质、医务人员行为等，但我们往往忽略了我们最应重视的医患沟通。或者说，我们的重视只落在了纸面上和口头上。我院的数据表明，在近几年的医疗纠纷中有60%存在沟通不足，而在进行医疗事故鉴定的案例中，鉴定机构认为将近80%存在沟通缺陷。那我们在认识方面到底存在哪些误区，在行为上又该进行怎样的纠正呢？

患者需求层次的变迁与医务人员认知之间存在巨大矛盾

马斯洛理论把人的需求从高到低分成生理需求、安全需求、社交(感情)需求、尊重需求和自我实现需求五类。一般来说，当人低层次的需要得到满足后，才会去追求更高层次的需要。生理上的需要是人们最原始、最基本的

---

* 姚麟：广东省医学会医事法学分会委员，现任中山大学附属第三医院医务科科长。
杨扬：广东省医学会医事法学分会副主任，现任中山大学附属第三医院副院长。

需要，如吃饭、穿衣、住宅、医疗等。若不满足，则有生命危险。也就是说，它是最强烈的不可避免的最底层需要，因此，当生存受到威胁、朝不保夕的时候，健康权、生命权的追求无疑是最大的需要。作为“白衣天使”的医生自然是最好的福音传播者。我们就不难理解在病魔肆虐的古代，在战火纷飞的战争年代，甚至在医疗不发达的解放初期，医生为何如此受人尊重、景仰了。而在2003年“非典”过后，对于医务人员评价的一过性提升也在另一个侧面证实了这一点。

但是人的需求是多样、复杂的，在不同时期表现出来的各种需要的迫切程度是不同的。戴维斯（K. Davis）对美国情况进行了评估。他的研究表明随着社会的发展和进步，在人类的基本生存需求得到了充分满足以后，生理、安全等低层次的需求就必然逐步让位给社交（感情）、尊重和自我实现等高层次的需求，实现新的二八开。

表1　戴维斯（K. Davis）对美国情况进行的评估

需要种类	1935年百分比	1995年百分比
生理需要	35%	5%
安全需要	45%	15%
感情需要	10%	24%
尊重需要	7%	30%
自我实现需要	3%	26%

众所周知，患者满意度的简单公式为满意度=感受值-期望值。患者需求层次发生了明显变迁，而我们医务人员的认识却仍然停留在二十年甚至三十年前，满足于对疾病的认识和治疗——“只见病，不见人”。北京大学医学人文研究院的王岳教授发现，在从医学角度回答“狗是由什么组成的？”“人是由什么组成的？”“人和狗有什么区别？”这三个问题上，我们的医务人员，特别是年轻医务人员的思维仍停留在生物医学模式上——“人是由细胞组成的”；而忽略了人在尊重、实现——人权等方面的需要和诉求。并没有

真正理解和实践生物—心理—社会医学模式。

因此,由于存在患者需求层次的变迁与医务人员认知之间的巨大鸿沟,我们就可以充分解释:为什么在我们心目中医务人员的平均道德水准在社会平均道德水准之上;而中国青年报社会调查中心通过题客调查网,对全国12575名公众进行的一项“哪种职业丧失职业操守的现象最为严重”的调查却显示排名第一的为74.2%的受访者认为是医生。

患者是医疗安全管理不可或缺的组成部分:培养学习型患者

医疗是高风险行业。医学是与死亡和病魔作斗争发展起来的科学,本身就充满了不可预知性。我们本来就需要如临深渊、如履薄冰,我们常说的几句话就是“任何医院可以缺少任何专科,唯一不缺的就是太平间”,“医生不是神仙”,“我们只能保证过程的正确,不能保证结果的圆满”。

而我们服务的顾客是这样特定的一群人——患者。他们接受着“必须”却非“想要”的服务,他们更想走出医院大吃一顿,享受愉快的假日,与朋友通电话或者来场运动。他们不想拍X光片,更不想走上手术台。他们(1)非病即伤,痛苦、彷徨又恐惧;(2)一旦住院就失去大部分自由;(3)需要却讨厌医护服务;(4)即使是第一次与医生见面通常也要放弃自己的隐私和羞耻之心;(5)还要承担已有病情之外的其他风险,如误诊误治、错误用药、院内感染等。如果是我们自己,将会有怎样的积极性参与到安全管理中来。那么我们有什么理由不重视患者在医疗安全体系中的地位和作用呢?我们为什么要通过“轻视患者”来额外增加我们固有的风险呢?因此,我们一定从心底里认识到,患者是医疗安全管理的不可或缺的组成部分。

医疗行为是一个互动的过程,患者的依从性以及配合是决定医疗效果的重要影响因素。随着高素质患者的增多和医学知识的普及,患者有能力、也有意愿参与到医疗安全管理中来。我们应该采用中国人文医学会推荐的参与—协商模式(如表2所示)培养学习型患者,从以下方面进行着手:

(1)让患者充分了解自己的病情、治疗方案。

(2)当病人有疑问时应勇于发表意见。

(3)了解自己平时服用的药物。

(4)确保拥有所有的检查检验结果。

(5)当需要手术时,和手术医师、麻醉医师有过交流,确认了解手术过程,特别是手术部位等情况。

表2　中国人文医学会推荐的新型医患关系模型

模式类型	医生作用	病人作用	临床应用	模式/生活原型
主动—被动	对病人做某事	被动接受	麻醉、重伤昏迷、精神病	父母—婴儿
指导—合作	告知病人要做什么	合作(服从)	急性病诊疗	父母—儿童
参与—协商	帮助病人自我恢复	主动参与	慢性病、康复治疗	成人—成人

我们发现在实际工作中,每年都会有3~5例的错误用药因患者发现而避免。而自从患者加入到手术部位的确认环节中来,再无手术部位错误发生。

充分了解知情同意的法律意义和流程

《侵权责任法》第五十五条规定:“医务人员在诊疗活动中应当向患者说明病情和医疗措施。需要实施手术、特殊检查、特殊治疗的,医务人员应当及时向患者说明医疗风险、替代医疗方案等情况,并取得其书面同意;不宜向患者说明的,应当向患者的近亲属说明,并取得其书面同意。医务人员未尽到前款义务,造成患者损害的,医疗机构应当承担赔偿责任。”本条明确规定了知情同意的相关问题。侵犯患者的知情选择权,将会承担相应的法律责任。

2009年8月,佛山市南海区居民曾某发现自己怀孕了。同年11月12日起,她开始在南海区妇幼保健院“建卡”进行常规的产前检查。至2010年

4 月 12 日生产为止，曾某一共在该保健院进行产前系统检查 9 次。但是直到她临产前，医院才最终确诊胎儿存在严重畸形，“左脚缺如”。7 个小时后，“小志”降生。曾某第一眼看到的，是孩子缺了脚的左腿！“小志”出生 3 个月后，其父母认为由于医院的诊疗行为存在过错致使孩子的健康权利受到严重侵害，即以“小志”的名义将南海区妇幼保健院告上法庭，要求赔偿伤残赔偿金等各项损失合计 73 万余元。而妇幼保健院则辩称：“小志”的左脚缺如是自身发育所致，并非被告的过错导致，两者之间不存在因果关系。根据民事赔偿的过错原则，不应承担赔偿责任。南海区法院在审理中委托南方医科大学司法鉴定中心对此案的医疗行为进行了医疗过错鉴定。最终根据鉴定意见，认为：被告存在医疗过错行为，此行为虽然不是造成“小志”左脚缺如的原因，但客观上侵犯了原告曾某和容某在胎儿出生前的知情权和生育选择权。判决南海区妇幼保健院承担 20% 的赔偿责任，及精神损害抚慰金 3 万元，合计 11.8 万元。

知情同意的过程，实质上是一个决策的过程。我们应从以下几方面来认识：

首先，医务人员对患者进行告知，并取得患者知情同意是医患双方共同决策的过程；还是患者授权行为的体现。医疗机构对病情、治疗方案具有告知、说明义务。该义务为体现对患者作为权利主体应享有的知情权和选择权的尊重所必须。因为患者出于信任委托医生对自己进行治疗，并非是将自己完全被动地委托出去而丧失了自我，其应是自身利益的最佳判断者。虽然医学是专业性、技术性极强的一门科学，专业医疗机构在选择治疗方案时具有相应的裁量权，但医生的裁量权要得到患者承诺的制约。而此种承诺的有效性应以医生对患者进行充分的说明为前提。因此，无说明，无知情，无决策。考察告知义务完成的重点不在于“告”，而在于“知”；不在于“说”，而在于“明”。医务人员具有客观描述病情，全面告知治疗方案的义务，同时对风险还具有预见义务。患者真正了解病情和治疗方案是其真实意思表达的前提和基础。

其次,知情同意的过程同时也是主动交流,建立相互信任和尊重的过程。在介绍、治疗疾病的过程中,患者逐步将自己健康和生命的处置授权委托给了医生;医生也需要在这个过程中获得患者的信任。因此,自信、乐观、专业、整洁的形象,简洁、明了的语言,形象生动的介绍将使患者产生一种靠得住、可依赖的感觉和心态。这种信赖不仅是战胜疾病的需要,更是尊重患者,实践生物—心理—社会医学模式,实现和谐医患关系的需要。

再次,知情同意书的签注是医务人员履行了相关义务的书面证据。《侵权责任法》第五十八条第二款规定“隐匿或者拒绝提供与纠纷有关的病历资料,推定医疗机构存在过错。”医疗机构有书写、保存病历资料的义务,如不能提供相关的病历资料,就需要承担举证不能的法律后果。因此,取得患者、家属(在特殊情况下)的书面同意是医疗机构履行了相关义务的证据。

最后,知情同意书并不具有免除医生过失责任的法律效力。《侵权责任法》第五十四条规定“患者在诊疗活动中受到损害,医疗机构及其医务人员有过错的,由医疗机构承担赔偿责任。”这条规定明确地指出了医疗机构在诊疗行为中承担的是过错责任。知情同意权是法律赋予患者有获得相关疾病信息,从而进行选择的权利。即使存在风险,这些风险也必须是疾病所固有的,不能因为医务人员的过失所造成或加剧。但有时由于缺乏正确的沟通,知情同意书被患者理解成“生死状”——只要签了,就生死有命,和医生、医院无关了。这种情况往往造成两个后果。一是,患者拒绝签字;二是即使签了,患者并没真正理解病情和采取治疗措施的必要性以及风险,只是觉得不签就不能进行手术等操作,被迫签字。这两种情况都使得目前医患关系雪上加霜。因此,在知情同意书上注明“本知情同意书的目的是向您介绍病情、治疗方案、风险等情况,如在医疗过程中存在过失,我院愿承担相应法律责任。”如实反映了法律的相关规定,并没有额外增加医疗机构的责任和负担,却可以很好地减少患者在这方面的顾虑,增强其对医疗机构和医务人员的信任。

他山之石，国外医院的知情同意书

国外医院的知情同意书较为完善，值得我们参考、学习。有的甚至在网络上都予以提供，给了患者充分了解疾病的机会，有助于患者做出正确的选择。其知情同意书首先提示患者是否需要文化帮助，以保证患者能充分理解医务人员的语言和病情描述。然后对以下内容进行了详实的介绍：疾病简介与病情介绍（视具体疾病从解剖结构、生理病理、病因病程等方面进行简要说明）；尽量用直观的方式给出治疗建议，将会因为此项治疗获得何种益处；该项治疗方案通常可能面临的最大或容易出现的风险、发生概率以及对策；针对患者个体，有可能出现的风险及对策；采用了此项治疗方案后，怎样度过恢复期；告知其他可选方案，并尽量直接用图表的形式对各种方案进行优缺点对比，方便患者决策。

我们可以看到，国外医院的知情同意书病没有更多的内容超越了《侵权责任法》第五十五条的相关规定："医务人员在诊疗活动中应当向患者说明病情和医疗措施。需要实施手术、特殊检查、特殊治疗的，医务人员应当及时向患者说明医疗风险、替代医疗方案等情况"，只是将这些规定真正地落到了实处。我院目前已采取这种方式，在入院后，进行手术、特殊检查治疗前，将知情同意书交予患者，让其充分阅读后，再有针对性地进行交流和告知。既提高了患者对病情的知晓程度，也不会过多地增加医生的负担。

最后，医生的目标不能是战胜疾病，人力有时而穷，我们能战胜的疾病只占一小部分。我们应把目标定为帮助患者，这样我们最重要的本领就成了沟通，我们需要战胜最大的敌人则是冷漠。知情同意绝不是一个签字的过程，而是一个医患交流、信任的过程，一个共同决策、共担风险的过程。

防范急诊冠状动脉介入术治疗风险与医疗隐患的要领和体会

——一位急诊医生之视角

广东省医学会医事法学分会　黄伟青*

自毕业以来本人一直从事急诊医学和院前急救工作近20年，在一线临床值班中最紧张和最具挑战性的莫过于抢救急性心肌梗死病人，让我们首先从以下两个典型案例说起。

案情简介

案例1　患者57岁，男性，因“突发胸骨后疼痛1小时”于2008年某月某日16时13分急诊。该患者1小时前与下属开会时情绪激动，突发剧烈胸骨后闷痛伴大汗，面色苍白，伴乏力。患者既往身体健康，无心绞痛病史，无高血压及糖尿病病史，有吸烟史20余年，每日吸烟1~2包，饮酒嗜好。急诊体查：痛苦面容，神志清楚，但疲乏，血压82/58mmHg，脉搏67次/min，心律整，呼吸平稳，双肺无啰音测，腹软，无压痛，双下肢无浮肿。行心电图检查提示窦性心律，I、aVL、V1~V5导联ST段抬高0.05~0.5mV，V2~V4导联T波高尖，急诊肌钙蛋白测定0.21ng/ml。初步诊断：冠心病，急性广泛前壁心肌梗死，心功能级3级。即开通“急诊冠状动脉介入”救治绿色通道，进行急诊经皮冠状动脉介入术（PCI）治疗，在做好术前准备的同时，立即通知心血管介入组医生，积极向病人及家属做好知情告知，和签署手术同意书。于当天17时05分行冠状动脉造影，冠状动脉造影结果提示左主干中远段完全

* 黄伟青：广东省医学会医事法学分会常务委员，现任广州医学院第一附属医院医务科科长。

闭塞,右冠状动脉大致正常。予以2个支架植入术。术程顺利,安返病房并治愈出院。

家属非常感激,并送锦旗和表扬信给急诊科和心血管科。

案例2 患者60岁,女性,因“间断胸痛、胸闷6月,加重3小时”于2011年某月某日晚8时35分急诊。患者3小时前晚饭后,出现胸闷难受,面色苍白,伴乏力。患者既往有冠心病、心绞痛、高血压病史。急诊体查:神志清楚,血压150/95mmHg,脉搏72次/min,心律整,呼吸平稳,双肺无啰音测,腹软,无压痛,双下肢无浮肿。行心电图检查提示窦性心律, V1 ~ V3导联ST段抬高0.05 ~0.5mV。急诊肌钙蛋白测定0.19ng/ml 诊断:1.冠心病:急性前间壁心肌梗死,心功能级3级,2、高血压(2级 高危组)马上联系心血管介入组医生,由一位年起的博士进行简要知情告知和签署知情同意。晚上9:25进行冠脉造影及支架置入术。手术顺利,术后由护工及家属护送到病房,介入组医生紧接着进行下一台手术。但当患者刚出病区电梯间到病房时意识突然丧失,马上呼叫病区医生进行抢救,心电监护示室颤。连续抢救至凌晨3点患者意识、自主心跳、自主呼吸未能恢复,心电图呈一直线,宣布临床死亡。

家属情绪激动,多次冲击医院,扬言对当事医生不利,经过多次协商,最终给予一定的经济补偿了却此事,对医患双方都造成较大的打击。

处理风险、隐患的研讨与体会

急性心肌梗死是急诊常见的急危重病之一,急性心肌梗死的治疗尽可能及早使梗死相关动脉(IRA)达到再灌注,恢复前向血流,改善心肌供血和心功能,增加远期生存率。较前几年在急诊科的处理是尽快进行溶栓治疗。虽然传统的静脉溶栓治疗可以降低死亡率、改善左心室功能,但是还存在许多不足之处:静脉溶栓血管的再通率低于75%,再通后仍有残留狭窄,恢复再灌注的时间较长,平均为45min,临床上缺乏可靠的指标来准确评估再灌注的程度。近年来,随着介入技术的发展,急诊冠状动脉介入治疗(PCI)广泛应用临床,是目前治疗AMI的首选方案,可使AMI患者迅速地在急性期实现血运重建,有力保护心肌,同时大大提高了急诊治疗AMI的成功率、治愈率。但由于AMI治疗的高风险性,临床上存在不少医疗隐患,如何避免或减少风险与隐患,从以上两例典型病例及结合急诊临床的相关病例处理的体会总结如下:

(一)建立绿色通道,发挥高水平介入术,建立急诊与心血管介入医生的快速联系

心肌梗塞治疗成功的关键就是要及早开始,早期介入治疗的目的是:恢复TIMI3级血流,挽救濒死心肌,预防再闭塞,保存存活心肌,治疗严重的急性心律失常等并发症。急性心肌梗死直接PTCA多中心研究结果表明:直接PTCA组死亡及非致命性再梗死率明显低于溶栓治疗组。而且PTCA组其平均残余狭窄明显小于溶栓组,而且住院费用少。急诊PTCA联合支架置入术不仅明显降低了住院期间急性再闭塞的发生率,而且使6个月内需要再次把血管血运重建的病例数目减少。从发病到实施治疗6小时内,即“黄金6小时”,也就是说能在6小时内及时进行介入治疗能取得最大效果。因为在急性心肌梗塞发生后3个小时,大约50%的心肌细胞会坏死,6个小时后,这种坏死就不可逆转,6小时以内血管再通能大大降低心梗病人因抢救不及时而造成的死亡率。急诊冠状动脉介入术(PCI)是应用机械的方法直接开通闭塞的冠状动脉,是恢复冠脉血流最直接、最有效的再灌注疗法之一,具有冠状动脉通畅迅速、残余狭窄轻和近、远期预后佳等优点,从而减少心肌梗死的并发症,对提高存活率、降低死亡率和致残率都有重要意义。

近年来,我院急诊科,积极建立“急诊冠状动脉介入”救治绿色通道,开展急诊PCI治疗,进一步优化、简化流程,缩短心肌梗死从症状开始至心脏血运开通时间,最大程度发挥急诊PCI治疗的优势,真正做到“救急”,不断探索适合中国的“急诊冠状动脉介入”救治模式。(1)向患者家属讲解病情及手术的必要性,术中、后的并发症,签署手术知情同意书;(2)介入手术

室的医务人员马上做好手术准备；（3）所有手术设备提前启动：心血管造影系统、主动脉内球囊反搏 IABP、心脏临时起搏器、体外心脏除颤器、呼吸机等；（4）通知麻醉师及心胸外科冠状动脉搭桥组戒备；（5）落实手术费用。

（二）详细的知情告知和有效沟通是减少医疗隐患的关键

患者知情同意书可以作为医院履行说明告知义务的证据，也是患者及其家属行使知情权的证据。通过签署知情同意书，明确双方的义务和权利，加强医学信息交流，有助于医患沟通，减少医疗纠纷。在病例 2 中，经请医院专家委员会评估，除了存在术前评估不足、准备不充分外。主要原因是家属对患者手术可能出现的不良后果未有心理准备，手术医生没有充分做好患者及其家属的知情同意。包括针对患者手术治疗的方式，未有在病历中体现患者及其家属的知情选择权。当患者病情变化以至死亡时非常被动，难以圆满解释。按照目前要求对急性心肌梗死病人应详细将病情告知患者及家属，并告知冠脉造影检查的意义及围手术期可能存在的风险，替代疗法，让患者家属充分知情理解，并签署手术同意书。

（三）围手术期管理是保障患者安全真正体现

“围手术期”的处理是保证急性心肌梗死病人安全平稳度过手术、顺利恢复健康非常重要的环节。围手术期处理的好坏直接影响到患者的恢复。在得知自己患急性心肌梗死后，患者都有不同程度的紧张、恐惧等心理变化，因此，在进行介入术前准备时介入医生要全面了解病人疾病情况，有针对性地向患者及家属解释介入治疗的迫切性、必要性，耐心细致地介绍手术过程和术前、术中、术后的注意事项。替代疗法和选择权利，以消除患者的紧张、恐惧的心理，积极、从容地配合医生的治疗。手术过程中，医护人员需要出色地完成手术，最大限度地保证病人的安全与舒适；术后管理包括进行规范的术后评估，制定及实施术后治疗计划，减少介入术后并发症的发生等，除了医生外护理配合也非常重要。

对于急性心肌梗死介入治疗术后监测尤为重要，在案例 2 中，介入完成后，以上掉以轻心，既没有严密并持续观察心电监护，也没有医生或护士亲自陪护回病房是一非常致命的疏忽也是造成最终需要付出经济补偿的主要原因。这个案例在医院专家委员会讨论也提出了规范处理措施。对急诊冠状动脉介入术后应建立严密的生命体征监测,特别应注意血流动力学变化情况,有无继发性心律失常及S-T段改变。因为在置入支架后,易出现严重心动过缓、交界性异搏心律、频发室性早搏、室性心动过速甚至心室纤维性颤动等再灌注心律失常,严重者可导致猝死。医护人员要用心观察,用心去感觉患者的不良状态。如出现胸闷、胸痛重新出现或加重时,应及时予以相应处理。

综上所述,为降低急诊冠状动脉介入术治疗风险,杜绝医疗隐患,从医法结合角度,开展该项技术的医疗机构,更要特别关心以下三方面工作:

一是,应当制订应对急诊病人的流程及规范。这方面属于事前工作。其越具体、越详细、越充分,预防风险价值和作用越大。

二是,加强操作医生的医患沟通意识。这方面属于事中工作,但是医方当前存在的弱项之一,虽说存在工作多、头绪杂和解释难等问题,但这方面工作一定不能忽视,特别是法律对医务人员的说明告知义务一点都不能松。

三是,完善围手术期的相关制度。这方面属于事后工作,但一定不能忽视,这强调要从多方面入手,形成合力,通过努力和工作成绩,构建医患关系和谐。

病历资料成为司法鉴定依据的医法思考

粤北人民医院法医临床司法鉴定所　高凌俊
广东省医学会医事法学分会委员　罗小林
粤北人民医院法医临床司法鉴定所　黄重泰　黄癸龙*

关键词：医学证据；损伤程度；伤残等级；伤病关系

案情简介

龚某，男，48 岁，职业务农，2009 年 11 月 28 日因农田问题争执，被某区镇政府执法队员打伤，委托进行伤病关系、损伤程度鉴定。

检案标准/方法

按《法医临床检验规范》（SF/ZJD0103003 - 2011）、《法医临床学》、《影像学》进行鉴定检验。

1. 病史摘要

粤北第二人民医院龚某病历（病案号：略）：患者因“外伤头、腰部疼痛”于 2009 年 11 月 28 日入院。既往体健。查体：神清，合作，痛苦面容，被动体位。心、肺、腹检查无异常。四肢肌力肌张力正常。专科情况：头颅五官端正，双瞳孔等圆等大，直径约 3mm，对光反射灵敏，腰部软组织肿胀，第 4、5

---

* 高凌俊：主任医师，粤北人民医院法医临床司法鉴定所。
罗小林：广东省医学会医事法学分会委员，粤北人民医院法医临床司法鉴定所副主任医师。
黄重泰：粤北人民医院法医临床司法鉴定所主检法医师。
黄癸龙：粤北人民医院法医临床司法鉴定所法医师。

腰椎处软组织压痛明显。神经系统生理反射存在，病理反射未引出。辅助检查：头 CT 正常；胸片正常；L4 椎体椎板骨折。入院后完善检查，予卧床休息、对症支持治疗。2009 年 12 月 3 日要求转上级医院诊治出院。诊断：腰 4 椎体前滑脱（I^0）伴后侧关节骨折；腰部软组织挫伤。

粤北人民医院龚某病历（病案号：略）：患者 5 天前被殴打致左肩部、胸部及腰部疼痛，送至韶关市第二人民医院就诊。现患者为求进一步治疗转来我院。2009 年 12 月 3 日入院创伤骨科。专科情况：左肩部、右侧胸部、左臀部局部瘀斑，压痛明显。腰背部右侧压痛，以腰 4/5 间隙明显，腰椎活动疼痛受限，双下肢肌力、肌张力正常。辅助检查：X 线示：腰椎退变，L4、L5 峡部裂，L4、5 前滑脱。入院后完善相关检查，予卧床休息，辅助物理等保守治疗，恢复良好，2009 年 12 月 23 日治愈出院，诊断：1. 腰 4、5 峡部裂；2. 腰 4 前滑脱；3. 全身多处软组织挫伤。2010 年 5 月 19 日因发现腰 4 滑脱，仍有腰痛再次入院。入院诊断：1. 腰 4 滑脱；2. 腰椎退行性变。2010 年 6 月 4 日行腰椎滑脱开放复位内固定植骨术。术后抗炎止血、支持对症治疗，恢复良好。2010 年 7 月 17 日出院。出院诊断：（同入院诊断）

2. 法医学检查

体格检查

龚某步态正常入室受检，查体合作，脊柱无畸形，生理弯曲度存在，活动无异常。背腰部正中见纵向 13.5cm × 0.2cm 手术创瘢痕。四肢肌力、肌张力正常。神经系统生理反射存在，病理反射未引出。余心、肺、腹等无明显异常。

3. 阅片所见

2009 年 11 月 28 日腰椎正侧位 DR 片（3260 号）见：L2 – L5 椎体边缘呈唇样骨质增生，L4 椎体向前滑脱（I^0），L4 椎板峡部见一横斜向透亮线影，骨皮质连续中断，断裂缘欠锐利，椎旁软组织未见异常征。

2009 年 11 月 30 日腰椎 CT 片（16638 号）见：L2 – L5 椎骨质增生，L4 椎体前滑脱 I^0，4IMA6 – 9 层面示 L4 双侧关节突斜形骨质透亮线，骨皮质连续中断，断缘较钝，欠锐利，骨性椎管未见明显狭窄，黄韧带无明显增厚，周围软组织未见肿胀影，脂肪间隙清晰，L4－L5 椎间盘膨出（轻度）。

2009 年 12 月 3 日腰椎正侧位 DR 片（00857862 号）见：L2－L5 椎体骨质增生，L4 椎体前滑脱 I^0，L4 双侧峡部、L5 右侧峡部见透亮线影，断缘欠锐利，椎旁软组织结构完整。

2011 年 10 月 11 日腰椎正侧位 DR 片（00857862 号）见：原 L4 椎体前滑脱复位内固定术后，腰椎序列正常，无明显滑脱征，内固定器无松脱断裂。L4 椎峡部仍可见骨皮质中断透亮线影，各椎间隙无明显异常。

鉴定讨论

椎板峡部断裂，是指位于椎弓的上下关节突之间的骨折断裂。椎板峡部断裂出现率约占成人的 5%，最多见于下腰部（腰 4－5），几乎都是双侧的，单侧者极为少见，只是由于两侧的裂隙方向不同，X 线可以一侧清楚，另一侧模糊而已。双侧椎板峡部断裂患者容易引起脊椎滑脱（约占 45%）。其机理是：人体站立、行走或参加负重劳动，如扛、抬等劳动时，上半身体重及负重总压力均集中通过腰部而达双下肢，故腰部负重大。由于腰 4－腰 5 向前下方倾斜，因此自上而下的将重力在关节突关节分为两个分力：一为垂直的挤压力，二为滑向前方的脱位分力。长时间的反复作用会导致相关韧带损伤、松弛，进而发生椎体滑脱。

椎体峡部断裂骨折的原因，目前认为是在先天发育异常结构薄弱的基础上，受到特殊力的作用而产生的疲劳骨折，多在幼年时产生，但往往中年以后才出现症状，小数是在青壮年时产生的。许多具有椎板峡部断裂者不出现症状，只是因某种原因行 X 线摄片时才被发现。然而，急性外伤致椎板峡部骨折也是客观存在的，必需根据影像学所见，结合受伤情况、伤后临床表现和是否合并脊柱其他结构损伤等对两者加以鉴别。

椎间盘膨出是椎间盘损伤分型其中之一。其机理是椎间盘髓核水分减少,体积缩小变扁,纤维环韧性减低,椎间盘扁平,纤维环向周围膨出于椎体边缘以外,系椎间盘受到长期慢性损伤的结果。

分析认定

被鉴定人龚某伤后当天就诊,临床表现:左肩部、右侧胸部、左臀部局部瘀斑,腰部软组织肿胀,明显压痛。头颅 CT、胸片均正常。腰部 X 线片、CT 片检查显示腰 2 – 腰 5 椎体骨质增生,腰 4/5 椎间盘膨出,腰 4 椎体前滑脱 I^0,腰 4、腰 5 椎板双侧峡部骨皮质连续中断,断缘欠锐利较钝,腰 4、腰 5 两椎棘突、双侧横突及椎旁软组织无异常。

骨折特征分析:通常新鲜骨折的影像学表现为边缘较锐利,本案龚某腰 4、腰 5 椎板双侧峡部骨皮质连续中断,断缘欠锐利较钝,说明其腰 4、腰 5 椎板双侧峡部骨折为本次急性外伤暴力打击所致的可能性较小。

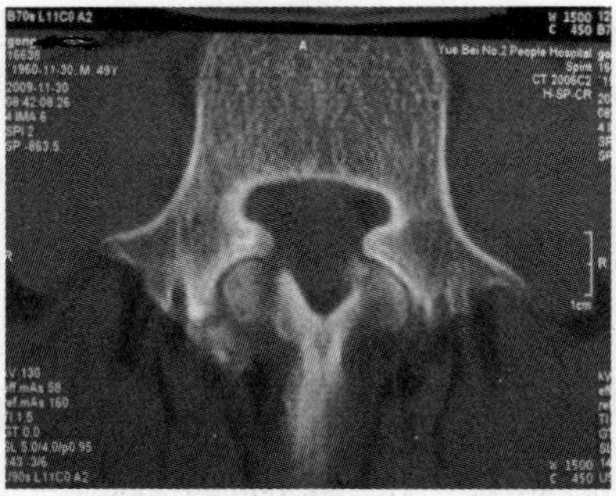

图一 骨折特征

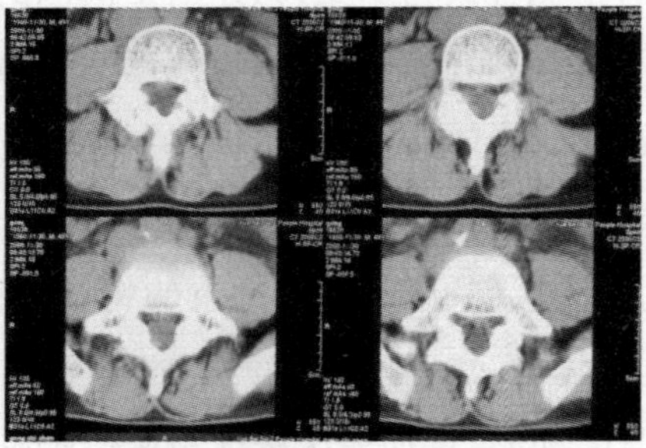

图二 棘突及椎旁软组织

受力情况分析:龚某腰 4、腰 5 椎板双侧峡部裂,如为外力打击所致,此处必然要受足够大、足够次数的外力打击。双侧峡部受椎旁软组织及棘突的保护,但受伤当天 DR 提示椎旁软组织未见异常征,伤后五天复查 CT 提示黄韧带无明显增厚,周围软组织未见肿胀影,脂肪间隙清晰,腰 4、腰 5 两椎棘突、双侧横突及椎旁软组织无异常。由此提示龚某腰部虽有外力打击,但腰 4、腰 5 部位所受外力并未足够导致腰 4、腰 5 椎板双侧峡部同时裂开。

职业特点分析：龚某职业务农，每年农忙时节均可有较高强度的负重劳动。

综上所述，认为龚某腰4、腰5椎板双侧峡部裂为其自身因素所致，与本次外伤无直接因果关系。龚某左肩部、右侧胸部、腰部、左臀部局部软组织挫伤为本次外伤形成（其腰部软组织挫伤程度较轻），存在因果关系，参照《人体轻微伤鉴定标准》（GA/T.146－1996）2.2款，评定龚某软组织损伤为轻微伤。

鉴定体会

1.当事人保留证据等资料的意识和能力仍有待提高。虽说当前国民受教育程度普遍提高，也知道要运用法律手段维护自身权益的意识。但结合本案，从鉴定人角度而言，本案龚某在面对执法人员的暴力执法行为时，虽在运用法律武器，也注意收集病历、辅助检查拍摄照片等证据材料，治疗终结后也能及时要求进行损伤程度、伤残程度司法鉴定，但从其所提交材料发现，仍存在部分不足：未能及时地报案立案，导致无法提供详细案发经过；无法提供致伤物、致伤方式及受伤后的伤情照片等这些都让司法鉴定时在确定损伤程度、受力分析及伤病关系分析等方面带来一定的难度。在此要提醒当事人无论在意识上还是能力上更应当注意保留证据等资料。

2.鉴定时应当慎重运用所收集到的病历资料。从鉴定实践上看，鉴定机构接到该类型案件时，最忌经验不足，过于采信医院方面的病历，未经深入分析就直接把病历资料当鉴定依据使用。比如本案在采纳证据时若不慎重，就容易大意地根据《人体轻伤鉴定标准（试行）》第四十三条之规定，认定龚某腰4、腰5椎体峡部骨折已构成轻伤，也容易据阅片所见到的相应椎体峡部处骨折有小块骨碎片，就诊断为粉碎性骨折，从而根据《道路交通事故受伤人员伤残评定（GB18667－2002）》第4.9.3b）条之规定，作出相应伤残等级评定。如果这样一来，就容易作出与客观事实相违背的另一种鉴定意见。

3. 鉴定人因针对个案,善用多因分析,出具科学的鉴定结论。医院的责任在于救死扶伤。在实际工作中,医院在对本案患者龚某的存在骨折事实作出诊断情况下,对症支持治疗即可,也很难要求医院在开展治疗工作的同时,又能从学术研究的高度去分析其腰椎峡部骨折的因果关系并详细反映到病历材料当中。所以,鉴定机构在接到此类案件时,应据案情和患者伤情分析、患者的伤情严重程度、涉案执法人员是否构成犯罪以及定罪量刑和民事赔偿等问题进行多因分析,并且,此时鉴定人应当端正态度认真对待足够重视,比如可以立即开展专家会诊,通过运用相关学科理论,借助客观辅助检查,多角度分析比对,从医学病历等证据中正确地找出鉴定之依据,从而客观、求实鉴别伤病关系,作出公正鉴定,为化解矛盾纠纷提供科学依据。

参考文献

1. 郭景元主编:《现代法医学》,科学出版社。
2. 刘技辉主编:《法医临床学》人民卫生出版社。
3. 傅长根、陈佩荣、张雯斌主编:《X线读片指南》(第2版),科学技术出版社。

晚期癌症患者说病情我做主；医生无奈道出家属说了算，是残酷的真相还是善意的谎言？*

化疗是大部分转移性肿瘤的主要治疗手段，尽管数十年来化疗的疗效有所提高，但对于晚期癌症患者，各研究中化疗的作用也仅限于延长数月生存，往往只能作为缓解治疗而非一种治愈手段。

10月25日，《新英格兰医学杂志》[N Engl J Med 2012,367(17):1616]发表美国学者威克斯(Weeks)等的一项调查结果显示，在1193例接受化疗的转移性(Ⅳ期)癌症患者中，69%的肺癌患者和81%的结直肠癌患者并不了解化疗是非治愈性的，普遍对化疗的期望值过高，且错误的期望值与患者教育水平、社会地位等因素无关。研究者认为，这可能有损患者的知情权，因而做出与自己真实意愿并不一致的治疗决定。

与美国情况并不完全一致，在中国"谈癌色变"的传统观念和现行的医疗环境下，我国癌症患者病情的知晓或许不仅关乎医生和患者，有时候，患者本人往往是最后知晓的那个人。就此话题，本报于近日分别针对肿瘤医生和普通民众展开了一项关于"晚期癌症患者病情知晓情况"的媒体调查，并采访了医学法律工作者、肿瘤和心理康复医生、晚期癌症患者和家属，来听听他们的心声。

---

* 本文刊登于《中国医学论坛报》2012年12月20日B4－B6版。

媒体调查

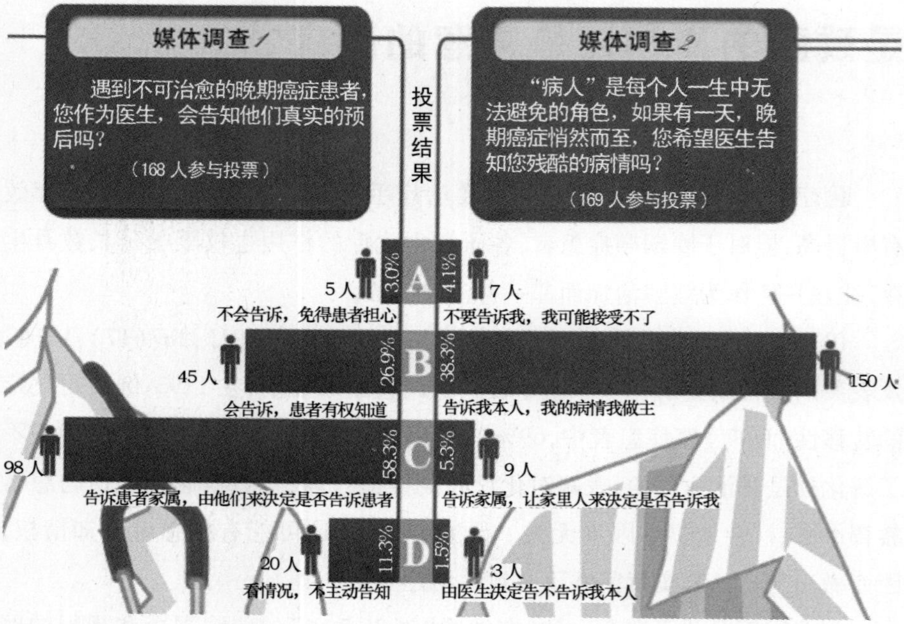

微博热议

肿瘤科医生张宗城：选择熟悉的、乐观的直接告知。

stw 的院子：告诉家属是最没有道理的，我们看病不能为了付钱的人服务。

郭元彪的肿瘤频道：会说，但不那么生硬，一般用带瘤生存来描述，还强调我们医生会努力做到最好最合理最规范，但结果不可控，希望患者理解，这样才能问心无愧。

念父：我曾经在消化道肿瘤病房呆过 N 天，其实，所有病人都知道化放疗的效果，只是有的人理性接受了，更多的或因知识上无知或因中国人固有的生死观导致不愿意知道并接受。

Monica-ice：我投了 A 项，说实在的，选择留院继续治疗的晚期癌症患者，他们心中尚有生存的希望，有些人就是靠希望生活的，告诉他们活不成了治不好了很残忍……对病人本人来说，癌症已经到了晚期，身体机能的衰退，种种炼狱般的煎熬接踵而至，如果是我已经不想治了、另有打算的话，不会去问医生我的病情，而是直接问还有多少日子可以活，怎么减轻痛苦之类的。去问病情的一般都是还想治的，这样就不能不慎重，去剥夺一个可怜人仅有的希望。

落叶随风 chm：请告诉我本人，那样可以好好利用剩余的时间，不要到临终遗言时才说梦想。

肿瘤科医生说……

好吧，我选择告诉家属，由家属来决定，我为什么不做好医生哪？

——北京大学肿瘤医院主任医师　张晓东

我认为，中国国情不一样，完全不能套用 Weeks 等研究中的观点来评价中国的现状。在这个调查中，我投给了“告诉患者家属，由他们来决定是否告诉患者”。我本人是坚决反对隐瞒患者病情的，先不考虑在法律上是否合法，对我们的治疗也是有百害而无一利的，患者盲目的猜测对其心理造成很大的影响，况且有很多患者在经过包括化疗在内的综合治疗还是有治愈希望的，由于不知实情，不积极配合治疗而失去了治愈和延长生存的机会。另外，无论你治疗前如何与家属沟通，但患者由于不知情，不理解治疗的局限性，一旦治疗无效会心生积怨和不满情绪，这同样会影响家属忘记医生的交代。

但是，由于中国的国情，我们不得不与家属一起隐瞒病情，这是很无奈的选择。首先，国人自出生起就没有接受过死亡教育，都是被告知如何养生、如何延年益寿，好像人可以长生不死，所以，当疾病和死亡来临时无法面对，对死亡的恐惧使其无法面对现实。其次，这样的选择更具有中国特色，我们不得不选择的原因就是医生在将来面对的是患者家属而不是患者，对医生有意见的、走上法庭的，甚至刀刃相见的是患者家属居多而不是患者本人，在当今社会对医生“同仇敌忾”的大环境下，法院也会判医院无责赔偿，医生又有必要去招惹这麻烦吗？所以，隐瞒实情在国内是医德好，是善意的谎言；告诉实情是不善良，甚至被告无医德，好吧，我选择告诉家属，由家属来决定，我为什么不做好医生？

我个人一直主张告知患者本人，尤其是晚期患者，而且一定要在任何治疗开始前告知

——中山大学附属肿瘤医院主任医师　陈　功

对于晚期癌症患者的知情权，一方面，多数国人仍有“谈癌色变”的恐惧，处理不当，会让患者的精神防线瞬间被击垮，带来意想不到的危害，坊间流传“很多癌症患者其实是被吓死的”说法，大意也就如此；另一方面，由于癌症治疗的复杂性、特殊性及长期性，花费巨大，疗效不尽人意，这些都决定了应详细向患者及家人交待病情、治疗及预后等相关信息。所以大原则是，肯定、必须告知，且应在确诊之后、决定治疗方案之前就应告知，但具体告知方式及细节则可以商榷。一般来说，我个人在临床实践中遵循以下一些原则。

1. 明确第一告知对象。在判断是否把患者本人作为第一告知对象时，要考虑患者的年龄、文化程度、在家庭（社会）生活中的地位、心理承受力、性格等。一般来说，对于未成年人和老年患者，第一告知对象是家属，了解患者情况后共同商量是否告知患者本人；对于在家庭中处于“配角”地位的患者，也多采用此种告知方式；对于大多数有文化、较有主见的成年人，可以选

择直接告知患者本人。

对大多数患者而言，我个人一直主张告知患者本人，经常会劝说家属告知患者，尤其是晚期患者，一方面若患者不知道实际病情，依从性很差，很难很好地配合诊治；另一方面每个人都应该有权知道自己的命运，并对并不长的余生做出安排和计划，减少遗憾；再者，完全的隐瞒其实很难做到，反倒会造成患者胡思乱想的猜测，后来哪怕已告知实际病情，患者也会以为不是全部，从而加重心理负担。

2. 明确告知程度，是否把所有病情细节告知，尤其是那些已发生转移的晚期患者，此时一般先告知家庭中具有主导地位的人，和他们商量后再决定是否告知患者，告知到什么程度。

3. 最重要的是，一定要在任何治疗开始前告知，并告知当时临床上已经掌握的所有情况，切莫隐瞒。有医生担心详尽的告知是否会造成患方对自己满意度、期望的降低，甚至患者流失。其实，我认为并非如此，相信很多患者会认为医生诚实负责，对病情分析透彻，对诊治安排考虑周全。俗话说，"丑话说在先"，治疗前的详实告知，事实上是为医方赢得了主动。好多医疗纠纷就是事前没有充分告知所致。

4. 上述的告知都应有不同形式的文字记录，特殊病情（如病危、重通知）和治疗决策的告知还应签署知情同意书。

总之，客观、详尽告知是关键，告知时最好用平静的语气，以陈述事实为主，尽量少带感情色彩。医生应提供专业协助（解释、咨询工作），也可以表达个人观点，但决定最终只能由患者及家属做出，医生不能代为决定。医方的充分告知，患方的充分知情，是构建和谐医患关系的首要前提。

患者说……

女，36岁，乳腺癌患者

是否希望医生在开始化疗前告知实情？废话。病人有知情权，这是医生应该做的。难道他们职业道德里没写？请家人决定是否告诉我，当然不妥。希望医生在看病的时候和我说，直说就行。

男，71 岁，肾癌及膀胱癌患者

肾癌切掉后快 10 年的时候，我又得了膀胱癌，我是觉着医生告诉我就得了，没必要告诉我家人，因为老伴身体还不如我。

女，64 岁，腮腺肿瘤患者

医生说病理报告该出来的那天，一直都没找我谈话，我当时的真实想法就是，如果是恶性的，希望医生和家里人都别告诉我，最好骗我是良性的。后来我姐来医院看我，看到我坐在床上哭，就直接去找了医生，医生说她哭什么呀，那瘤是混合性的，我姐回来才告诉了我。自己那时候确实是比较脆弱的，可能接受不了太残酷的结果。而且我觉得癌症病人有时候是需要一丝希望的，很多癌症都是不治之症，病人却活了很多年，我想也是一种精神力量支撑着。

男，59 岁，肺癌患者

不用医生告诉我，我自己在网上查查也知道是晚期了，化疗救不了我的命。告诉家人不妥，最好告诉当事人。希望医生直截了当，不要拖泥带水的。

男，73 岁，结直肠癌患者，一名外科医生

对于晚期肿瘤患者，已经遭受肿瘤疾病折磨较长时间了，已有思想准备，不求治愈，只求延长生命，求得医生帮助，减少痛苦，活得要有质量。因此，医生开化疗药或开始其他治疗措施前，应该告诉患者，同时也告诉家人，要互相安慰，共同对抗疾病。要强调的是，家人的照顾和医生的关怀很重要。但更重要的是，患者本人应‘既来之，则安之’，肿瘤患者的良好心理状态，加强自己抑制肿瘤的能力，与杀灭肿瘤的办法比更重要。这是内因为主，外因为辅的道理。

患者家属说……

女，28岁，交通银行总行（上海）职员，父亲因晚期肝癌两年前去世

还真是不愿意再去提爸爸的事了，一向健康的他也不知道怎么回事，毫无征兆地就得了晚期肝癌，妈妈也一时没了主心骨，主管医生当时是跟我说的爸爸病情，挺严重的，门静脉伴癌栓，他说了一些关于生存概率的数字，我们也知道只能尽人事，听天命了，不过我和妈妈总得抱着希望吧，也没让医生跟爸爸说，我找了个好的时机跟爸爸提了病情，但也尽量捡好的说，某个治疗决定也会和爸爸一起商量，总觉得一家人得有希望地和癌症斗争下去。

肯定是反对医生隐瞒病情的，但站在家属的立场，我不希望医生直接跟病人说，毕竟他不像家属，能了解到病人的心情和脾性，要碰上心里很明白的病人还好，碰上个不明白的，万一说了病人闹起情绪，作家属的也不会高兴；但作为我本人，如果患了癌症，我是坚决要求医生告诉我本人实情的，那样我会更好地安排剩下的日子。

男，29岁，湖南省某建设公司采购员，母亲因肝癌一年前去世

妈妈时不时肚子疼，在县医院当黄疸型肝炎治疗大半年了不见好，在省某三甲医院检查时发现是肝癌，中期，当时医生建议做手术，但也没说绝对会成功，术后情况反正不太好，主管医生跟我爸说最多就三个月的时间了，可怎么忍心对妈妈说这些啊，所以我们都一直瞒着妈妈，实在是说不出口，后来妈妈觉得我们兄妹俩老回来，心生疑惑，逼着我爸说出了实情，妈妈把

一家人叫到一块，跟我们说一定要回家，死也要死在家里！最后，我们从医院带了一些止痛药回家了，妈妈走的时候，该处理的事情也都处理了。怎么说呢，还是不要告诉吧，其实告诉我爸爸，他心里跟我妈一样痛苦，如果是我，我也不知道怎么面对，不过实情肯定是会知道的，早知道早好。

康复科医生说……

我们主张，最好先了解患者的个性特点，患者想知道什么？患者已经知道了什么？有了这些了解并且积极与患者家属沟通后，再由患者的主管医生来告诉患者，是比较合适的选择。

——北京大学肿瘤医院康复科　唐丽丽

肿瘤科医生心里非常明白，就患者的知情权来说，告诉患者本人疾病的诊断或病情以及治疗是合情合理的，也是符合伦理要求的。但东方文化及中国本身的文化使得一代又一代中国人从传统观念里就认为，我们需要“保护患者”，要坚持“不伤害”的原则，告诉患者就等于伤害了患者，夺走了患者所有“生的希望”，所以癌症患者的家属都是独自承担着痛苦，不允许医生告诉患者真相。

医生在这种情况下真是有些无奈，一方面是患者逼问自己的情况，一方面是家属的“横拦竖挡”，医生只能在多数情况下选择“闭嘴”。

目前西方发达国家遵循法律规定，必须在诊断后的第一时间告知患者本人，否则是违法的。国内目前的许多研究和事实也表明，多数患者都是非常想知道真相的，就算死也不想死得不明不白，有些患者还表示，知道真实诊断会有利于自己安排好时间和对未来的计划，去思考自己还有什么心愿没有达成等一些问题，自己也会主动寻找治病的途径，积极寻找救治的办法。而且事实上很多患者已经通过各种途径知道了自己的疾病或病情，只是不想打破家人隐瞒真相的“好意”，也不去主动问家人或医生，这样的情况就像是一层没有被捅破的窗户纸，却造成了患者和家人很多的感情隔离和沟通不畅。

同时，患者及家属对医生的期望值很高，也造成医生告知病情及治疗中出现沟通障碍，比如，患者或家属不能接受晚期需要放弃放化疗或手术治疗的告知，他们的理解是，到了医院就一定尽力想办法治疗，怎么能说不能再进行临床治疗，只能进行姑息对症治疗？这是他们接受不了的，那不就等于等死了吗？而医生认为，就患者的身体状况再进行临床治疗对患者是危险的。国外发达国家普遍接受“带瘤生存”的理念，因此，姑息治疗的发展很快，患者及医生共同的目标都是为了提高患者的生活质量。

当然，就目前我国国情来看，告诉实情或不告诉实情还是很有争议的一件事，告诉有告诉的好处，不告诉也有不告诉的道理，文化观念及法律法规也都在变化之中。我们主张，最好先了解患者的个性特点，患者想知道什么？患者已经知道了什么？有了这些了解并且积极与患者家属沟通后，再由患者的主管医生来告诉患者，是比较合适的选择。

医学法律工作者说……

之所以如此费尽心思地保护患者知情同意权，主要目的是从医学上要实现“保证患者的健康”，从法律上要实现“保障患者的人权”，是出于对人健康和权利的考虑而设计，毕竟保护当下的病人就是保护我们每个人，每个人都无法避免成为患者。

——广东省医学会医事法学分会主任　宋儒亮

理论上对知情权的概念一般有两种理解：广义的知情权泛指公民知悉、获取信息的权利；狭义的知情权仅指公民知悉、获取官方信息的自由与权利。其他法律已规定,如《消费者权益保护法》第八条第一款规定:“消费者享有知悉其购买、使用的商品或者接受的服务的真实情况的权利。”这是目前比较好界定知情权的法律规定,但这是在消费领域。

在医疗领域,目前已有的医疗卫生管理法律法规体系中,并没有对知情权直接而明确的规定和解释,其做法是在不同医疗卫生管理法规中采用了诸如医方应当通过“征得患者同意”、“介绍病情”、“告知患者”和“向患者说明”等用词,以规定医方履行义务方式实现对患方包括病情、医疗措施、手术、特殊检查和特殊治疗、医疗风险、替代医疗方案、实验性临床医疗等内容的知情。

在目前中国临床现状和现实条件下,临床医生的说明义务和患者知情权之间要能合理、和谐地进行和进入,需要把握好以下几个基本判断。

1. 享受知情权的主体首先应当是患者本人,其次是近亲属。本人优先既易理解,也是法律明文规定。之所以是“近亲属”而不说“亲属”,是因为这更准确、更能反映立法原意,也利于进行司法救济,一旦患者去世,就涉及救济主体问题。如在《最高人民法院关于审理名誉权案件若干问题的解答》规定,若死者名誉受到损害,其近亲属有权向人民法院起诉。近亲属包括配偶、父母、子女、兄弟姐妹、祖父母、外祖父母、孙子女、外孙子女。

2. 享受知情权的性质、程度和水平在不断提高、提升,这可以从沟通用词中表示出来,如《侵权责任法》要求医方使用“说明”一词来保证患者享有知情权,与以前法规规定的“介绍”、“告知”和“征得”相比,其要求是更高、更全、更细。

3. 享受知情权的内容应当是“如实”的,即“说明”要符合实际情况,不存在虚假、哪怕是善意的谎言。“善意的谎言也不符合如实的要求”,这是保证患者享受知情权的基本要求,是常态,也是基本原则。

4. 享受知情权在时间上须是及时的,即针对知情需要,医方应当及时解答患方的咨询。

5. 享受知情权在后果上要保证对患者是有利的,这要求医方在履行说明义务时，应注意避免对患者产生不利后果，比如不能刚说明好病情，患者就跳楼了，这就对患者产生了不利后果。

6. 享受知情权在情形上应当要体现谨慎注意，比如，遇到不宜向患者说明的，应向患者的近亲属说明，并取得其书面同意。须注意的是，何谓“不宜”情况，应具体问题具体分析，这同“如实”之间看似有冲突，但实质并不矛盾，目的是为了患者健康。

之所以如此费尽心思地保护患者知情同意权，主要目的是从医学上要实现保证患者的健康，从法律上要实现保障患者的人权，是从医学和法律双视野角度出于对人健康和权利的考虑而设计的，毕竟保护当下的病人就是保护我们每个人，每个人都无法避免成为患者。

为什么晚期癌症患者对化疗期望值过高?

美国约翰斯·霍普金斯大学史密斯(Smith)和隆戈(Longo)教授

(摘译自 N Engl J Med 同期述评)

人们在开始一项费力的工作前，习惯低估其完成难度，表现得过于自信，诺贝尔经济学奖获得者卡尔曼(Kahneman)称之为“规划谬论(Planning Fallacy)”。另外，乐观主义在一定程度上减轻了对死亡的恐惧，当向一个接近死亡的患者询问“你所接受的治疗会带来什么结果”时，也难免会存在期望值过高。当然，其原因可能是接受调查的患者完全没被告知病情或医生没有有效传达，也可能是患者选择不相信，抑或是患者完全理解但对陌生人提出的问题表现得过于自信。虽然 Weeks 等的研究中并未提及这些，但很多观察性研究已表明，美国大部分医生会在初诊时就告知患者不可治愈的病情，即使患者知晓真实的情况，有些人也不愿承认，要知道，诊断为癌症后，人们的思维方式可能会发生改变。几乎所有的患者都想了解所患疾病的预后，只有在屡次获得真实的信息、确切了解所要发生的事情后，他们才能在生命的最后阶段，做出更明智的选择。医生有很多方法帮助患者做出这些艰难的决定,医生和患者间关于死亡的真诚交谈有助于患者理解病情,并不会造成压抑的情绪。医生应掌握一项必需的技能,即如何询问和告知。建议在初诊时,确保对病情有充分的讨论后向患者说明预后,并在最初三次会诊中提供临终关怀的信息;谈话中的每次过渡都关注患者的压力;鼓励患者接受善终服务和姑息治疗。医生可以更有效地和患者分享更多的信息,使他们更好地安排剩余的生命。毕竟,人们都希望能在有良好生活质量的情况下活得更久,然后在医院外平静地离去。

本案例分析

广东省医事法学分会主任　宋儒亮

结合 Weeks 的这项研究,本人认为:从医学上说,化疗不能治愈是事实;从法律上说,患者有权知道,除非有证据证明患者当下的知情不适宜、会产生不利后果,这时也不是说其不能享有知情权,此时,该权利可由近亲属代为享有,即向近亲属说明,并取得其书面同意。关于《中国医学论坛报》针对肿瘤医生的调查中的四个选项,若从医事法学方面进行判断,情况如下。

选项 A　不会告诉,免得患者担心

这是一种过于谨慎、小心的做法,实质是怕有纠纷,根源在于不懂法,不知患者知情权是不能被医生剥夺的。从医事法学角度,要让这些临床医生解除顾虑,就要指导其用法,比如可以引导他:目前是否有证据证明该患者存在“不适宜”知情或“说明会出现不利后果”的情况发生,如果没有但医生仍然坚持不告知,就有涉嫌侵害患者知情权之虑。

选项 B　会告诉,患者有权知道

这是符合依法行医理念的做法,但这只是第一步,还有依法行医行为上的考虑,即临床医生也有一个风险要考虑:需要预防一旦患者知情后出现“不适宜”的知情或者出现“不利后果”的情形之预案,否则,一旦出现则面临存在不谨慎和不注意的风险。而这也是依法行医所要求的，正如让患者吃药，医生也要帮助患者预防不良反应发生的道理一样。

选项C　会告诉患者家属，由他们来决定是否告诉患者

这是一种存在明显法律风险的做法。首先，往轻的说是不尊重患者知情权，往重的说是侵害患者知情权，患者本人是法律保护之知情权的第一享受人；其次，存在告诉对象过宽的风险。从法律上说，患者之外的告诉对象应当只是“近亲属”而不是“家属”，范围虽有收缩，但更有针对性。

选项D　看情况，不主动告知

这是四个选择中最不符合医事法学要求的做法，就是不懂法、不按法、不用法，是不依法行医最常见的表现，应当依法纠正。

在当下医患沟通问题上，坚持法先、理中和情后原则，是防范风险的最好思路和路径。只要还是坚持以人为本，只要还是坚持救死扶伤，只要还是要尊重和保障人权，只要还是强调依法行医，那么，目标是清楚而唯一的：对患方知情同意权的保护和保障只能是加强而不会削弱；只能是提高而不会降低；只能是继续而不会停止。

第4章 研讨综述

广东省医学会医事法学分会成立大会暨医事法学理论与实务高峰论坛

(一)广东省医学会医事法学分会成立大会暨医事法学理论与实务高峰论坛议程

会议时间:2011年11月29日09:00-18:00

1. 广东省医学会医事法学分会成立大会

主持人:朱　宏　　广东省医学会　　秘书长

(1)宣布广东省医学会医事法学分会第一届委员会当选名单

(2)第一届委员会主任委员发言

宋儒亮　　广东省医学会医事法学分会　　主任

(3)致辞

黄庆道　　广东省医学会　　会长

郑楚宣　　广东省委党校/广东行政学院副校(院)长

姜　虹　　南方医科大学　　党委副书记

钟南山	中国工程院	院士
刘恒军	广东省高级人民法院	副院长
耿庆山	广东省卫生厅	副厅长

2. 医事法学理论与实务高峰论坛　地点:文体中心二楼

10:00 - 12:00　主题报告会

主持人:**王绍强**　广东省医学会医鉴办　副主任

广东省医学会医事法学分会　副主任

医事法学的现状、问题与任务　讲者:宋儒亮 主任

医疗服务视野下的医事法学　讲者:赖永洪副主任

13:30 - 18:00　学术研讨沙龙(约45分钟/场)

议题一:医疗损害鉴定双轨制的作用与困惑

主持人:	**陈　虹**	处长	中山大学附属第一医院医务处
		副主任	广东省医学会医事法学分会
发言人:	**王绍强**	副主任	广东省医学会医鉴办
		副主任	广东省医学会医事法学分会
	赵　虎	教授	中山大学法医系
	王慧君	教授	南方医科大学司法鉴定中心
		常委	广东省医学会医事法学分会
评议人:	**官　健**	法官	广州市中级人民法院
		常委	广东省医学会医事法学分会
	刘秋生	处长	中山大学附属第一医院质量管理评价处
		常委	广东省医学会医事法学分会
总评议人:	**查振刚**	书记	暨南大学附属第一医院(广州华侨医院)

议题二:医学生临床实践中的法律问题

主持人:	**袁伟伟**	处长	广东省人民医院医务处

副主任　广东省医学会医事法学分会

发言人:**汪锦宏**　副科长　广州市第一人民医院投诉管理科

常委　广东省医学会医事法学分会

于　宏　副主任　南方医院医务处客户服务中心

委员　广东省医学会医事法学分会

评议人:**陈　伟**　科长　广东省第二人民医务科

常委　广东省医学会医事法学分会

姚　麟　科长　中山大学附属第三医院医务科

委员　广东省医学会医事法学分会

总评议人:**谭　剑**　副院长　南方医科大学南方医院

议题三:紧急状况下医患沟通

主持人:**田　柯**　客户中心主任　南方医科大学南方医院

副主任　广东省医学会医事法学分会

发言人:**蔡湛宇**　科长　暨南大学附属华侨医院医务科

委员　广东省医学会医事法学分会

邱亿腾　科长　广东省妇幼保健院医务科

委员　广东省医学会医事法学分会

评议人:**刘治家**　副院长　广州市萝岗区人民法院

常委　广东省医学会医事法学分会

沈利频　副主任　广东省医学会办公室

秘书　广东省医学会医事法学分会

总评议人:**赖永洪**　院长　广州医学院第三附属医院

副主任　广东省医学会医事法学分会

议题四:媒体视野中的医疗现况

主持人:**杨　扬**　副院长　中山大学附属第三医院

副主任　广东省医学会医事法学分会

发言人:**曹稚文**　记者　广东电视台

委员　广东省医学会医事法学分会

陈映平　主编　新快报健康周刊

评议人：**李文敏**　主任　中山大学附属第三医院

唐子玲　主持/记者　大洋网民意圆桌会

常委　广东省医学会医事法学分会

总评议人：**陈规划**　院长　中山大学附属第三医院

3. 广东省医学会医事法学分会成立大会暨医事法学理论与实务高峰论坛小结

主持人：**宋儒亮**　广东省医学会医事法学分会　主任

（二）广东省医学会医事法学分会成立大会暨医事法学理论与实务高峰论坛综述

2011年11月29日，广东省医学会医事法学分会举办了成立大会。在此喜庆之际，广东省医学会医事法学分会召开了医事法学理论与实务高峰论坛。

中国工程院院士钟南山、广东省委党校/广东行政学院郑楚宣副校长、广东省医学会会长黄庆道、广东省卫生厅耿庆山副厅长、广东省高级人民法院刘恒军副院长、南方医科大学姜虹副书记、广东省医学会秘书长朱宏以及新当选的广东省医学会医事法学分会主任宋儒亮教授在大会主席台就座。来自医事法学分会委员以及医学会、省委党校、高等院校、人民法院、医院、新闻媒体、律师事务所等单位100多名代表参加了会议。会议共分两阶段进行：

第一阶段：主题报告

由广东省医学会医事法学分会副主任王绍强（现任广东省医学会副秘

书长）主持，广东省医学会医事法学分会宋儒亮主任、赖永洪副主任分别作了题为“医事法学的现状、问题与任务”、“医疗服务视野下的医事法学”的主题报告。

在“医事法学的现状、问题与任务”的主题报告中，宋儒亮主任阐述了医事法学目前的现状、存在问题以及医事法学分会的任务，他提出，越来越多的证据和事实表明：依法治国是由依法行医开始，医疗活动是人权活动的第一线，治疗护理活动不再也不应当再只是医患双方你情我愿的事情，医患关系的良好和谐运作离不开法律的调整，这是医事法学必须介入和解决的事。他还指出，本专业分会成立后，将在四大领域（即民事领域、行政领域、刑事领域和宪法领域）进行七大任务（即学术类、管理类、鉴定类、培训类、出版类、交流类以及其他类）的开拓性工作，旨在以不解努力和实际的业绩，不辜负领导、委员和广大医务人员等的信任和支持。

赖永洪副主任作了题为“医疗服务视野下的医事法学”的主题报告，在报告中指出，医疗服务是指医疗机构及医务人员为了满足特定状况的人的疾病诊疗、健康维护、生育保健等需求并能为双方带来利益，所提供的技术服务与人文服务等一系列活动，它包含三方面内容，即双方的关系、双方的行为以及双方的利益。这些关系的定义离不开法律的调整，必须做到有法可依、有法必循、违法必究，这是医事法学必须介入和解决的事情。他认为：当患者拒绝正当的医疗诊疗的时候，最好能有法可依，给医生具体的指引，香港在这方面的经验值得我们去借鉴。医保谈判机制并不能真正的实现代表患者，医事法学应该回答这个问题，医事法学应从源自医疗服务实践的学术研究出发，推动医事法律、法规、规章、指引的完善，达到让医者更有法可依的目的。要增强医患双方对法的敬畏、对法的普及、对法的熟悉理解以及对法的运用技能的培养。

第二阶段：“医事法学理论与实务高峰论坛”

论坛以四场沙龙方式进行，根据议程，由新当选的广东省医学会医事法学分会副主任陈虹、袁伟伟、田柯和杨扬分别主持，分为主题发言、评议与总评三个阶段。

一、医疗损害鉴定双轨制的作用与困惑

主题发言阶段。王绍强副主任认为：《侵权责任法》没有明确规定由谁来鉴定，怎样鉴定等问题。在《侵权责任法》颁布后，全国还实行双轨制的医疗鉴定，它的弊端也慢慢显露出来。首先，双轨制弊大于利。表面上看是增加了解决医患纠纷的途径，实际上使纠纷处理复杂化。如果没有达到患者的预期，就会使患者容易产生医疗鉴定机构没有按要求进行的误区。其次，医疗鉴定由同行机关鉴定，国内国外都是采取同行鉴定的。医疗行业具有科学性、专业性、复杂性。最后，司法鉴定中的法医既有一定的司法教育背景，又不会有同行保护，可作为鉴定人出庭作证，但缺点是法医不是医疗临床专家，难以保证其鉴定结果的科学性。鉴定人认为有困难的时候会邀请临床医生，由于医生对医疗事故鉴定的结果不负责，其科学性也难保证。

中山大学法医系赵虎教授认为：目前医疗损害鉴定二元制的形式是过渡性的，是我国制度滞后所决定的，是妥协的产物，它的存在是对现实的无奈。医学会从2002年开始组织医疗事故技术鉴定，一开始的时候，从医学专家库来看，临床专家占绝对多数，法医只充当配角，而如今，法医已经调到前台，做起司法鉴定。这一转变带来的贡献是不言而喻的，同时它所存在的问题也是不言而喻的。因此，法医与医院、医学会、临床医生要密切加强沟通，进一步把鉴定工作做好。

广东省医学会医事法学分会常委王慧君教授认为：医疗损害鉴定双轨制的出现是中国无奈中的办法。假如在医学会单轨制的方法下是可行的，是有效的，是让群众都很欢迎的情况下，就不会出现双轨制这一说，因为无论怎样，医学会的鉴定都无法摆脱“老子鉴定儿子”这一诟病。她认为，理想的医疗事故技术鉴定机构应是独立的第三方机构，容纳法医以及各专业专

家,属于独立的鉴定人,并对案件负有一定的责任。她建议我国借鉴日本的体制,即有大量专业的医生介入,又有保险公司的介入,医疗机构购买医疗保险,同时成立第三方鉴定机构,共同解决医患纠纷,维护和谐医患关系。

评议阶段。广东省医学会医事法学分会常委官健指出:双轨制的争议由来已久,鉴于医学会的鉴定存在一定的问题,法医司法鉴定衍生出现。随着《侵权责任法》的实施,近期省高院也出台了一个关于医疗纠纷处理的指导意见,由此,面临一个迫切需要解决的问题:该由哪一个鉴定为主?官健委员认为还是应该坚持目前以医学会鉴定为原则,司法鉴定为补充这一体制。这是由它们自身的合法性、中立性及专业性所决定的。

广东省医学会医事法学分会常委刘秋生认为:医疗事故技术鉴定源于《医疗事故处理条例》,它带有很强的行政管理色彩,在此基础上建立医疗事故技术鉴定委员会,从卫生行政部门过渡到医学会,它仍没有离开行政体制的框架下,而且技术鉴定不同于过错鉴定、损害鉴定,它是立足于技术层面的。省高院指导意见的出台,是否会减弱医学会的合法性和地位是令人担心的问题。在目前这一过渡时期,他认为医学会的鉴定还是应该保留,并且有所改善。

总评阶段。暨南大学附属第一医院(广州华侨医院)副院长查振刚教授表示:医事法学分会这一有代表性的学会的成立必将会发挥到它应有的作用。他认为,现在的医闹等纠纷是社会关系不和谐的体现,重视并解决它,是发展的需要,也是历史赋予的使命。作为一个专家,一个医疗机构负责人,非常懂医疗机构运作的难处、医生的难处,因此,在发生医疗纠纷的时候,如何引导患者,让他们乐意去找鉴定机构是我们必须面对的问题,也希望通过大家的努力,能越来越靠近这一目标,使大家共享和谐社会。

二、医学生临床实践中的法律问题

发言阶段。广东省医学会医事法学分会委员于宏认为:医学生在临床实践中，很容易就会涉及非法行医的问题。他列举了两个案例：一起是北大人民医院发生的研究生未取得医师执业证从事诊疗活动的案例，而医疗事故技术鉴定委员会以该生非执业医师为由拒绝鉴定；另一起是某医院在2001年发生的研究生冒用老师名字开处方的案例，医疗事故技术鉴定委员会受理了该案并作出一级甲等医疗事故的决定。两起相类似的案件却得出截然不同的结果，如何去看待这一问题，很值得在座专家去探讨。

评议阶段。广东省医学会医事法学分会常委陈伟认为：医学生参与临床实践涉及体制的问题，涉及卫生行政部门的管理问题，需要卫生行政部门进一步细化、更合理地规范他们的行为。另外他提到，目前很多医院的很多科室都带实习生、研究生、进修生，他们可以行医，但不应该单独行医，虽然他们的诊疗行为80%都是正确的，但毕竟医疗风险是很大的，不经过请示而越俎代庖的话，一旦发生事故，会给医院带来很大的负担，不利于医院的长远发展。

广东省医学会医事法学分会委员姚麟认为：实习生、研究生、进修生等在合理的范围内从事合理的实践行为是有必要的，而如何避免个体的损害则需要有相应的规范来指引。比如可以在相关的规章、共识内规定研究生等临床实践的范围，规定哪些可以做，哪些不可以做，这样对今后的工作会有更好的帮助。

总评阶段。针对医学生能否独立进行一些医疗上操作的问题，广东省医学会医事法学分会常委汪锦宏指出：目前基本上所有的三甲医院都肩负着“医、教、研”三大任务，承担着为国家培养一代又一代医学工作者的光荣而神圣的任务。至于医学生能否单独操作不能一概而论，关键看该学生是否取得“两证”，即医师资格证与医师执业证，同时应该立足于“保证病人安全”这一大前提和原则之上，不管出于什么目的，病人利益永远占第一位。他还建议，医事法学分会可以针对这一问题进行调研，得出调研结论或报告，从而推动医疗行政管理部门对此问题的关注。

三、紧急状况下医患沟通

广东省医学会医事法学分会田柯副主任指出议题中的“紧急状况”是指病人的病情需要医疗机构或其医务人员采取紧急医疗措施，尤其是有创的诊疗措施，但是这时病人或者其家属对医疗机构不信任而拒绝接受措施，这种情况下医疗机构及其医务人员应该怎么办。医患沟通只是一方面，通过话题的讨论，我们侧重在从实务方面给大家提供经验上的参考，包括医院管理层如何管理和培训医务人员，提高他们的法律素养。

发言阶段。广东省医学会医事法学分会蔡湛宇委员认为：紧急情况在医疗实践活动中经常发生，医疗机构容易陷入两难的困境：一方面，医生要秉着尊重生命的原则，认真学习、熟悉医疗法律条文，严格按照法律的相关规定处理。另一方面，医疗机构也要细化医疗规范，使医生在面对紧急情况时有章可循，便于操作。

广东省医学会医事法学分会委员邱亿腾强调：医疗机构首先应当抱着公开透明的态度主动联系媒体，面对媒体，让公众清晰地了解事件的真相。其次要加强医患沟通技巧，多一点人文关怀、多一点温度，就能融化医患之间冷冰冰的关系。他认为，在患者不接受医疗措施时，医疗机构哪些能为，哪些不能为？这涉及病情评估以及救治措施的衡量。在涉及生命危险时，就算患者不接受医疗措施，医务人员基于生命至上也要采取抢救措施。

评议阶段。广东省医学会医事法学分会常委刘治家认为：本议题的核心是医患的沟通与信任。我们能做得到的是以诚相待，坦然面对，主动接触，患者监督。理解沟通，重建信任，改善医患关系从录音门开始。医生要换位思考地去理解患者，积极告知患者医学信息、医学的不确定性和风险，增加人文关怀，理解和包容患者的波动情绪。以录音门为切入点，警醒我们要改善医疗服务，提高沟通技巧。医患关系是社会关系的一部分，改善信任的社会土壤，需要司法机关、行政机关以及全社会的共同努力。政府有关机关,行业机构,以及医事法学分会要当好重建医疗信任的排头兵。另外,他认为广东省医师协会的和谐医患五项原则(即医患同心,平等尊重,互信关爱,仁心仁术,沟通理解)对于实现医患和谐有很好的指引作用。

广东省医学会医事法学分会秘书沈利频指出:从医生的角度,医患之间的沟通技巧有三方面:一是专业的外在,给人留下良好的第一印象;二是要有一个负责任的态度,不管能力如何,首先要做到患者有求必应,“应”是医生负责任的基本表现之一;三是言谈技巧,这在于平时的积累,医生要提高自身修养,不能把日常生活中的怨怒带入到医患沟通之中。“紧急”表现在对患者生命权的尊重,在紧急状态下采取的救治措施,应该尽可能地取得患者的最大谅解。医患和谐,对于医务人员而言,还需要靠在以后医疗工作中的不断地反思与努力。

总评阶段。广东省医学会医事法学分会赖永洪副主任认为,各发言人点出了核心问题,提出了措施,更引发了思考,值得医事法学分会在以后的工作中参考借鉴。广东省医师协会提出的和谐医患五项原则“医患同心,平等尊重,互信关爱,仁心仁术,沟通理解”对于建设和谐医患关系具有纲领性的作用。而沟通最根本的前提是信任和负责任,重建紧急状态下的医患信任成为当务之急。

本议题的发言的主要观点为:沟通无效,强行抢救,尊重生命,在紧急状态下,为挽救病人生命而不得不剥夺患者的同意权。在出现两难状态时如何抉择,值得医事法学去研究。但归根到底,医疗行为都要在法律规范的范围内活动,在保障病人权利的同时也保障了医务人员的合法权益。

四、媒体视野中的医疗现况

发言阶段。广东电视台邵龙权制片人认为:相对于国外媒体,国内媒体的权限较小,表达心声的机会也较少,因此国内媒体在抓住了一些新闻因素后容易炒作。医院与媒体之间存在隔阂,主要原因是医方不了解记者的工作性质,甚至是误解,所以会拒绝采访。医院与媒体之间要互相了解对方的工作性质,才能更好地交流。如果医院一味地拒绝采访,只能使误会加深。总之,“沟通第一”,今天媒体与医院的专家、领导能够面对面地进行交流,将是医院与媒体进行沟通的一个好的开端。

新快报健康周刊陈映平主编认为:目前医学技术手段、设备越来越先进,药物越来越多,但医患关系严峻,也越来越复杂,中国已成为医患关系紧张重灾区。医患紧张体现在三方面:一是患者对医生的不信任,从录音门事件可见一斑;二是一些媒体对医疗纠纷的偏颇报道,引发了舆论的错误导向,例如八毛门事件;三是有一部分医务人员行为出格,且不论对错,却已给公众留下了口舌,如撕病历事件。紧张的医患关系促进了医疗事故、医闹以及多起针对医务人员的暴力事件的发生,严重影响了正常的医疗秩序。改善医患关系的方向:一是毕竟医院本身救死扶伤的职责与进行创收自我发展的要求二者很难兼顾,医院要改进管理模式;二是医院要加强与患者的沟通,变通沟通技巧。

评议阶段。广东省医学会医事法学分会常委唐子玲提出:医患关系紧张,容易引起社会动荡,其原因包括政府投入的不足,医院管理的缺陷,社会舆论土壤的恶化等。她还表示不认同“媒体在泼脏水的同时把孩子也泼出去了”的说法。媒体在医疗机构的印象中常常是“使坏”、“捕风捉影”、“扩大不良影响”等角色,这是不全面的,如果没有媒体的及时报道,那么南海弃婴事件就不会为公众所知,医疗中存在的突出问题就不会摆在这里给大家讨论,所以媒体不能沉默。媒体报道医疗机构的缺陷,本意在于提醒、监督,使医患关系走上正常的道路。因此媒体在反思的同时,也要维护本职的合法权益。媒体不能全都被抹黑,医生也应当坦然、自觉地接受媒体的采访。

中山大学附属第三医院李文敏主任认为:医疗机构的愿望是能与媒体保持良好的联系,愿意将医疗事件介绍给媒体,并希望能找到一个契合点,使医院与媒体能够更好地沟通。但很多时候医生与媒体打交道如履薄冰,容易受到媒体报道“放大效应”的不良影响,因此医生对媒体有防备之心。

希望医事法学分会可以推动公众了解医疗行为中的一些法律问题。

广东省医学会医事法学分会常委官健强调:对于媒体而言,真实和客观是最重要的。

广东省委党校法学教研部吴育珊副教授以自己作为一名患者的身份,讲述了自己在中山三院就医的经历,认为大多数医生德才兼备,能站在病人的角度换位思考,但还是存在一些漠视患者感受和要求的医务人员,她呼吁广大的医疗机构和医务人员要加强自身的医德教育。而媒体在报道医患纠纷之前,则应当首先请医学专业人员剖析事实,弄清真相后再向公众进行报道。

总评阶段。中山大学附属第三医院院长、广东省医学会外科学分会主任委员陈规划教授认为:医患关系作为社会焦点引起了社会各界的关注。媒体通过多种形式和平台,对于规范医疗行业、完善相关规章制度、提高医疗质量等方面起到了非常大的促进作用,但同时也存在不客观不公正的媒体,对医疗纠纷进行了不恰当的报道。医疗机构欢迎媒体的监督,但不同意在纠纷出现后鉴定结果出来前,媒体进行过早的干预,因为这样很容易影响社会大众对整个事件真相的判断。很多时候医院在法院面前也是弱势群体。媒体很多情况下缺乏相关的医学专业知识,所以报道难免有偏颇。

他提出,在这些问题上,医院应该做的:一是医务人员对待病人要换位思考,改善服务态度;二是主动与媒体沟通,主动将医务人员的正面事例通过媒体进行报道,使社会能更全面地了解医务人员。同时,媒体也应该做的:一是媒体应当在彻底了解事实真相后再进行客观公正的报道,否则容易给医院造成不可弥补的损失;二是多挖掘医务人员的正面事例进行报道,正反两面并举。

最后,广东省医学会医事法学分会主任宋儒亮教授进行了会议总结。宋教授首先指出,成立大会开的很成功。他非常庆幸医事法学分会的成立能得到中国工程院院士钟南山、广东省委党校/广东行政学院郑楚宣副校长、广东省医学会会长黄庆道、广东省卫生厅耿庆山副厅长、广东省高级人民法院刘恒军副院长、南方医科大学姜虹副书记等的高度赞扬以及众多领导嘉宾的支持和高度重视。钟南山院士提出要高举法律的大旗的呼吁，既给我们今后的工作一个很好的指引和导向，又更让我们感到责任的重大和使命的光荣！作为一个分会的成立能获得这么多知名大家支持、表明了我们一直所抱有的理念和做法赢得了认可，我们要继续努力。在这里，我们也要感谢广东省医学会朱宏秘书长、中山大学附属第三医院陈规划院长、中国医师协会重症医学医师分会（CACCP）副会长/广东省医师协会重症医学医师分会主任委员覃铁和教授等领导和同道，是他们的关心和帮助让医事法学分会能顺利成立和早日服务社会！

其次，沙龙进行的很顺利。各个议题中每位嘉宾都发表了自己的真知灼见，特别是录音门主角邱亿腾委员提出"医院要主动找媒体，要跟媒体对话"、汪锦宏常委谈到的"医事法学分会能不能做一个医学实习生情况的调研"、刘治家常委提到的"构建医患信任机制的排头兵"、唐子玲常委对待不同观点的不依不饶等观点和友好争辩，呈现了分会的活力，值得发扬。同时，吴育珊副教授即兴的有感而发也正好回答了赖永洪副主任提出的"患方代表在哪里?"的问题，她的观点表明了中山三院是一个真实的医院，中山三院在齐二药事件等的表现、表达、做法和回应让人感觉得到责任和温馨！

再次，论坛有了初步共识。通过论坛活动，这样的共识已基本形成：医方要勇敢、大胆地向媒体说出自己的困惑，就像媒体说出他们也有困惑一样。"一脚在医院，一脚在法院"又被再次证明和强调。医学和法律都将伴随每个人的一生。在当前时代里，"治病靠医，救人要法"，医方仅有"医术高明"、"医德高尚"还不够、还不全，还要"医法高超"。

最后，会议特点十分突出。这是一个精英高端星光闪耀的会议、一个不设防的和公开讨论的会议、一个长达 5 小时论坛但没有中场休息的会议、一个畅所欲言和各抒己见的会议、一个聚集了社会——行政管理者、医方人、法官、检察管、律师、学者、媒体人、患方代表——各界会议、一个涉面广、内容多、专业强并体现了开放、透明、有深度的专门会议。这些特点和特色将会被我们以后的会议所继续复制、延续和发扬光大！

新成立的医事法学分会将“高举法律大旗”，从医学开始，从依法出发，我们要在备受质疑的、有些人所言“冷冰冰”的医患关系里多加些法理、人文、温情、真诚、暖意，希望通过医事法学上的教育培训，让更多医患难题能以合法有序的渠道、方式解决争议，让各种医患难题可迎刃而解，实现医患和谐，祝福民众，实现幸福广东！

（广东省医学会医事法学分会供稿

赖嘉敏　张慧玲　南　俊　章　玲　陈　利根据录音整理，未与本人核对）

第十四届中国南方国际心血管病学术会议——医事法学论坛

(一)第十四届中国南方国际心血管病学术会议医事法学论坛会议议程

第十四届中国南方国际心血管病学术会议

医事法学论坛

——广东省医学会医事法学分会主办

April 14, 2012 Saturday 4月14日 星期六

International ConferenceRoom 2, DongFang Hotel 东方宾馆国际会议2室

08:30 - 10:40 Session1	主席:宋儒亮、赖永洪、杨扬、王绍强、陈虹、袁伟伟、田柯	
08:30 - 08:40	会议介绍　　广东省医学会医事法学分会主任	宋儒亮
08:40 - 09:40	《侵权责任法》释义	袁伟伟
09:40 - 10:10	广东省心血管科历年医疗事故鉴定数据解析及主要原因浅析	沈利频
10:10 - 10:40	"八毛门"事件与舆情危机应对	钟　山
10:40 - 10:50	茶　歇	

10:50－12:00 session 2	主题:多方视角下的心血管案例的医法解读——以医师、律师、鉴定人、法官之视野 主席:官 健	
10:50－11:00	发 言	黄伟青
11:00－11:10	发 言	陈 杰
11:10－11:20	发 言	范秀玲
11:20－11:30	评 议	罗 斌
11:30－11:40	评 议	王慧君
11:40－11:50	总评议人	姚 麟
11:50－12:00	会议总结	宋儒亮

(二)第十四届中国南方国际心血管病学术会议医事法学论坛综述

“医事法学论坛”首次挺进南方会

一年一度的中国南方国际心血管病学术会议(南方会)是心血管疾病领域的盛会,刚成立不到半年的广东省医学会医事法学分会即非常荣幸得到邀请并主办题为“医事法学论坛”的学术会议。会议当天,来自广东省医学会医事法学分会的委员以及南方会的参会代表等超过100位专家共聚交流,共同探讨心血管疾病领域的医事法学理论与实务。

会议分为两个阶段:第一阶段进行了三个分别题为“《侵权责任法》释义”、“广东省心血管科历年医疗事故鉴定数据解析及主要原因浅析”、“‘八毛门’事件与舆情危机应对”的主题报告。第二阶段则进行“多方视角下的心血管案例的医法解读——以医师、律师、鉴定人、法官之视野”的学术沙龙。

一、住院患者跳楼的责任承担问题上应当要区分情况

广东省医学会医师法学分会副主任袁伟伟从医院管理视角进行了《侵权责任法》有关条文的解读，其中，对于第二十七条“损害是因受害人故意造成的，行为人不承担责任”的解读中，袁主任列举了住院患者跳楼的例子，他提出，要进行分类个案处理，主要有三类：一是精神病患者从精神病病房跳楼；二是非精神病患者从普通病房跳楼；三是精神病患者从普通病房跳楼。很明显，对于第一、三种情况，医院需要承担责任是肯定的，而第二类情况，“在一般科室在一个病人没有任何精神病症状的情况下，作为一个公民选择结束自己的生命，那是他的权利，在目前现有的医护条件下，不可能达到对每个人的严格看护，就算达到严格看护，一个护士也拉不住一个成年人，也限制不了他的行为”。他强调，针对第二类非精神病患者要注意一种情况，那就是有些产妇产后或者糖尿病患者在治疗后期都有可能出现严重的抑郁症状，如果医生已经注意到了，并且在病历上已经明确记载了，而没有采取相应的措施，患者在住院期间跳楼了，那么医院多少都有责任，因此，如果患者发生这一情况，加强陪护不失为一个很好的做法。

二、广东省心血管科历年医疗事故鉴定数据仅占全部再次鉴定案例的5%

广东省医学会医事法学分会秘书、广东省医学会办公室副主任沈利频表示，广东省医学会负责全省医疗事故再次鉴定，即任何一方或双方当事人不服市级医学会得出的医疗事故鉴定结论而申请省医学会再次进行鉴定，也称“二次鉴定”。自2002年至2012年共计完成鉴定1227例，其中34.4%的案例构成医疗事故。

他强调，在这1227例中，经过我会再次鉴定的案件中，涉及心血管科（含心血管内科及部分涉及心血管的心胸外科）的案件仅为60例。他指出，

广东省心血管科历年医疗事故鉴定数据仅占全部再次鉴定案例的5%，其中16例构成医疗事故，在构成事故的16例中，有13例医方应负次要或以上责任（主要责任、完全责任）。这13例要负次要及以上责任的案例，均存在违反诊疗规范行为：病历书写规范、知情告知规范、护理规范、常见病操作规范、会诊及转诊规范、手术室操作规范。

三、要勇于面对媒体、善以利用媒体

作为“八毛门”事件的主角，广东省医学会医事法学分会常委钟山教授作了“‘八毛门’与舆情危机应对”的主题报告，分享了该院在处理“八毛门”事件的一些做法和经验，他提出，“我院的“八毛门”事件以病人和媒体的公开道歉完美收官。我院也因为应对这场危机的专业和大度，以及勇于面对媒体、善以利用媒体，在舆论的讨伐下坚持科学、适时地阐述自己的意见、始终关心患儿健康的做法，受到国内各大媒体和各级政府的褒扬。正是这种胸怀和作为，最后赢得了社会各界的理解和尊重。“八毛门”事件被公认为中国医患关系史上一个里程碑式的事件。”

四、多方视角下的心血管案例的医法解读

由广东省医学会医事法学分会常委官健主持，王慧君、陈杰、黄伟青、姚麟、范秀玲等常委和委员作为评议人带来了精彩的题为“多方视角下的心血管案例的医法解读——以医师、律师、鉴定人、法官之视野”之案例研讨沙龙。

针对同一个案例，主持人引导大家从患者、医师、鉴定人、律师、法官等多个角度来分析，讨论的焦点也是多样的，不仅涉及诊疗规范、用药，还涉及死因鉴定、病历书写、证据材料保全等。

宋儒亮主任在总结发言时提出：

首先，会场很有人气。大家看到，本次会议有很多人是站了4个小时的，

这在当前会议上是罕见的。这表明我们的选题、内容和解读是受到大家关注和欢迎的。人气旺,事业旺,但我们不能停止,仍要继续努力。

其次,会议很成功。今天是我们分会对外第一次集体亮相,是新的开始;同时,我们参加的是国际心血管会议,又是从“心”开始,新的开始和“心”的开始就是好兆头。

再次,报告很有吸引力。针对主题报告,他认为,袁伟伟副主任的报告用案例展示了经验,体现的是“丰富”之意;沈利频秘书的报告用数据显示了行医风险,体现的是“准确”之意;钟山常委的报告用事实揭示了科学力量,体现的是“理性”之意;官健常委主持的沙龙是用证据表示了司法力量,体现的是“公平”之意。

最后,分会明天更美好。今天我们会场里有一根很大的柱子,我觉得,我们分会的未来将像这根柱子一样,会随着我们的研讨、我们的理念、我们的判断和我们的贡献而不断壮大,像一根顶梁柱,起着中流砥柱的作用。我相信,只要我们不懈努力,我们分会的前途一定是美好的。

(广东省医学会医事法学分会供稿

张慧玲　赖嘉敏根据录音整理,未与本人核对)

本文相关案例见本书第二章第20页《解读心血管案例的医与法》

首届南方医事法学高峰论坛暨医事法学继续教育学习班

(一)首届南方医事法学高峰论坛暨医事法学继续教育学习班议程

首届南方医事法学高峰论坛暨医事法学继续教育学习班

论坛组织机构

主办单位: 广东省医学会　　广东省法学会

广东省律师协会　　广州市法官协会

承办单位: 广东省医学会医事法学分会

广东省法学会卫生法学研究会

广东省律师协会医疗法律专业委员会

协办单位: 上海罗氏制药有限公司

论坛顾问:

黄庆道　向金华　陈瑞光　朱征夫

朱　宏　薛晓光　叶　港　刘　玲

论坛主席: 宋儒亮　姜　虹　邓娟闰

论坛副主席:(按姓氏笔画顺序)

王绍强　邓坤金　田　柯　吕　志　刘治家　刘俊荣　孙美华

杨　扬　杨云滨　沈利频　陈　杰　陈　虹　陈国翔　林志程

林雄辉　官　健　袁伟伟　夏　蔚　耿仁文　曾其毅　赖永洪

论坛秘书长: 饶　璐　杜仕林　李小燕　周　菊　赖嘉敏

会议主持:(按姓氏笔画顺序)

王绍强　杨　扬　何建行　何　斌　宋儒亮　陈　虹

官　健　姜　虹　袁伟伟　耿仁文　曾其毅

会议时间:2012年11月9日-10日

会议地点:广州远洋宾馆国际会议厅

论坛日程

2012年11月9日上午			
9:00-10:00	首届南方医事法学高峰论坛开幕式		
主持人	宋儒亮	广东省医学会医事法学分会	主任
		广东律师协会医疗法律专业委员会	主任
致　辞			
	朱征夫	广东省律师协会	副会长
	陈瑞光	广东省法学会	专职副会长兼秘书长
	黄庆道	广东省医学会	会长
	向金华	广州市中级人民法院	副院长
	姜　虹	广东省法学会卫生法学研究会	会长
		南方医科大学	党委副书记
	陈鲁峰	广东省食品药品监督管理局	副局长
	耿庆山	广东省卫生厅	副厅长
	张宇航	广东省依法治省工作领导小组办公室	常务副主任
10:00-10:20	合　影		
10:20-11:20	专题报告		
主持人	耿仁文	广东省医学会	副会长
		广东省法学会卫生法学研究会	副会长
		广东省医学会循证医学分会	主任
		南方医科大学南方医院	院长

续表

专题报告一	医院管理的危机处理 ——以三甲医院院长之视野		
主讲人	陈规划	中华外科学会常委/外科手术学组	组长
		广东省医学会普通外科分会	主任
		广东省医师协会器官移植分会	主任
		中山大学附属第三医院	院长
专题报告二	医疗纠纷处理的法律难点 ——以法官之视野		
主讲人	邓娟闰	广州市中级人民法院民一庭	副庭长
11:20－12:10	学术沙龙		
11:20－12:10	议题一:肿瘤诊疗规范的法律效力 ——以《胃癌诊疗规范》(2011年版)例		
主持人	何建行	中国医师协会内镜医师分会胸外科内镜与微创专业委员会	主席
		广东省医师协会胸外科医师分会	主任
		广州医学院第一附属医院	院长
发言人	林　锋	广东省人民医院胃肠外科	主任
	石汉平	广东省医学会肠外肠内营养学分会	主任
		中山大学附属第一医院普通外科	教授
	张一愚	广东省卫生厅政策法规处	处长
	魏　巍	广州市中级人民法院民一庭	法官
点评人	黎东生	广东省法学会卫生法学研究会	副秘书长
		广州中医药大学经济与管理学院	副院长
	陈国翔	广东省律师协会	副会长
2012年11月9日下午			
13:30－14:20	议题二:医疗行为过程中法与情的竞合分析		
主持人	曾其毅	广东省法学会卫生法学研究会	副会长
		南方医科大学珠江医院	院长

续表

发言人	杜仕林	广东省法学会卫生法学研究会	副秘书长
		南方医科大学卫生法学研究中心	主任
	乔　森	广东铭致律师事务所	律师
	胡汝为	广东省法学会卫生法学研究会	副秘书长
	严金海	广东省法学会卫生法学研究会	副秘书长
点评人	杨　毅	广东省病理专业委员会	委员
		广州医学院第四附属医院	院长
	杨云滨	广东省法学会卫生法学研究会	副会长
		广东医学院	副校长
14:20－15:10	议题三:抗菌素使用引发的法律风险和防范 ——从法律角度看药品说明书与指南共识的效力问题		
主持人	何 斌	广东省人民医院	副院长
		中国医院协会人力资源管理专业委员会	副主任
发言人	孙树梅	南方医科大学南方医院感染管理科	主任
	吴本权	中山大学附属第三医院内科 ICU	主任
	程跃华	广东三环汇华律师事务所	律师
	李　林	广东省医学会医事法学分会	委员
		广东省医院协会医院医务管理专业委员会	副主任
		广州医学院第二附属医院医务部	主任
	郭宇华	广东省药监局办公室	主任
点评人	翁开源	广东省法学会卫生法学研究会	副秘书长
		广东药学院医药商学院	副院长
	智发朝	中华医学会消化内镜学会	副秘书长
		广东省医学会消化内镜专业委员会	副主任
		广东省医师协会消化内镜学工作委员会	主任
		南方医科大学南方医院消化内科	教授

续表

15:10 – 15:20	茶 歇		
15:20 – 16:10	议题四:器官移植与脑死亡		
主持人	杨 扬	广东省医学会医事法学分会	副主任
		中山大学附属第三医院	副院长
		中山大学附属第三医院岭南医院	执行院长
发言人	赵 明	南方医科大学珠江医院器官移植科	主任
	王长希	中山大学附属第一医院器官移植科	主任
	李立凯	广东省律师协会医疗法律专业委员会	委员
	周民伟	广东省医学会医事法学分会	常委
		广州军区广州总医院医务部	副主任
点评人	邓坤金	广东省法学会卫生法学研究会	副会长
	佘琼圣	广东省医学会医事法学分会	委员
		广东高级人民法院民事审判第一庭	副庭长
16:10 – 17:00	议题五:医疗损害鉴定应该怎么做		
主持人	官 健	广东省医学会医事法学分会	常委
		广州市中级人民法院民一庭	审判长
发言人	陈 杰	广东省医学会医事法学分会	常委
		广州市医学会	秘书长
	罗 斌	广东省医学会医事法学分会	常委
		中山大学法医鉴定中心	副主任
	杨会林	北京市盈科(广州)律师事务所	律师
	沈利频	广东省医学会医事法学分会	秘书

续表

		广东省医学会医疗事故鉴定办公室	副主任
点评人	姚　麟	广东省医学会医事法学分会	委员
		中山大学附属第三医院医务科	科长
	郭柏林	广东省医学会医事法学分会	常委
		广东省高级人民法院司法委托办公室	主任
17:00 - 18:00	年　会		
广东省医学会医事法学分会全体委员会			
主持人	宋儒亮	广东省医学会医事法学分会	主任
会议地点	星河厅		
广东省法学会卫生法学研究会年会			
主持人	姜　虹	广东省法学会卫生法学研究会	会长
会议地点	莱茵河厅		
18:30 - 21:00	晚　宴		
晚宴主办	上海罗氏制药有限公司		
晚宴主持	孙海峰	上海罗氏制药有限公司	大区经理
2012 年 11 月 10 日上午			
8:30 - 9:00	医事法学继续教育学习班开班仪式		
主持人	王绍强	广东省医学会医事法学分会	副主任
		广东省医学会医疗事故鉴定办公室	主任
致　辞	赖永洪	广东省医学会医事法学分会	副主任
		广东省医师协会	副会长
		广东省医师协会人文医师委员会	主任
		广州医学院第三附属医院	党委书记
9:00 - 11:45	上午课程		
主持人	陈　虹	广东省医学会医事法学分会	副主任

续表

		广东省医院协会医院医务管理专业委员会	主任
		中山大学第一附属医院医务处	处长
9:00－9:30	医疗知情同意		
讲者	田　柯	广东省医学会医事法学分会	副主任
		南方医科大学南方医院办公室	副主任
9:30－10:00	医疗纠纷案例解读 ——法院判例引发的思考		
讲者	刘治家	广东省医学会医事法学分会	常委
		广州市萝岗区人民法院	副院长
10:00－10:15	课程互动答问		
10:25－10:55	医院管理中存在的法律风险和防范 ——以行政法官之视野		
讲者	付洪林	广东省医学会医事法学分会	委员
		广东省高级人民法院行政审判庭	庭长
10:55－11:25	医疗机构如何建立新闻发言人和新闻发布制度		
讲者	汤　红	广东省委党校社会和文化教研部	副教授
11:25－11:45	课程互动答问		
2012年11月10日下午			
13:30－16:30	下午课程		
主持人	袁伟伟	广东省医学会医事法学分会	副主任
		广东省人民医院医务处	处长
13:30－14:00	商业贿赂犯罪的风险与防范 ——以法官之视野		
讲者	洪嘉忠	广东省医学会医事法学分会	委员
		广东省高级人民法院刑庭审判第四庭	副庭长

续表

14:00－14:30	“八毛门”事件与舆情危机应对		
讲者	钟　山	广东省医学会医事法学分会	常委
		深圳市儿童医院	院长
14:30－15:00	医疗系统商业贿赂风险与防范 ——以检察官之视野		
讲者	杨金顺	广东省医学会医事法学分会	常委
		广东省人民检察院公诉三处	调研员
15:00－15:30	课程互动答问		
15:30－16:00	医事法学继续教育学习班闭幕		
16:00－16:30	首届南方医事法学高峰论坛 暨医事法学继续教育学习班会议小结		
主持人	宋儒亮	广东省医学会医事法学分会	主任
		广东省律师协会医疗法律专业委员会	主任

(二)首届南方医事法学高峰论坛暨医事法学继续教育学习班综述

医患关系是当前社会关注的热点。医闹、医暴事件层出不穷,患者对医生缺乏信任,医生普遍感觉从业的艰难和行医环境的恶化。医患关系的紧张,早已超出医药卫生领域,成为整个社会的所面临的难题,因此更有待于多学科的沟通与对话。为加强医学与法学的沟通,增进共识,构建和谐的医患关系,由广东省医学会、广东省法学会、广东省律师协会、广州市法院协会主办,广东省医学会医事法学分会、广东省法学会卫生法学研究会、广东省律师协会医疗法律专业委员会承办,上海罗氏制药公司协办的“首届南方医事法学高峰论坛暨医事法学继续教育培训班”于 2012 年 11 月 9 日至 10 在广州远洋宾馆举行。来自社会各界的公务员、院长、医师、学者、法官、检察官、律师、媒体人士等近300人参加了高峰论坛,共同展开融医、法、理和情等多层次、多视野多领域和多专业的高端学术交流和专业研讨。

论坛分为三个阶段:第一阶段是领导建言,第二阶段是专题报告,第三阶段是学术沙龙,分设主题发言、点评两个环节,期间针对议题还专设自由提问和答疑环节。

第一排自左至右:朱征夫、陈瑞光、黄庆道、向金华
第二排自左至右:姜虹、陈鲁峰、耿庆山、张宇航

第一阶段:领导建言

首届南方医事法学高峰论坛开幕式在9日上午9:00准时举行,广东省医学会医事法学分会主任、广东省律师协会医疗法律专业委员会主任宋儒亮教授担任开幕式主持。

广东省律师协会副会长朱征夫在会上表示首届南方医事法学高峰论坛的隆重举行是法律的幸事。广东省已经成为律师的重要大省。医疗纠纷已经成为重要的诉讼领域,法律人没有理由袖手旁观,应在医疗纠纷的处理,医患矛盾的化解做出自己的贡献。本次是一次难得的学习机会，如何既尊重科学，又捍卫法律，是我们学习与探讨的重点。医学与法学是两个不同的学科，复合型人才缺乏。预祝大会圆满成功。

广东省医学会黄庆道会长首先代表广东省医学会向来参加首届医事法学高峰论坛的各位领导、专家、代表表示热烈的欢迎和衷心的感谢！同时对参与举办这次的会议的广东省法学会，广东省律师协会广州市法官协会表示衷心的感谢！黄庆道会长指出，为关注健康，促进医患和谐，推进医疗法制进程，广东省医学会医事法学分会在成立一年以来做出了重大努力。分会多次举办了多层次，多角度，多视野的医事法学论坛，有来自医疗界的，政法界的，新闻界的社会各界人士共同针对医疗纠纷，多发学科的风险和防范，对医疗事故赔偿纠纷，医疗事故鉴定的前沿问题展开了探讨。本次论坛的举办，为加强社会各界为加强医事法学的沟通创造了平台，为解决当前的问题发挥很好的作用。这样一个平台，能够将法律向广大人民，广大医务人员宣传。让他们都懂法、守法。维护法律的尊严。在当前医患关系愈发紧张的情况下，这一问题就显得尤其重要。希望本次会议的召开，能进一步加强医生与患者的沟通和理解，推进和谐社会建设，推进医患和谐。预祝大会圆满成功。

广东省法学会卫生法学研究会会长、南方医科大学党委副书记姜虹代表承办单位，广东省医学会，广东省医事法学分会，广东省法学会卫生法学研究会和广东省律师协会医疗法律专业委员会，对出席会议的各位领导，各位嘉宾和代表表示热烈的欢迎！对各主办单位表示衷心的感谢！

姜虹会长表示，近年来医疗纠纷不仅在数量上逐年增多，而且在争端的表现形式上也日渐激化，冲突不断升级。因此，加强医事法学的研究，特别是加强医事法学热点，难点的研究，正确利用医事法学规范解决医疗纠纷显得特别重要。出席今天会议的，有省内知名医院的院长、专业法官、医务人员、专家、学者、法律人士和媒体人士，大多的都是来自医事法律教学以及研究和实践于一线的专业人员。希望把握今天的机会，在医事法学这个特殊的领域内进行充分交流。这次论坛将围绕着医事法学中的难点和热点问题,设计了在今天这个开幕式上的两个主题报告,这两个报告主要围绕着医院管理的危机处理和医疗纠纷的法律难点,会议邀请三甲医院的院长和广州市中级人民的专业法官进行深入解读,同时在今天的论坛当中,还设置了五个专题广泛进行深入的研讨。相信各位在这些主题报告和专题报告当中一定会撞击出思想火花,进一步促进广东医事法学的发展,希望各位代表要以主人翁的姿态,解放思想,积极参与,畅所欲言,奉献智慧,出色完成论坛的各项任务。预祝首届医事法学高峰论坛取得圆满成功!

广东省卫生厅耿庆山副厅长表示首届南方医事法学高峰论坛意义重大,关系到医药事业的发展,关系到医务人员的依法维权。“道生一,一生二,二生三、三生万物。”本次是四个学会联合举办,多元的视角。论坛的涉及面非常广,包括了诊疗规范,医务风险,还包括了肿瘤规范、抗生素的使用、脑死亡等。理论前沿,并具有现实意义。医学要通过法律的保护,法学也要理解并尊重医学。行业学会有待于发展壮大,现在这一论坛是很好的开端。

希望通过这个首届南方医事法学高峰论坛的平台,不仅引导医务人员学法、懂法、守法、用法,法学界的同志们通过医务人员了解医学行为,医疗行为,诊疗行为;同时双方可以展开对话,增进彼此了解,共同推动我省医事法学事业,这是新体制的一个重要的举措。强调,医疗纠纷处理有赖于法学专家和医学专家。我们要共同努力。医学专家要向法学专家学习,认真思考。广东省三打两建,目前“三打”告一段落了,“两建”正在进行。要给医学人员、主管、主任上上课。因为他们是精英,他们把主要问题解决了,其他问题就好办了。近来我关注支架植入术的问题,美国形成一个律师团,专门帮患者维权,主要关注手术时机和适应症、并发症的情况,给心血管大夫的治疗带来重大的影响,该怎么办?另外,临床专家共识有无法律效力,这值得思考?耿庆山副厅长认为诊疗规范的讨论尤其重要。法学的保护才能使医务人员生活得更幸福,更有尊严。预祝会议圆满成功。

第二阶段：专题报告

专题报告阶段由南方医科大学南方医院、广东省医学会副会长耿仁文主持，中山大学附属第三医院院长、中华外科学会常委、广东省普通外科分会主任陈规划教授与广州市中级人民法院民一庭副庭长邓娟闰博士分别作了题为“医院管理的危机管理——从三甲医院院长之视野”、“医疗纠纷处理的法律难点——以法官之视野”的专题报告。

一、医院管理的危机处理

中山大学附属第三医院院长、中华外科学会常委、广东省普通外科分会主任陈规划教授做了题为“医院管理的危机管理——从三甲医院院长之视野”的专题报告。首先，指出，突发事件不是危机，只有突发事件持续性的发展并且不受控制时方属于危机。危机处理是对危机的应对以及对危机处理之后的善后。医院是危机高发的单位，包括管理上的危机、经营危机、公共形象危机以及自然灾害危机。医院面对的是各式各样的病人，会出现各种不可预料的情形。医院的危机管理是使得已经出现或正在蔓延的危机得以处理，并向良好的方向转化。

就该院所经历的、曾在全国引起巨大轰动的“齐二药”事件为例，详细探讨了医院管理中的危机处理。指出“齐二药”发生后，医院没有隐瞒而是及时上报，同时召开全院大会作出动员。对遭受“齐二药”假药病人及时就诊，组织全国的专家会诊，同时做好家属的安抚工作。当时很多家属不理解，即使能理解的，也会在医院尽力争取更大的利益。如果当时不做好安抚，可能导致医院秩序大乱。因此，院方派出所有人员，开辟专门的场所做好安抚病患工作、做好对舆论的正确引导工作，将事实真相告诉媒体。在事件尚未得到处理，事故责任方尚未最终确定赔偿之前，在省政府领导下，及时从人道主义出发，垫付了部分赔偿款。正是上述措施，使三院从“齐二药”危机中一步步走出来。

通过对“齐二药”事件危机处理的分析，陈院长总结道，危机在其发展过程中分为征兆期、发作期、延续期、痊愈期。但危机处理之后不代表各方态度的一定转变，如何主动应对仍非常关键。一是医院制度建设至关重要；二是要建立良好的信息沟通渠道，提升医院行风建设；三是要提升危机意识。医院每天都有突发事件发生，危机的管理要加强；四是要取得同行支持、上级指导和全体工作人员的团结应对，这是成功处理危机的保障。总的来说，医院危机管理模式包括以下几方面：一是健全制度，建立完善的规章、制度；二是公关，建立良好的信息沟通渠道；三是行风，提升医院在公众中的良好形象；四是提高意识，建立危机管理教育制度。

二、医疗纠纷处理的法律难点

广州市中级人民法院民一庭副庭长法学邓娟闰博士做了“医疗纠纷处理的法律难点——以法官之视野”的专题报告。首先介绍广州市医疗纠纷审判的实际情况。指出近五年来，广州市法院受理的医疗纠纷案件呈上升趋势。对广州市四家三甲医院的调查显示，医疗纠纷占诊疗数量的比例呈下降趋势。医疗纠纷案件分布相对集中，广州市医院医疗纠纷占了广东省的四分之一，主要集中在越秀区和一些大型三甲医院。妇产科、骨科、心血管科案例较多。认定为医疗事故并承担赔偿责任的只占10%左右，但判决承担责任的则有60%左右。判赔的金额与患者的请求反差较大。审理实践表明：医疗纠纷涉及鉴定多，审理期限长，调撤率低，改判、发回的比例高，信访、维稳压力大。

医疗纠纷处理的核心问题是医疗过错及其法律责任认定。对此，其指出“什么是医疗过错”、“医疗过错如何界定”，是一个相当复杂的问题。根据什么标准认定医疗过错，法律并无明确的答案。《侵权责任法》规定医疗机构有告知说明义务、保护隐私的义务和避免过度检查的义务，但上述义务以及医疗行为需达到的水平并不是几个法律条文可以概括的。必须顾及医疗行为的复杂性和医学的发展程度。医疗机构未尽到与当时的医疗水平相应的诊疗义务的,需承担赔偿责任。但何为未尽到与当时医学水平相适应的诊疗义务?本身该如何判断?这在医学领域也有争议。认定医疗行为是否有过错还存在标准不确定的问题。诊疗规范是否有法律效力?本身也值得探讨。法官在考量医疗行为是否规范时,会综合考虑侵权法上关于过错的规定,包括主观上是否尽到注意义务,需救治对象的紧急程度、医疗行为在当时、当地的医疗水平等。

接着,邓庭长对医疗行为与损害后果的因果关系也进行了探讨。指出,在侵权法上,因果关系认定本身是一个非常复杂的问题。放到医疗纠纷中则显得更加复杂。医疗行为具有封闭性和效果的不可预知性,医学本身也有很多未知领域。损害后果的发生与患者自身的身体因素以及病程的自然发展有很大关系。与医疗行为的关系到底有多大?这是一个复杂的考量评价过程,在某种程度上可以说是见仁见智的。比如,在癌症患者的漏诊中,有可能患者同时患有其他严重的疾病,其中某种导致了死亡。对此,漏诊与死亡之间究竟有何因果关系?法院现在的考量是,如果不能排除损害后果的话,那么就纳入赔偿范围。但是也必须考虑导致损害后果发生的原因,综合考虑原因力。

医疗纠纷审理过程中,鉴定是极其重要的环节,此前的鉴定机制也饱受各方批评。对此,邓庭长介绍道,广东省高级法院日前出台了关于医疗损害鉴定的指导意见,统一鉴定机构和鉴定名册,不区分地域和级别,由鉴定机构统一对医疗行为的有无过错、过错程度、损害原因力等方面做出鉴定结论,辅助法官进行判断。邓庭长认为,广东省高院的意见得到了民诉法修订的认可,包括对鉴定人的问询权、签章制度以及专家辅助人制度。民诉法从明年起开始实施,将会对民事审判产生比较大的影响。首先是鉴定人负责制度、专家辅助人制度,后果是使医疗纠纷的裁判结果更科学和合理,但也可能导致诉讼程序更复杂、成本更高、对抗更强。

医疗纠纷审理的专业性强，难度大，因此，最后呼吁，要构建专业的医疗纠纷审判机制，实现医疗纠纷法律服务的专业化。同时也要加强医学与法学的交流与沟通，共同构建医疗过错的检讨和防范机制。

第三阶段：学术沙龙

一、肿瘤诊疗规范的法律效力——以《胃癌诊疗规范》（2011 年版）为例

作为卫生部所颁发的文件，诊疗规范是否具有法律效力？可否作为案件审理时的参考依据？是一个需认真探讨的问题。为此，论坛采取沙龙形式，以《胃癌诊疗规范》（2011 年版）为例，对诊疗规范的法律效力展开了探讨。

沙龙由中国医师协会内镜医师分会胸外科内镜与微创专业委员会主席、广东省医师协会胸外科医师分会主任何建行教授主持。

发言阶段。广东省人民医院胃肠外科林锋教授首先发言。林教授从医30 余年，是卫生部胃癌诊疗规范的制定者之一。林教授认为，我国制定的大多数规范是帮助医生看病时操作用的，是指南的形式，没有法律效力。因为规范和指南是不一样的，指南主要是指导医生的治疗行为，只是提供一种治疗的选择。而规范是强制执行的，也要经过一定的程序但是我们在制定诊疗规范的时候，制定方式不是这样的，制定的大多数情况是指导医生治疗行为。另外在制定规范的时候，也没有邀请相关的法律专家参加；规范本身也存在疏漏和不科学的问题，在文字上面也不严谨，目前这个规范如果应用到法律程度不是很成熟，只能作参考。医学上有很多的术语和民众的期待不一致，有一些术语百姓难以理解。对此，林教授希望能听取更多的意见，并将意见带到卫生部去，以更好的制作诊疗规范。但是目前的诊疗规范只能作为参照。如果认为不符合诊疗规范则为错误医疗的话，可能会引起误判，

伤及医疗人员的积极性。最后，林教授还提出，他本人也反感过度治疗。现在的过度治疗主要是大检查。但何为过度很难界定。这首先需要医学知识的普及，仅仅依靠医学界和法学界自身恐难以奏效，有待于社会的共同努力。

广东省医学会肠外肠内营养学分会主任石汉平教授紧接着发言。石教授认为，《胃癌诊疗规范》(2011 年版)是我国最顶尖的肿瘤专家编写的，但仍有非常多错误，以此作为判断标准可能会导致很多冤案。诊疗规范文件本身严谨与否，对参与制定的专家提出了很大的挑战。如果标准定的太高，很多人达不到，则是没用的。但如果标准太低，也就起不到什么效果。中国地域广大，医院的实际情况也是必须考虑的因素。当期医学院的学生毕业后直接分配到医院，未接受过完整的培训过程。医学教科书上不可能将路径、常规详细的载明。医疗的转诊目前也缺乏明确的规定。而且我国只规定了医院的资质，未规定医生的资质。对什么医院可治疗什么类型的疾病缺乏规范。以上因素共同决定了，诊疗规范不能作为法律标准加以引用。

主持人广州医学院第一附属医院院长何建行教授也认为，国家在制定规范的时候，需考虑大普适性。不仅考虑大城市的情况，还需考虑县城的实际状况，因此标准比较低。按照规范治病，不能给病人提供最好的效果，但是能提供中等的水准的治疗。

广东省卫生厅政策法规处处长张一愚认为，近年来卫生部出台了一系列的诊疗规范，这与医疗卫生体制改革的大背景分不开，目的不是解决医患纠纷，而是为了保障医疗水准，合理利用资源，保障患者的权益。规范是否具有法律效力是个很大的问题。诊疗规范是一种技术规范，但根据卫生部的规定，可以分为强制性标准和推荐性标准。从目前来看，该标准应该是推荐性的，指导意义大于规范意义。指导规范并不天然具有法律效力，之所以被采用，可能和司法部门的直觉有关系。在这一点上，各行业均有各自的困惑，需要大家的共同努力找到结合点。对此，提出了三点建议：一、对卫生部，如果要将诊疗规范作为一种具有法律效力的文件，必须经过法定的程序；二、对司法实部门，在采信和引用规范时必须慎重，在判断医疗过错时必须考虑到与当时相应的医疗水平；三、对医疗部门，医疗人员要更加重视诊疗规范的贯彻和学习。现实中已经有患者拿着诊疗规范要求行政部门对医院进行处理或要求法院判决的案例。因此必须加以注意。

之前发言的几位专家认为诊疗规范不具有法律效力，对此，魏巍法官提出了相反的观点。魏法官认为，关于诊疗规范的法律效力，我国侵权法的规定是比较明确的。《侵权责任法》第58条规定："患者有损害，因下列情形之一的，推定医疗机构有过错：(一)违反法律、行政法规、规章以及其他有关诊疗规范的规定；……"司法实践中，诊疗规范是判断医疗过错的重要依据。魏法官认为，无规矩不成方圆，案件到了法院，民众期望法院公正的判决，如果没有判断标准，投射到社会中，就是法律后果的不确定。侵权法赋予了诊疗规范相应的法律效力。但是，诊疗规范的效力也有两个例外：一是违反诊疗规范并不必然意味着构成过错。推定过错可以推翻，例如，紧急情况下的紧急治疗，时间、条件上不允许，可能会构成例外；二是遵守了诊疗规范也不必然无过错。这体现了一个朴素的理念，即运动员不能自己制定规则。从司法实践来看，并不是中国法院首先采用该原则。欧洲以及英美法系的国家均有运用该原则的判例。这一处理原则体现了对患者的保护以及对医生的保护，也契合了横平的理念。医学是求真的，法学则以公正为诉求。但可能都有局限性。医学不可能一步到位，法学也不可能对权利义务事先全部安排好。林教授和石教授说诊疗规范可能有过错，这和法律有相似之处。一部法律颁布以后，可能引起的争论非常大。司法机关要科学合理的适用诊疗规范，就需要双方更多的交流，澄清对同一问题的理解，促进共识，以促进和谐医疗纠纷化解机制的建设。

点评阶段。广东省法学会卫生法学研究会副秘书长黎东生教授提出，首先，必须搞清楚卫生部制定该诊疗规范的目的是什么。黎教授认为目的可能是两个：一是提高医疗质量，保障医疗效果；二是降低医疗费用。医患双方都考虑到了。医疗费用如何减轻的确关系到医改的成功。肿瘤规范究竟是规范还是只是指南。从医疗来说,可能只是指南。且专家也表示了,规范本身可能还存在问题。但从法律意义上说,卫生部制定的规范属于部门规章。卫生部制定的八种诊疗规范是否属于部门规章？有待讨论。肿瘤规范只是医学上的规范而非法律上的规范,肿瘤规范有无法律效力？黎教授认为,诊疗规范不必然带来法律约束力,但如果跟其他法律结合起来,则可能具有法律约束力,如侵权法。与其说八大肿瘤规范是法律规范,还不如说是一个医学常规的指导性意见。

广东省律师协会副会长/广东省律师协会医疗法律专业委员会副主任陈国翔律师作了最后的点评。陈律师总结道,今天交流精英聚集,林教授认为诊疗规范和法律规范是两码事,旗帜鲜明地提出了自己的观点。石教授赞同林教授的观点,并且指出了一个突出的问题,即诊疗规范本身尚存在很多错误。两位教授是从专业医生的角度来理解诊疗规范。主持人何院长认为应考虑中国地域辽阔的实际,不能以省级城市的水平来要求县级城镇。卫生厅张处长认为指南更多的还是指导性的,指导意义大于强制性规范意义。魏法官认为侵权法已经规定违反诊疗规范的行为,推定医院具有过错,并从司法角度解释了两种意外。从法院的角度以及当事人的期待出发,必须有一个判断的标准。但法官也不是机械主义,必须考虑例外。陈律师个人认为,卫生部的诊疗规范本身不是法律,不是强制性的,但是根据侵权法的规定,规范可能成为司法机关确认诊疗是否有过错的依据。

二、医疗行为过程中法与情的竞合分析

医者仁心,医疗过程中蕴含或者应该蕴含着大爱。同时,医疗过程亦需遵守各项法律规定。在情与法发生竞合或冲突时应如何处理？论坛对此问题展开了探讨。

沙龙由南方医科大学珠江医院、广东省法学会卫生法学研究会副会长曾其毅主持。

发言阶段。广东省法学会卫生法学研究会副秘书长杜仕林首先发言。首先要搞清楚什么是法，什么是情。法除了常见的卫生法律法规，就是医疗操作规范，这就又涉及此前的议题。而医疗行为中的情，一是人情世故；二是对生命权、健康权的理解问题；三是医务人员的自由裁量权。情与法之所以存在冲突，主要在于法律的滞后性与缺陷性问题，卫生法学方面尤为突出。杜主任认为，在医疗行为过程中，情与法具有一致性，本质上都是对生命权、健康权的尊重和保护。法与情的冲突是永恒的，但是本质是一致的。要做到情与法的平衡，医生个人的抉择很重要。杜主任举了一个真实的案例：在重庆某家医院，基于人情关系，医生开了一味处方药，患者到外面购买，结果患者死亡。杜主任指出，该案例中，如果医生坚持在药房拿药，那么后来的事故就可以避免。因此，医务人员必须遵守法律和规范，这是红线。

乔森律师认为，法与情相互依存而非相互对立，追求情与法的统一是最高的目标。乔律师指出，当前我国的医患纠纷自行解决的少，诉讼的多；诉讼中调解少，判决的多；判决让双方满意的少。对此，乔律师认为：一、诉前调解是追求情与法统一的很好途径。对医院而言，以医院的条件以及目前的技术，难以全部满足到患者家属的期望。另外，由于双方信息不对称，一旦发生纠纷，很容易激化矛盾。二、加强医疗过错鉴定的公信力。医疗鉴定是查清事实、分清责任的重要环节，在医疗纠纷解决中起着十分重要的作用。当前重复鉴定的问题十分严重，对此能否进行诉前调解，一步到位直接委托司法鉴定？广东省高院最近出台了相关的规定，选定了20家鉴定机构，强化鉴定的公信力也是实现情法融合的关键点。三、建立多元纠纷解决机制。比如，引入第三方调解机构，而非利益相关方，处理的公信力会高很多。

广东省法学会卫生法学研究会副秘书长严金海认为，医学的本质是什么？医者仁心。在医学上，情为先，法保护情。首先是法上的情。医生是抢救患者的生命健康的，这是医生任何时候不能忘记的。其次是法中有情。最后法外也有情。医学上还有很多未知的领域，更要坚持以医者的大爱来进行探索，社会对此也应该有更多的宽容。

广东省法学会卫生法学研究会副秘书长胡汝为赞同严金海的观点，且进一步提出两个观点：一、对刚才提到的案例，不太像是情与法的冲突，其不涉及医疗实质性的治疗，而是涉及自主性实现的完整程度。二、医疗行为是一种委托行为，患者基于医生的专业知识，把生命、健康权委托给医生，医生的愿望是把病人治好。但是病人不仅希望把病治好，还希望医生倾力关怀如白衣天使一般。这两者是有冲突的。法是社会科学，医学是自然科学。但是医学中应有大爱，应有仁的内核在内，要能为医者父母心做出奉献。不能为了技术追究技术。在目前医生个人负荷已经非常重的情况下，应该更多地注意人文关怀的培养。

点评阶段。广州医学院第四附属医院院长、广东省病理专业委员会委员杨毅教授认为，在医疗过程中，患者和医院是一种契约关系，患者将自己生命权、健康权交给了医院。但到目前为止，世界上还有5000多种疾病，其中很多人类目前还搞不懂。从医生的角度来说，如何应对情与法冲突？目前卫生部已经对部分情形明确，比如在患者家属不明的情况下，先进行手术，由医院垫付款项，然后再考虑其他。但有些问题尚未明确。目前医生确实是紧绷着一根弦在工作，但可能仍达不到患者的预期。对此，医疗行为确实应得到法律的保护，但无论如何，生命是第一位的。

南方医科大学吕群蓉副教授认为，医疗行为中的情与法缘何会引起社会的极大关注？是因为该行为已经触碰了社会的底线。并非医德和法律有了冲突，而是医德和社会的某个制度出现了冲突。情与法要如何融合？吕教授同意首先要考虑什么是医疗行为中的法，什么是医疗行为中的情。医是什么？医本仁术。情是医的基础。医学的终极追求应该是生命与健康。因此，情也是置于生命健康之上的一种情。针对乔律师提出医疗纠纷应该尽量在诉前调解的问题，吕教授认为这要有一个恰当的制度安排，可以称之为医事鉴定中心应该由公平的第三方机构来进行鉴定。

广东省医学会医事法学分会委员佘琼圣指出，法律上的竞合，是两者必取其一。在医学上，情与法是否必须取其一呢？此前朝阳医院因患者家属拒签导致产妇死亡的案例,法院已有结论,判决患者败诉。但为何一定要患者签字才能抢救了?对此,余庭长认为,患者签字是医院保护自己的一种方式,是一种抗辩权。签字才能手术是从保护医院的角度规定的,但主要不是义务,而是权利。未签字而采取了医疗措施,如果没有其他过错,在民法上不是违法行为。未签字但结果出了问题的怎么办?还是应该综合考虑医疗行为本身。因此,情与法并不矛盾,只是要正确处理知情同意权的问题。

三、抗菌素使用引发的法律风险和防范——从法律角度看药品说明书与指南共识的效力问题

抗菌素滥用是当前我国医疗卫生领域一个严峻的问题,对此,卫生部曾专门下发通知。导致抗菌素滥用的原因为何?后果如何?抗菌素的使用有何法律风险?如何防范?都是值得认真探讨的问题。

沙龙由广东省人民医院副院长、中国医院协会人力资源管理专业委员会副主任何斌教授主持。

发言阶段。南方医科大学南方医院感染管理科孙树梅教授首先发言。孙教授首先指出了当前我国抗菌素滥用问题的严重性,社会也认为这是医生的责任。对此,孙教授认为,抗菌素滥用并非完全是医生导致的,而有着综合的因素:一、药房购买抗菌素太过容易。按规定,需凭处方购买抗菌书,但该规定落实不好。二、家庭药箱的主要成分是抗菌素,老百姓把抗菌素当做消炎药使用,稍有不慎就可能导致问题。三、兽用抗菌素的滥用。肉、青菜等的周围有很多的耐药菌的污染。四、医院抗菌素的使用,我国医院使用抗菌素确实是比较高。卫生部也接二连三的发文控制抗菌素的使用。孙教授特别提出,目前南方医院使用的抗菌素在30%左右,已经达到了发达国家的水平。但抗菌素的风险还是很高,比如手术伤口的护理,出院回家后的护理等。

中山大学附属第三医院内科 ICU 吴本权教授指出,2011 年世界卫生日

的主题就是抗菌素,因此这是个涉及公共健康的问题。医院是抗菌素主要使用者。抗菌素滥用,是指抗菌素的不合理运用,该停的不停,该用小量的不用小量等。一些大的三甲医院在院外基本上都使用过抗菌素。患者会问医生为何要用抗菌素?对此医生也比较困惑。用一次药到夜间全部代谢完,此时细菌就会耐药。吴教授认为,抗菌素滥用不仅仅是医生的问题,患者自身也有很大关系。患者不遵循医嘱,超剂量使用,联合用药。现在已有很多超级菌,只能几种抗菌素一起联合使用。一旦某一种抗菌素出现问题,医生也难以查明到底是哪一种药出现了问题。

广东省医学会医事法学分会委员李林认为,抗菌素耐药问题目前已经到了不得不引起注意的程度。临床医生必须要一个严密的规范作为指引,但哪个是上位的规范?哪个更有指引意义?是临床诊疗规范?还是部门规章?现有的各种指引让医生很困惑。不能够进行多头的管理。在当前恶劣的医疗环境下,医生的法律维权意识没有患者高,我们应该唤醒医生的法律意识。医院也要做好宣教,告诉民众医生不是神仙,疾病也是有自然发展的过程,医院不是万能的。另外,医生也要换位思考,如果是我们的亲人要怎么去用药?

程跃华律师认为:一、从法律的角度,滥用抗菌素以及产生耐药性问题,并不能完全归责于医院。卫生部出台的相关规范还是给了医生很大的自由裁量权。二、对于医院的责任问题。程律师认为这是医院对法院的误解。对于使用抗菌素所产生的不良后果,还是要结合举证责任、因果关系、过错等方面去综合判断,并非所有不良后果都要由医院承责。三、药品说明书、卫生部指南、药典、行业指南哪个效力高?从法律位阶来看,不能教条的套用,而应具体问题具体分析。如果医院确实违反了诊疗常规,导致了不良后果,且具有因果关系的,医疗机构应该承担相应的责任。四、在发生医疗意外,医方确实没有过错时,不能仅仅依据因果关系,此时适用公平责任是比较合理的。毕竟医方在提供医疗服务的同时,还是收取了费用。

广东省食品药品监督管理局办公室主任郭宇华认为:一、药品说明书是药品注册管理的法定文件之一。药品必须符合药典。说明书是指导医生正确用药的重要依据。按照目前的体制,药品说明书需经过药监局核准。国家药监局对此有明确的法律规范,说明书绝不仅仅是一张纸。二、药品说明书上的义务和责任。有反映称说明书的更新还赶不上临床技术的发展。但是,药品说明书是法定文件,而不是企业的文件。企业在申报药品的时候,必须编制药品说明书,然后经过药监局核准,此后才具有上市的效力。上市之后,企业有义务对药品的不良反应进行追踪以及研究。如果确有问题存在,企业可提出对说明书予以修订的申请。申请的通过要经过临床专家的审定。企业也可根据临床实际,根据自己研究结果,主动对药品说明书进行修订。三、医师在处方用药方面的法律义务。医师的法律义务和责任体现在《职业医师法》。遵守技术规范,向患者及其家属如实告知病情,是医生的义务。违反卫生行政规章制度或者技术操作规范造成严重后果的,需承担相应的法律责任。医生诊疗过程中,基于自身的医疗水平有合理的处置权。但有和患者沟通的义务。按照药品说明书来处分,属于一般的原则。根据卫生部发布的对于特种特大疾病的诊疗规范,也属于一般的原则。但如果碰到特别的病例,则需采取特别的高于一般诊疗原则的规范。

点评阶段。广东省法学会卫生法学研究会副秘书长翁开源教授指出,抗菌素滥用有很大的危害,但这种危害是在不知不觉中产生的,且一旦产生之后减少危害的途径很少。我国是生产抗菌素的大国,如果今后一旦产生超级病毒,后果相当危险。翁院长认为,抗菌素控制在60%以内便是进步,如果南方医院能控制在37%以内,则相当了不起。抗菌素滥用的原因很多,医生的、患者的、还有体制上的,即以药养医的体制。当前我国有6000多家药厂,如果抗菌素使用的比例大量减少,会有大的失业问题,影响社会稳定。前不久出台了《抗菌素临床管理办法》。但这个办法幅度不大,所出的方案也不是很科学。我们最好是使用特殊管理的方式和方法管理抗菌素。

中华医学会消化内镜学会副秘书长智发朝教授认为,抗菌素的滥用已经影响到国家的公共健康。在法律风险方面,有几个方面需特别注意:一是未使用抗生素导致损害;二是使用抗生素导致损害;三是用了抗生素导致其他问题。对此,我们依然需考虑抗菌素使用中的具体情形。使用后有无问题?问题究竟是由何引起的?通过多方分析从而得出科学的判断。

四、器官移植与脑死亡

作为医学的重大进步,器官移植技术已日臻成熟。然则,器官移植绝不仅仅只是医疗技术的问题,还牵涉到道德、伦理、法律等,与死亡标准也有很大关联。因此,论坛围绕器官移植与脑死亡,展开了热烈的探讨。

沙龙由广东省医学会医事法学分会副主任、中山大学附属第三医院岭南医院院长杨扬教授主持。

发言阶段。南方医科大学珠江医院器官移植科赵明教授首先发言。赵教授认为,随着社会的发展,中国的很多做法正在与西方接轨,但中国传统的观点还是以心跳停止为死亡。脑死亡,是指人的大脑不可逆地停止思维。中国也曾建立了脑死亡的规范,即脑干不可逆的无法恢复,只能借助呼吸机维持生命迹象。脑死亡与植物人不一样。脑死亡有几个检测标准,可以脑电波、脑血流图等,有一套规范的评判标准。很多发达国家均有脑死亡的规定了,一旦脑死亡确定,则放弃抢救。因为一味地花费医疗资源抢救是徒劳的,也加大了家人的精神和物质负担,同时也是对死者的不尊重。国外的脑死亡立法规定此时还可以进行器官的摘取。因为有很多人在等待器官移植。脑死亡体现了社会的进步,减少了对家人的折磨,体现了对死者的尊重,最后才是器官移植的问题。中国的器官移植三年前已经超过欧盟,仅次于美国。美国的器官移植一半来自亲属捐献,另一半来自脑死亡。卫生部此前也鼓励器官捐献,但遭遇了很大的问题。脑死亡的立法是一个漫长的过程,因此,赵教授呼吁尽快实施脑死亡立法。

中山大学附属第一医院器官移植科王长希教授接着发言。王教授指出,脑死亡的概念已经很成熟,判断标准很清楚。2002 年卫生部便已经制定了脑死亡的判断规程。美国每年有1万多例肾移植,而我国器官捐献的比例非常低。器官移植技术现已非常成熟。器官买卖的出现,本身也是供需关系决定的。比如,重度肝病患者每年约有30万人,但能提供的供体只有1万左右,求远远大于供。王教授认为:虽然脑死亡观念很早就提出,但因为没有立法,很多事不敢做。他所在的医院去年做了90多例肾移植,但依然很困惑。广东省的器官移植走在全国前列,器官移植的效果从实践来看也是比较好的。中国器官移植的发展一定要先将脑死亡的概念推广出去,最终促进立法的形成。

广东省律师协会医疗法律专业委员会委员李立凯律师认为,虽然我国尚未进行脑死亡立法,但脑死亡的诊断在世界范围内已经非常明确。社会对脑死亡的诊断目前还不是很清楚。涉及脑死亡的病例随着社会的发展越来越多。器官移植的需求是客观存在的。卫生部应该尽量出台有关脑死亡的规范,或者由医学会先出台推荐性的规范。另外,判定脑死亡应该更加严格、规范,应由取得相应资质的人来认定脑死亡。脑死亡判断专家与器官移植专家应该分开。器官移植专家和其他临床专家应该保持非常审慎的判断,检查一定要细致,一定要经患者家属签字,让家属知情,器官摘取前听取并尊重家属的意见。补偿的问题不应由医院来做。如果涉及保险、继承或涉及其他法律关系,应有法律人士的参与。最后,李律师希望有脑死亡的案例进入法院,通过判例推动立法。

广东省医学会医师法学分会常委周民伟认为,器官获取组织在国外比较普遍,在我国则刚刚开始。虽然与国际器官获取组织的交流开展了很多,标志着该工作取得了很大的成效,但有关器官获取还有很多工作要做,器官获取的保护还有待加强。目前国内有很多医院在建立器官获取组织OPO,卫生部也规定进行器官移植的医院必须建立器官获取组织,这对于器官移植的顺利进行与发展是很重要的。

点评阶段。广东省法学会卫生法学研究会副会长邓坤金认为:一、脑死亡概念是人类社会进步的表现,是医学科学发展的必然产物。二、脑死亡与器官移植有联系,但没有必然联系。不是因为提出了脑死亡概念便提出了器官移植问题。三、关于脑死亡立法问题,有赖于实践的成熟程度。实践如果不成熟,会影响立法的效果。从目前来看,全世界范围内提出脑死亡概念已经40多年了。器官移植的技术目前也已成熟。因此可以先制定部门规章,然后再上升到法律层面。

广东省医学会医事法学分会委员余琼圣指出,关于脑死亡立法的问题,1999年便有几十个人大代表提出了脑死亡立法的议案。但为何十几年过去了,脑死亡立法还未通过?余庭长认为这其中主要不是法律问题,而是社会认可的问题。死亡首先是一个医学问题,其次才是一个法律问题、伦理问题、宗教问题。何为出生?何为死亡?现行法律上并无确切答案。俗话说"出生一张纸,开始一辈子;死亡一张纸,结束一辈子"。我国关于死亡遵循的是普遍的做法,没有强制性的规定。因此死亡问题现行法律还是交由医院判断。未将脑死亡立法的原因是因为老百姓目前还无法接受。但是不是说没有脑死亡立法就能在实践中固步自封了?余庭长认为,既然当前还是立法空白,那么医院就有作为的空间。法律空白表明有关脑死亡是没有法律障碍的,但仍需防范法律风险、道德风险,需征得家属的同意,需有一个独立的机构做出判断。

五、医疗损害鉴定应该怎么做

作为一种辅助机制,鉴定在诉讼中具有重要作用,在医疗纠纷中尤其如此,鉴定的科学性与公信力将直接影响到法院最终处理的效果。

沙龙由广东省医学会医事法学分会常委官健主持。他首先介绍道,医疗损害鉴定是个新概念,但并不是新事物。侵权法出台前,人们熟悉的是医疗事故鉴定、医疗过错鉴定。侵权法出台后,司法不再关注医疗事故,而是关注医疗损害、医疗过错,医疗与损害有无因果关系,原因力如何。医疗损害鉴定目前还没有明确的立法规定,尚处于空白之中。广东省高级法院去年经过广泛的调研，出台了意见，今年又选定了首批医疗损害鉴定机构。可以预见在今后的实施过程中，会碰到各种问题，比如鉴定专家的资质？鉴定机构的筛选？是否不在名册内的鉴定机构不能再委托？鉴定程序的问题？这些都值得探讨。

发言阶段。杨会林律师认为，从患者的角度出发，根据目前的司法实践，医疗损害鉴定有如下四个方面值得注意：一是鉴定的中立性要重于专业性。很多鉴定专家都很资深，但由于专业和领域不同，得出的结论就有可能不一样，其中立性便值得怀疑。因此首先要强调鉴定的中立性。二是效率问题，效率胜于公正。目前鉴定耗时过长，越有名的鉴定机构耗时越强，这是很大的问题。三是程序重于实体。很多鉴定过程繁杂，结论也很明确，但最后只有一个公章，连签名都没有，患者想找谁都不知道。如果程序上躲躲闪闪，违背国家法律，患者当然不服。现在医疗损害鉴定规定鉴定专家除了要签名之外，还需附上资质证书。四是应更侧重于法律上的因果关系，而非侧重于医理上的因果关系。目前的鉴定更多的是从医理上判断因果关系。医疗损害鉴定还可考虑引入法律专业人士的参与。

广东省医学会医事法学分会委员姚麟认为，医疗损害鉴定有两个功能：一是息事止争；二是吸取经验教训，改善医疗服务。关于医疗损害鉴定：第一，鉴定程序非常重要，鉴定专家需要在鉴定书上签名。第二，医学会要在医疗损害鉴定中发挥重要作用。医疗过程是动态的、活体的，只有经验丰富的临床医生才能判断出是否存在过错及因果关系，才能保护医学事业的发展。因此，医疗损害鉴定应该更注意医学原理的分析，应有医学会参与，至少三名临床专家参与鉴定。第三，鉴定专家是否出庭的问题。基于目前的医患关系，专家出庭存在顾虑，可考虑采取法官咨询的方式。

广东省医学会医事法学分会常委陈杰介绍市医学会每年接到的医案为300例左右，每年完成200例左右，平均五个工作日便需出一个鉴定，压力非常大。从医学会的统计来看，法院委托的医疗鉴定占到了60%以上。陈杰常委认为，侵权法出台后，法院把医疗事故鉴定和医疗过错鉴定统一为医疗损害鉴定。医疗事故鉴定在行政机构处理时仍有其作用,因此在医疗事故处理条例废止之前将继续进行。关于医疗损害鉴定:一、双方提交的材料需经过法院的质证。医疗事故鉴定周期较长是实情,其中一个原因便是病历的真实性经常被患者怀疑,从而不得不中止鉴定。二、医疗损害鉴定须在专家库中随机抽取专家,双方如有意见均可申请回避。现在进一步强调专家需在鉴定书上签名、出庭接受质证。三、之前没有要求鉴定专家出庭作证,在目前医患关系条件下,专家出庭可能存在顾虑。且专家都是临床专家,一律要求出庭的话,可能会有难度。

广东省医学会医事法学分会常委罗斌教授认为,当前大家对医学会比较了解,对法医可能不大了解。中山大学鉴定中心鉴定数目比较多,压力较大。鉴定中心鉴定的程序是接受双方的委托,或者由法院摇号。接到材料后,鉴定中心会先作出评估。司法鉴定的材料要求必须是经过质证过的材料。鉴定专家是专职的。他们也注意到了这个问题,因此每次都会请两三个临床专家参与。鉴定机构的发展,一方面要求准入制度的提高,要有法律法规的支撑;另一方面鉴定中心也要不断提高自身水平。

广东省医学会医事法学分会秘书沈利频认为,医疗鉴定的总体趋势是走向趋同,不可能永远二元化。在趋同的过程中,需要互相学习。医疗鉴定的完善,一是程序。及时受理,注重时效。二是专家库及专家的筛选。对此,省医学会的调查显示,同意签名又同意出庭的专家占到了20%,将近500人,这是比较大的进步。三是鉴定书本身。当前鉴定书在说理的详细度上还有差距,分析性意见较少,结论性意见较多。至于鉴定专家签名的问题,这是法律规定的差别造成的。现有法律并未规定专家签名。因此盖章发布鉴定书并无问题。这在侵权法出台,广东省高院出台意见之后,会逐步改善。四是中立性。但中立性主要应体现在法院,而非鉴定机构。鉴定机构接受的是法院的委托,而非当事人的委托。因此,中立性不应作为质疑点。不能因为偏颇而损害科学。

点评阶段。广东省医学会医事法学分会常委郭柏林最后发言。郭主任是广东省高级法院关于医疗损害鉴定的若干意见的起草人之一。郭主任指出,2002年以前的鉴定都是在卫生行政部门主持下的鉴定,2002年医疗事故处理条例将鉴定交由市一级的医学会。侵权法出台后,统一为医疗损害鉴定。今后法院受理的案件,都将做统一的医疗损害鉴定。医疗损害鉴定是侵权法支持的鉴定,医疗事故鉴定依据的是医疗事故处理条例。广东省高院的意见所规范的是法院受理之后由法院委托的医疗损害鉴定的名单,不包括其他委托的鉴定。法院受理的医疗纠纷案件逐年上升,广东省高院经过充分的调研,并借鉴兄弟省份的经验,采取了医疗损害鉴定的模式。医学分工日益细密,如果不是相应科室的专家,可能未必了解,从而也无法得出科学的结论。医学会与司法鉴定机构都须以科学客观公正为宗旨,都需接受当事人的质询,因此相信能较好地完成委托,也希望鉴定机构能更多地探讨和摸索,以更好地帮助法院公正司法。

首届南方医事法学高峰论坛圆满完成了各项议程,搭建了医学与法学交流和对话的平台,促进了医务工作者和法律工作者的沟通和理解,为推动作为交叉学科的医事法学的发展,做出了相应的贡献。

六、继续教育学习班引发频频互动

2012年11月10日,医事法学继续教育学习班正式开班,广东省医学会医事法学分会副主任、广州医学院第三附属医院党委书记赖永洪教授代表主办方作了致辞。赖永洪教授提出,因为医学和法学的结合、交融,让医事法学很有生命力。在医学领域,医事法学可以说是基础。我们现在做好一个医生、管好医院、提供好医疗服务,需要情,是人文方面的;需要理,就是我们的医学知识与技术;需要法,要共同遵守的。再好的医生,脱离了法的约束与要求,轻一点会导致事故,重一点可能会身陷图圄。希望在医学领域,给“冷冰冰”的法律以温度。在面对病人的时候,希望我们能用有温度的法律去对待他们。依法行医的推进,医与法的结合,不仅仅是在今天、现在,更重要的是在未来。我们每时每刻都涉及法律的要求，医事法学在我们每天所做的事情是摸得着、用得上的。医务人员每天面对病人，法律人可能不理解，但肯定都是与法律有关的。赖永洪教授还强调，当前知情同意权、商业贿赂、医院管理等都是我们应该引起重视的问题。今天的学习班应该可以给大家提供一个良好的机会。他建议大家把今天听到的、学到的闪光点记下来，在自己的管理权限上，或者在给院领导的建议中，提出那哪可以改进或加强的。祝愿大家都学有所获。

上午课程正式开始。广东省医学会医事法学分会副主任、南方医科大学南方医院办公室副主任田柯首先讲授"医疗知情同意"，从医方角度探讨如何与患者沟通，保障患者及其家属的知情同意权，同时防范因侵犯知情同意权可能带来的法律风险。

广东省医学会医事法学分会常委、广州市萝岗区人民法院副院长刘治家通过法院判例引发的思考进行深入的"医疗纠纷案例解读"，从医疗纠纷的防范到医疗纠纷的处理都提出了精辟的见解，刘治家副院长强调，医院在

上排自左至右：赖永洪、田柯、刘治家、付洪林
下排自左至右：汤红、洪嘉忠、钟山、杨金顺

医疗纠纷处理方面应当转变观念:院内没有鉴定为事故,不等于医学会不鉴定为事故,医学会没有鉴定为事故不等于不承担赔偿责任。

广东省医学会医事法学分会委员、广东省高级人民法院行政审判庭庭长付洪林以行政法官之视野讲授“医院管理中存在的法律风险与防范”,付洪林庭长对医院在管理过程中可能存在的法律风险进行了梳理,他认为要采取以下措施进行风险防范:一是加强法律培训和完善工作流程;二是强化危机意识,提高危机处理能力;三是正面应对,积极应对业已形成的纠纷。

正因为要提高医院的危机处理能力,因此,“医疗机构如何建立新闻发言人和新闻发布制度”由广东省委党校社会和文化教研部汤红副教授娓娓道来,结合现实个案,汤红教授讲述了设立新闻发言人的目的以及新闻发布制度的建立各种做法和注意事项。

下午的课程更是语重心长。广东省医学会医事法学分会委员广东省高级人民法院刑庭审判第四庭副庭长洪嘉忠,广东省医学会医事法学分会常委、广东省人民检察院公诉三处调研员杨金顺分别从法官、检察官视野谈“商业贿赂犯罪的风险与防范”通过他们的专业解读,既阐明商业贿赂行为的危害,以及触犯商业贿赂犯罪可能遭受的刑罚,更提醒、警醒不要轻易以身试法。

广东省医学会医事法学分会常委、深圳市儿童医院钟山院长则主讲“八毛门”事件与舆情危机应对,与上午汤红副教授的课程进行相互对应和实例剖析。作为“八毛门”事件的主角,钟山院长分享了该院在处理“八毛门”事件的一些做法和经验,他提出,“八毛门”事件被公认为中国医患关系史上一个里程碑式的事件,以病人和媒体的公开道歉完美收官。我院是因为应对这场危机的专业和大度,以及勇于面对媒体、善以利用媒体,在舆论的讨伐下坚持科学、适时地阐述自己的意见、始终关心患儿健康的做法,受到国内各大媒体和各级政府的褒扬。正是这种胸怀和作为,最后赢得了社会各界的理解和尊重。

全天近 6 小时的课程非常紧凑,学员与讲者的互动频繁,一次又一次掀起全场的高潮，全体参会人员热情高涨，针对自己的疑问踊跃提出，讲者也就各位学员提出的问题作出了简明扼要的回答。

图为广东省律师协会医疗法律专业委员会主任、
广东省医学会医事法学分会主任宋儒亮教授

最后，作为本届论坛的主席之一，广东省律师协会医疗法律专业委员会主任、广东省医学会医事法学分会主任宋儒亮教授作了闭幕讲话，宋儒亮教授表示，此次论坛形式是首创，是一次聚了政界、医学界、法学界、司法界、律师界、媒体、企业等各领域精英，以领导讲话、主题报告、学术沙龙和自由提问等开放性方式为主要特点、特色和特征的高峰论坛，通过把医疗活动中实际可能遇到的问题和议题摆在学术舞台上，进行现场性、专业性和真实性的的观点碰撞和学术探讨。从效果上看，由两个专题报告、五个学术沙龙、七个专题演讲和众多自由提问构成的高峰论坛活动可以说是“议程紧凑、环环相扣、高潮迭起、精彩纷呈、效果显著”，大家的掌声和两天不懈的坚持表明论坛取得了广泛认可和一致好评。

宋儒亮教授还表示，“本次医事法学高峰论坛活动的顺利举办，达到了四家主办单位和三家承办单位预期的目标。医事法学是个新的领域，但是每一个进入的人都会碰到这些绕不开的问题。这需要通过学术研究的方式再现和探讨医疗活动中遇到的种种问题并能给出指导性意见和学术思考。实现法治下的和谐医患关系这个目标任重道远。每个人都不可能不生病，每个人生病都会遇到医法问题，就需要有符合法、理、情的答案。希望高峰论坛只是个开头、新开始，要继续下去，搞得更好，也希望大家也能更持续地关注。再次感谢广东省医学会朱宏秘书长、学术交流部陈华红部长、饶璐等医学会领导的大力支持和协助”。

（广东省医学会医事法学分会供稿

刘　高　黄小迪根据录音整理，未与本人核对）

医疗损害赔偿救济：现状、对策与前景

(一)医疗损害赔偿救济：现状、对策与前景会议议程

会议时间： 2013年1月12日上午9:00

一、开　　场

研讨说明

第一，围绕《侵权责任法》实施以来的医疗损害赔偿救济的现状、对策与前景进行探讨。探讨视野和角度**不只是**律师，还包括具有专门知识、特定经验和有社会影响力人士；

第二，表达与阐述“意见与已见”，寻求与追求“共鸣与共识”；

第三，议题本身不预设先定立场或者倾向，是客观、中立与开放的；

第四，发言人请围绕议题**自主**发言，评议人请针对发言人观点进行**独立**评价；

第五，发言、评议与总评观点不能用于今后成为反对或者指责其观点之证据；

第六，媒体报道发言人、评议人观点用语，请征询和尊重其本人建议和意见。

温馨告知：紧扣主题，发言守时，铃声提醒，大家监督

二、致辞、发言、评议与研讨

上半场(9:20－10:20)

主持人　**宋儒亮**　广东省律师协会医疗法律专业委员会 主任

法治广东研究中心 主任
广东省医学会医事法学分会 主任
致欢迎词 **陈国翔** 广东省律师协会 副会长
荀志效 广东省委党校/广东行政学院 副校(院)长

主题一:医疗损害赔偿救济:现状困惑与办案难题

主持人:**周 菊** 广东省律师协会医疗法律专业委员会 秘书长
发言人:**李立凯** 广东省律师协会医疗法律专业委员会 委员
邱亿腾 广东省医学会医事法学分会 委员
广东省妇幼保健院医务科 科长
吴晓东 广州医学院第三附属医院医务科 副科长
姚 麟 广东省医学会医事法学分会 委员
中山大学附属第三医院医务科 科长

提问与答疑

针对主题,可自由发言或者对发言人、评议人提问并要其答疑

评议人:**谢孝义** 广东省律师协会医疗法律专业委员会 委员
文 翔 广东省委党校/广东行政学院法学部 副教授
郭尔绚 广东省高级人民法院民事审判第一庭 法官

中场休息 合影

中场(10:40—11:40)

主题二:不同角色视野谈医疗损害赔偿救济:对策选择与前景思考

主持人:**陈国翔** 广东省律师协会 副会长
广东省律师协会医疗法律专业委员会 副主任
广东省医学会医事法学分会 委员
发言人:**程宇星** 广东省医学会医事法学分会 委员
广州中医药大学第一附属医院医务科 科长
李建蓉 广东省律师协会医疗法律专业委员会 委员

李　林	广东省医学会医事法学分会	委员
	广州医学院第二附属医院医务部	主任
葛志坚	广东省律师协会医疗法律专业委员会	委员
王慧君	广东省医学会医事法学分会	常委
	南方医科大学司法鉴定中心	主任
韩志鹏	广州市政协	委员

提问与答疑

针对主题,可自由发言或对发言人、评议人提问并要其答疑

评议人:陈　伟	广东省医学会医事法学分会	常委
	广东省第二人民医院医务科	科长
梁　栋	南方电视台	主持人
官　健	广东省医学会医事法学分会	委员
	广州市中级人民法院民一庭	审判长

三、下半场(11:40—12:00)

主持人:宋儒亮	广东省律师协会医疗法律专业委员会	主任
	法治广东研究中心	主任
	广东省医学会医事法学分会	主任

一句话总结

方浩娜	广州日报大洋网《民意圆桌会》	主持人
刘治家	广东省医学会医事法学分会	常委
	广州市萝岗区人民法院	副院长
张求会	广东省委党校/广东行政学院社会和文化教研部	主任
梁　栋	南方电视台	主持人
张一愚	广东省卫生厅政策法规处	处长
韩志鹏	广州市政协	委员
陈国翔	广东省律师协会	副会长

附件

1. 医疗损害赔偿的法律救济方式

双方自行和解、行政调解、人民调解、民事诉讼、信访、仲裁

2.《侵权责任法》第七章　医疗损害责任

第五十四条　患者在诊疗活动中受到损害，医疗机构及其医务人员有过错的，由医疗机构承担赔偿责任。

第五十五条　医务人员在诊疗活动中应当向患者说明病情和医疗措施。需要实施手术、特殊检查、特殊治疗的，医务人员应当及时向患者说明医疗风险、替代医疗方案等情况，并取得其书面同意；不宜向患者说明的，应当向患者的近亲属说明，并取得其书面同意。

医务人员未尽到前款义务，造成患者损害的，医疗机构应当承担赔偿责任。

第五十六条　因抢救生命垂危的患者等紧急情况，不能取得患者或者其近亲属意见的，经医疗机构负责人或者授权的负责人批准，可以立即实施相应的医疗措施。

第五十七条　医务人员在诊疗活动中未尽到与当时的医疗水平相应的诊疗义务，造成患者损害的，医疗机构应当承担赔偿责任。

第五十八条　患者有损害，因下列情形之一的，推定医疗机构有过错：

（一）违反法律、行政法规、规章以及其他有关诊疗规范的规定；

（二）隐匿或者拒绝提供与纠纷有关的病历资料；

（三）伪造、篡改或者销毁病历资料。

第五十九条　因药品、消毒药剂、医疗器械的缺陷，或者输入不合格的血液造成患者损害的，患者可以向生产者或者血液提供机构请求赔偿，也可以向医疗机构请求赔偿。患者向医疗机构请求赔偿的，医疗机构赔偿后，有权向负有责任的生产者或者血液提供机构追偿。

第六十条 患者有损害,因下列情形之一的,医疗机构不承担赔偿责任:

(一)患者或者其近亲属不配合医疗机构进行符合诊疗规范的诊疗;

(二)医务人员在抢救生命垂危的患者等紧急情况下已经尽到合理诊疗义务;

(三)限于当时的医疗水平难以诊疗。

前款第一项情形中,医疗机构及其医务人员也有过错的,应当承担相应的赔偿责任。

第六十一条 医疗机构及其医务人员应当按照规定填写并妥善保管住院志、医嘱单、检验报告、手术及麻醉记录、病理资料、护理记录、医疗费用等病历资料。

患者要求查阅、复制前款规定的病历资料的,医疗机构应当提供。

第六十二条 医疗机构及其医务人员应当对患者的隐私保密。泄露患者隐私或者未经患者同意公开其病历资料,造成患者损害的,应当承担侵权责任。

第六十三条 医疗机构及其医务人员不得违反诊疗规范实施不必要的检查。

第六十四条 医疗机构及其医务人员的合法权益受法律保护。干扰医疗秩序,妨害医务人员工作、生活的,应当依法承担法律责任。

(二)医疗损害赔偿救济:现状、对策与前景综述

为了从不同角度、知识领域探讨《侵权责任法》实施以来的医疗损害赔偿救济的现状、问题及对策,并且对医疗损害赔偿救济前景进行展望,2013年1月12日上午由法治广东研究中心、广东省律师协会医疗法律专业委员会和广东省医学会医事法学分会联合主办的、主题为"医疗损害赔偿救济:

现状、对策与前景研讨会”在广东省委党校教学楼顺利召开。

广东省委党校/广东行政学院副校(院)长苟志效教授、广东省律师协会副会长陈国翔到会,来宾还包括广东省律师协会医疗法律专业委员会、广东省委党校/广东行政学院、广东省医学会医事法学分会、广东省高级人民法院、广州市中级人民法院、中山大学附属第三医院、南方医科大学司法鉴定中心、南方电视台、广州市政协、广州日报大洋网、南方都市报等50多名律师、专家学者、法官、医师、管理人员、政协委员和媒体人士等参与。

研讨会由法治广东研究中心和广东省律师协会医疗法律专业委员会主任、广东省医学会医事法学分会主任宋儒亮教授主持。

与会代表集体合影

广东省委党校/广东行政学院副校(院)长苟志效教授致欢迎词

广东省委党校/广东行政学院副校(院)长苟志效教授首先代表党校对大家到来开展学术交流表示热烈欢迎。在扼要介绍党校的性质、地位、教研工作进展的同时,指出在医患关系中,医疗法律责任救济问题是一个重要和重大的民生问题,医疗损害赔偿救济的实践状况涉及医疗机构、医生和患者各方利益,进行问题研讨和提出对策思考对医疗制度完善和社会建设的意义重大,期望通过主题研讨交流,在弱势群体合法权益保护、医疗纠纷处理和社会建设的法治保障等方面有所建树,为促进和实现医患和谐健康发展而不断努力。

广东省律师协会副会长、广东省医学会医事法学分会委员陈国翔在致辞时首先代表省律协对各位领导,各位来宾的到来表示感谢。随后,陈国翔副会长充分肯定了广东省律师协会医疗法律专业委员会在过去 3 年的工作,并表示在司法厅、省律师协会的支持下,在各位同仁的努力下,省律师协会始终坚持中国特色社会主义的方向,依靠广大律师的凝聚力,深入贯彻科学发展观,紧紧围绕我国经济的大局和现实,带领广大的律师成员在医

广东省律师协会副会长陈国翔致贺词

疗法律领域不断地积极创新,取得丰硕的研究成果,积累了丰富的办案经验,为医疗法律委员会的发展做出了贡献。希望医疗法律专业委员会能够继续坚持党的路线、方针、政策,同心同德,继续努力,为建设小康社会做出最大的贡献,并预祝本次会议圆满成功!

根据议程安排,由广东省律师协会医疗法律专业委员会秘书长周菊律师主持“议题一:医疗损害赔偿救济:现状困惑与办案难题”的研讨。

周菊秘书长在主持“医疗损害赔偿救济:现状困惑与办案难题”的研讨

周菊秘书长指出,在《侵权责任法》颁布之前,医疗损害赔偿救济存在一个二元化的救济制度,而《侵权责任法》第七章规定了医疗损害责任,这是对医疗损害赔偿的一个根本性变革,规定了一个全新的医疗损害赔偿救济制度,统一了医疗损害赔偿责任的概念,规定了规则、原则,确定了适用统一的人身损害的赔偿标准等,给实务处理医疗损害赔偿制度提供了一个坚实的法律依据,但当前医疗损害赔偿责任仍然存在一些问题,如举证责任问题、医疗损害鉴定问题等。

广东省律师协会医疗法律专业委员会委员、广东永航律师事务所律师李立凯在发言

广东省律师协会医疗法律专业委员会委员、广东永航律师事务所律师李立凯针对主持引出的问题,提出了在《侵权责任法》出台及省高院确定

医疗损害鉴定机构名单以来，无论是医方还是患方的律师在办理医疗损害赔偿案件都存在以下困惑：一是鉴定机构如何统一的问题。目前各地法院对鉴定存在不同的理解，有些法院尝试以摇珠的形式选取鉴定机构，但省高院出台的鉴定机构的名单中很多鉴定机构及其公信力和权威性都是未能得到外界广泛知晓的，有些法院则还是委托进行医疗事故技术鉴定，由此产生的不一致鉴定结果，可能导致在法院审判中产生不同的结果。二是举证责任的问题。《侵权责任法》出台后，医方不实行举证责任倒置，但实践中，除了上海，各级法院仍然要求医方举证、垫付鉴定的费用，否则要承担举证不能引发的法律责任。三是患方单方委托所出具的鉴定法院采信不统一问题。患方单方委托的材料往往是不全面的，如没有主观的病历资料，对于这种鉴定报告，有些法院直接采信，有些法院进行重新鉴定，而重新鉴定其实重复浪费了社会资源。四是规定专家辅助人，但目前还没有专家出庭对有关意见进行质询的。五是各地各级法院对于医疗缺陷的认定及医方的责任承担没有统一的标准，自由量裁权过大，实践中部分法院采取判医疗机构承担50%责任的做法，这对医方是非常不公平的做法。

广东省医学会医事法学分会委员、
广东省妇幼保健院医务科科长邱亿腾在发言

围绕主题，广东省医学会医事法学分会委员、广东省妇幼保健院医务科科长邱亿腾指出：针对《侵权责任法》在实施的过程中，关于医疗损害制度存在的问题，较好的解决方式是建立第三方调节机制，包括法院、行政部门以及医调委。邱亿腾科长认为在诊疗过程中，医疗机构的困惑是履行告知义务在事故发生后的风险。希望通过医疗责任险可以包括医疗机构履行告知义务后产生的风险,以解决医患双方的损失。

广州医学院第三附属医院医务科副科长吴晓东广州医学院第三附属医院医务科科长吴晓东针对主题提出了两点看法:第一,医疗事故技术鉴定与医疗过错鉴定出具的鉴定结论的效力问题;第二,目前公众对于从医疗机构角度、司法实务角度方面怎么看医疗损害赔偿纠纷还是不知晓的,希望媒体方面可以从这角度进行报道。

广州医学院第三附属医院医务科科副长
吴晓东在发言

广东省医学会医事法学分会委员、中山大学附属第三医院医务科科长姚麟发表了一些看法:第一,鉴定机构的鉴定结论出现似是而非的现象是导致患者对医疗专家和医疗机构不信任的重要因素,摇珠确定鉴定机构未必就能解决。第二,鉴定机构的鉴定程序要科学必须由过程推结果,而非由结果推定过程是否正确。第三,避免患者签署知情同意书后,其家属不认可,最好的解决方式是由患者和家属统一签署知情同意书,避免纠纷。第四,较低级的医疗机构只能保证程序、过程,但是不能保证医

广东省医学会医事法学分会委员、
中山大学附属第三医院医务科科长姚麟在发言

疗安全。

针对于上述专家的观点和困惑，广东省律师协会医疗法律专业委员会委员、广东烨彰律师事务所主任谢孝义律师作为评议人提出，医疗损害赔偿纠纷复杂皆因没有一个像处理交通事故一样由专门的机构在事故发生开始就对事故做一个责任认定，设置一个前置程序，有过错的才进入诉讼程序。

广东省律师协会医疗法律专业委员会委员、
广东烨彰律师事务所主任谢孝义在发言

广东省委党校/广东行政学院法学部
副教授文翔在发言

广东省委党校/广东行政学院法学部副教授文翔表示，到会的专家包括了医疗专家、律师、法官、学者等，大家都从自身所在职位角度谈，但是《侵权责任法》的制定不可能从单方面考虑，肯定是全方位的，作为一个教育工作者，他认为从立法的角度《侵权责任法》的立法本意是解决问题，不是留下更多的问题。至于上述专家提到的医疗损害鉴定问题，鉴定机构具备哪些条件，哪些资质才能

广东省高级人民法院民事审判庭
第一庭郭尔绚法官在发言

成为鉴定机构,此外还有一个非常重要的是鉴定的标准是什么,这些都有待法律和法规进一步细化才能更加便于操作。

广东省高级人民法院民事审判庭第一庭郭尔绚法官进行了有针对性的评议,并对提出的问题进行了观点阐述和问题解答。第一,《侵权责任法》是目前医疗事故鉴定和过错鉴定如何认可和发展的方向,是目前医疗损害唯一的审判依据。第二,摇珠形式选定鉴定机构面对新的医疗损害鉴定制度中,医学会必须要改革其传统的对医疗事故鉴定的模式。提高医疗鉴定机构的水平。第三,在医疗损害赔偿纠纷中,针对一方单方鉴定的,有理由反对的,可以申请法院做重新鉴定,在这方面法院会从宽把握。第四,要求专家在鉴定结论上签名和专家出庭接收询问的义务。新修订的民事诉讼法中,专家鉴定人不出庭接受询问的,鉴定报告不作为认定事实的证据适用。针对举证责任问题,郭尔绚法官指出医患双方都有举证的责任,并不是患者就完全没有举证义务,患者同样需提供初步的证据;对于鉴定费用的问题,实践上是谁申请谁缴付,法院委托鉴定的,由法院自由裁量决定付费的主题和付费的数额。第五,在情理上如何平息医闹,需要建立第三方调解机制介入。

广东省医学会医事法学分会常委、
南方医科大学司法鉴定中心主任王慧君在发言

在提问与答疑环节,广东省医学会医事法学分会常委、南方医科大学司法鉴定中心主任王慧君指出省高法下发上述文件的目的是为了提高鉴定的门槛,提高医疗鉴定技术水平。另外,王慧君在会上就鉴定专家出庭接受质询问题表达了强烈反对,“我们医学专家只有在不受威胁、不受医患任何一方干扰的情况下,才会讲真话,现在你要他签名,他能讲真话吗?”王慧君教授称，由于担心遭电话恐吓，专家们明确表示如果要签名就“不来了”。

因此，南方医科大学法医鉴定中心一般都和专家签合约，鉴定书上只有鉴定机构鉴定人签名，承担责任。“法院可以调取他们的会诊意见，只是不在鉴定书上体现出来。”

广东省医学会医事法学分会常委、
广东省第二人民医院医务科科长陈伟在发言

广东省医学会医事法学分会常委、广东省第二人民法院医务科科长陈伟认为医疗损害鉴定是一个非常专业的问题。要抓核心问题——要确定保证司法鉴定机构的选取规则，才能提高公众对医疗损害鉴定机构和其报告的信任度。同时，陈伟科长还提出，法院是司法救济的最后一道防线，法院的角色应当是中立的、公平的，不能因为患者的哭闹或者以社会维稳名义，对患者或者对医院作出不公平的裁判。

广东省律师协会副会长、广东省律师协会医疗法律专业委员会副主任陈国翔主持“议题二：不同角色视野谈医疗损害赔偿救济：对策选择与前景

广东省律师协会副会长陈国翔在主持

思考”的研讨，指出医院的医疗护理作用的重要性，现实生活中多起医护人员遭受患者的伤害，面对医患关系紧张和白热化问题，希望各位专家学者从不同的角度、不同的视野思考医疗损害赔偿救济的对策选择与前景。

“议题二：不同角色视野谈医疗损害赔偿救济：对策选择与前景思考”研讨

广东省医学会医事法学分会委员、广州中医药大学第一附属医院医务科科长程宇星在发言

围绕主题，广东省医学会医事法学分会委员、广州中医药大学第一附属医院医务科科长程宇星从一个鉴定专家组成员角度谈，他认为：首先，目前医疗体系是不健全的，各级医疗机构的诊疗水平以及医师专业水平参差不齐。有个别县级医院根本不具备相当的诊疗水平贸然进行手术，大大增加了医疗损害发生的风险。其次，医患双方获取的信息严重不对称，这点在鉴定会上明显可以看出。程宇星科长强调患者利益保障不好，保障医院利益是空话。他还提出一点设想，能否设立一种专家参考人的制度，由有经验的医疗临床专家介入到代理患方的医疗损害赔偿纠纷中。从医院管理者的角度，程宇星科长认为目前很多医生缺乏对生命的基本尊重和缺乏基本的医护人员基本的职业道德，是造成医患关系紧张，患者丧失对医院及医护人员的基本信赖。要解决上述问题，第一是必须解决医护人员不足的问题。第二是医护人员应当要将患者的利益置于首位，建议今后的研讨会也邀请患者参加，听听患者的心声。第三是要让医生懂法。第四是在医疗损害发生后，站在承担较大社会责任的强者的角度，对处于弱势的患者做适当的妥协。第五是支持患者走正常的法律途径解决纠纷。第六是要善于调动警察对其权力的运用。

广东省律师协会医疗法律专业委员会委员、
广东格林律师事务所律师李建蓉在发言

广东省律师协会医疗法律专业委员会委员、广东格林律师事务所律师李建蓉指出，患者要正确地对待医疗事故鉴定中的项目和鉴定理由，否则会影响在诉讼的目的。同时，李建蓉律师认为法院应当重视在医疗损害赔偿案件中的调解工作，借助医学知识人才，通过对双方分别做沟通工作，增加对双方在案情的了解。向患者指引通过第三方医学背景的专家向患者指出医疗过程中医疗机构存在的问题，特别是在鉴定会上提出专业的意见。另外，还需要增强第三方组成人员的多样性如有律师和医生组成等。

广东省医学会医事法学分会委员、广州医学院
第二附属医院医务科主任李林在发言

广东省医学会医事法学分会委员、广州医学院第二附属医院医务部主任李林在会上提出医疗管理应当要中立的问题。李林主任认为患者往往基于对医疗机构、医生、法院的不信任，而采取私力救济的手段，甚至危及医护人员的生命健康权，因此，必须要构建一种和谐的医患关系，如何构建这种关系，医疗机构必须增强其医疗队伍的专业化水平，提高医院和医生的准入制度。李林主任建议效仿国外做法建立医疗损害基金和完善第三方的医疗责任如医疗保险等，分摊

医疗机构一旦发生医疗损害赔偿纠纷的责任。

广东谨信律师事务所主任葛志律师在发言

广东省律师协会医疗法律专业委员会委员、广东谨信律师事务所主任葛志律师指出医疗纠纷若真能走到医疗损害鉴定阶段，那医疗纠纷就很容易处理，但是目前90%的医疗纠纷中很难走到这一步，大多数患者不愿意通过法律途径解决纠纷。迫于患者的威胁等不平等的协商平台，医院也很少走法律途径，造成很多案件通过私了方式解决。这个局面很大程度上是因为缺乏公平和信任的医患环境。因此，一味地强调和谐，一味地要医疗机构给钱，这不是医疗损害赔偿纠纷处理的出路。

主持人陈国翔副会长也认为一味地为了和谐，不走法律程序会造成社会的歪风邪气。

广东省医学会医事法学分会常委、南方医科大学司法鉴定中心主任王慧君教授首先肯定了上述发言人的社会责任感。针对本议题，其指出：第一，认为在目前法制不健全的环境下，如何承担社会责任的问题，首先必须先提高机构和个人的道德水准、机构的技术水平能力和社会责任感，制定相关的行为标准约束自身鉴定的行为。如我们自己建立了司法鉴定机构的受理等规范，还建立自己专家库，专家的选择标准。第二，严格控制专家的选择并指出目前南方医科大学司法鉴定机构直接受法院的委托，针对广东省医调委的委托，因不能确定其提供的病历资料是否全面，真实。所以，能否接受尚待确认。同时也指出医疗损害纠纷往往是医生关怀患者不足，与患者沟通不够。第三，应当加强我国关于脑死亡的立法，避免浪费医疗和社会资源，确保科学与法律与时俱进。第四，提出专家鉴定人出庭作证义务是否合理的疑问。认为专家书面答辩成本低，降低消耗社会资源，希望法院考虑虽然法律规定专家鉴定人出庭的义务，但法院应该把握好，减少浪费社会资源，应当让专家们少出庭，多答辩，也希望法官在要求专家证人出庭前，给予足够的提前通知时间。

广州市政协委员韩志鹏从非法律和非医疗专业人士的角度提出了自己的看法和观点，认为当前医疗损害赔偿问题中医疗损害认定问题非常重要，亟待解决。目前三种认定途径：一是双方协商解决；二是由行政部门介入实现，但是如果双方协商不成的，患方根本无法得到卫生行政部门的公正的对待；三是走司法程序，但时间长，成本大。当前医疗损害一旦被认定，赔偿是不成问题的，但难在如何认定医疗损害责任多大。同时，韩志鹏委员引出一个现实案例来说明该问题，并认为目前医疗损害认定困局很大问题在于卫生行政部门不作为，导致大量医疗损害案件只能走司法程序。要突破这种困局，行政部门应当有所作为。韩志鹏委员也提出解决上述问题能否引入保险机制。

广州市政协委员韩志鹏发言

针对上述发言，广东省医学会医事法学分会常委、广东省第二人民医院医务科科长陈伟在评议阶段提出了自己观点。表明救济一是法律救济，二是法律外救济即人道主义救济。法律救济是本次会议主题。有果必有因，法律救济存在问题原因主要两个：一个原因是政府责任，政府投入不足，对医生、护士的投入不够，医务人员与患者的沟通不足，并且认为这与医疗纠纷的发生是有关系的。认为现实中，医患双方立场不同，很难找到100%的和谐。为了和谐是不是就意味着医院要赔钱？另一个原因是社会在进步。医疗损害救济、社会保险赔偿、人民调解解决这些方式都是在尝试，都有探索的过程，比如社会保险一个是医疗保险，参加医保纠纷就少,这与赔钱之间是有关系的。目前虽可能医疗意外保险比较少,但会不断成熟,并且医方投保会减少医患纠纷,另一个是医生能否买保险,病人能否买保险?若可以,对实现救济是有好处的。

南方电视台节目主持人梁栋结合其接触到的众多医疗纠纷案件,认为病人在医患纠纷出现前没想过要找医院索赔,但事故发生之后,会将所有的情绪归结到医生和医院的身上。梁栋主持人还列举一个白血病患者的例子,患者亲属在患者出事后失去了原来的理智和冷静,把所有的责任都归到院方。经过长时间的安抚情绪才平复。他认为患者及其亲属的情绪是应当被理解的,人命是不能用钱来衡量的,因此赔钱并不能解决问题,医方的妥协更多的应该体现为一种服务,如果在患者最空虚、无助、悲伤、愤怒的情况下,医方能帮助患者走出阴霾,相对公正的告知患者如何面对、处理,这便是对家属最大的安慰,这也能有效地缓解部分医患纠纷的紧张情况。因此信任是赔偿的前提,但须要第三方的协助,上述涉及的医调委的问题,但由于时间长了,也可能被贪污腐化了,百姓也就不再信任了,因此建议建立一个类似临时性的陪审团式的机制,随机调取专家来组成,从而达到公平和获得公众的信任。

南方电视台节目主持人梁栋在发言

针对律师对鉴定问题的疑惑,广东省医学会医事法学分会常委、广州市中级人民法院民一庭审判长官健法官特别指出,通过摇珠确定鉴定机构是双方当事人对鉴定机构选取达不成一致协议条件下的做法,在程序上是对双方当事人最公平的方法;同时,他认为医调委虽然不能依职权进行委托鉴定申请,但双方当事人共同委托也可以进行委托鉴定;针对单方委托鉴定问题，官健法官指出理论上鉴定应当由双方参与，但客观上由于证据规则中有这种形式的证据，因此，单方委托的鉴定结论是一个合法的证据，但另一方当事人可以提异议，由法院决定是否重新鉴定；就鉴定人出庭作证的问题，认为新修改的《民事诉讼法》规定了鉴定人出庭作证的义务，但前提是当事人提出了异议或法院认为有必要，因此，法院无法主导该问题。

广东省医学会医事法学分会常委、广州市中级人民法院民一庭审判长官健法官在发言

广东省律师协会医疗法律专业委员会宋儒亮主任主持“一句话总结”发言

“一句话总结”发言阶段

广州医学院第一附属医院免疫实验室孙宝清研究员表示很感动大家对医疗损害赔偿责任问题的关心和表现出的社会责任感，这是社会的正能量。

广州日报大洋网《民意圆桌会》主持人方浩娜认为医疗纠纷这个领域一直都是社会热点，作为一名媒体人，有责任也有义务关注，客观公正地报道好这个领域，促进医患关系的和谐发展。

广州医学院第一附属医院免疫实验室孙宝清在发言

广州日报大洋网《民意圆桌会》主持人方浩娜在发言

广东省医学会医事法学分会常委、
广州市萝岗区人民法院副院长刘治家

广东省医学会医事法学分会常委、广州市萝岗区人民法院副院长刘治家提出，医疗损害赔偿，首先是指损害的移转而言，侵权责任法担负着分配损害的主要职能，同时，为保护受害人，法律应当创设和完善包括药害救济、责任保险等无过失补偿制度，并健全全民健康保险、社会救助等社会安全保障。侵权责任或侵权行为法、无过失补偿、社会安全保障就是台湾著名学者王泽鉴所称的三个阶层的赔偿体系。三个阶层的赔偿体系，是一个复杂的系统工程，应当以医疗体制改革为主导，以医疗机构为主体，法院、卫生行政部门、鉴定机构、学会、保险公司乃至媒体人需要共同努力，医疗损害赔偿救济的前景一定会越来越完善、越来越乐观！

广东省委党校/广东行政学院社会和
文化教研部主任张求会教授发言

来自广东省委党校/广东行政学院社会和文化教研部主任张求会教授

一句话概括总结:政府不作为或者乱作为,会导致医患纠纷永无止尽。

南方电视台节目主持人梁栋提出,希望利用自己节目的平台邀请领导下基层,听一下一线医务工作者、法律工作者、媒体人的说法,相信领导的一句话比我现在的这一句话管用多了!

南方都市报记者陈竹沁在发言

广州市政协委员韩志鹏一句话总结:让医疗纠纷处理信法不信访。

南方都市报记者陈竹沁表示,对于当前紧张的医患关系,可能很多人会觉得媒体有推波助澜的作用,但我相信大家都是站在解决纠纷,缓解社会成本,让患者得到真正的利益,得到公平正义的立场上的,我们的心是一样的。

广东省律师协会副会长、广东省医学会医事法学分会委员陈国翔表示:大家在本次在医疗损害赔偿救济问题作了思考和研讨,本次会议是一次知识的交流,思想的碰撞,智慧的较量,让大家共享了在本次会议精神的大餐。

临近结束,与会人员纷纷表示今天开了一次医疗和法律相融合之重要而有益的一会,希望主办单位今后多举办此类研讨会,增加不同领域专业人士探讨和交流的机会,开阔视野,提升层次和高度。

会议气氛活跃,针对议题,与会者时而达成共识,时而针锋相对,见解纷呈,效果明显。针对如此热烈而有效之研讨,法治广东研究中心、广东省律师协会医疗法律专业委员会主任和广东省医学会医事法学分会主任宋儒亮教授表示:分会愿意继续提供交流平台、开放沟通渠道、搭建和谐医患舞台,让医事各方利益人、利益相关方都充分表达诉求,共建法治医疗。

(广东省医学会医事法学分会　供稿

赖嘉敏　苏秀丽根据录音整理,未与本人核对)

第十五届中国南方国际心血管病学术会议——医事法学论坛:模拟法庭

广东省医学会医事法学分会《中国医学论坛报》联合主办
模拟法庭议程

April 14,2013 Sunday 4 月 14 日 星期日,

8Floor,Southern Hall,DongFang Hotel 东方宾馆 8 楼南国厅

08:30 - 8:40 Session1	主席:宋儒亮 王 娣 王绍强 赖永洪 杨 扬 陈 虹 袁伟伟 田 柯	
08:30 - 08:40	主持人:宋儒亮 会议介绍&嘉宾致辞 王 娣 朱 宏	
8:40 - 10:20 session 2	主题:模拟法庭 主席:田 柯	
法庭审理	审判长	官 健
	人民陪审员	吴晓东 黄伟青
	原告代理人	程宇星
	被告代理人	陈 伟
	鉴定人	沈利频 陈 杰
10:20 - 10:30	茶歇	
10:30 - 12:00 Session3	主题:讨论 主席:何 韵	
10:30 - 10:35	医方代表点评	程东海
10:35 - 10:40	律师代表点评	陈国翔

续表

10:40－10:45	媒体代表点评	王　娣　梁　栋
10:45－10:55	临床专家点评	向定成　彭朝权
10:55－11:05	医院管理专家点评	刘秋生　田　进
11:05－11:20	合议庭讨论	官　健　吴晓东　黄伟青
11:20－11:30	法官点评	佘琼圣　刘治家
11:30－11:35	讨论总结	赖永洪
11:35－11:45	互动问答	全体参会人员
11:45－12:00 Session4	主题:医事法学分会活动总结 主席:王绍强	
11:45－12:00	总结发言	宋儒亮

第5章 分会资讯

分会网站

广东省医学会医事法学分会官方网站

2012年8月13日,广东省医学会医事法学分会官方网站(网址:http://www.gdmaysfxfh.com)正式投入使用。

网站定期追踪报道医事法学分会最新动态、当前有关医事法学理论与实务的最新热点以及及时向分会委员等发布分会最新工作通知等。网站还提供委员们在线交流学习。

下图为广东省医学会医事法学分会网站首页截图

广东省医学会

广东省医学会医事法学分会讲题、讲者推荐

法对人权的价值犹如医对生命的意义

依法结合就是生命保护和人权保障的融合

欢迎各兄弟分会和委员单位举办年会论坛、学术研讨、交流培训、讲座座谈等活动时增加医事法学内容,更好防范执业法律风险。

联系人和方式　广东省医学会医事法学分会

赖嘉敏　020—87304452　　　章　玲　020—83122946

一、分会简介

广东省医学会医事法学分会是广东省医学会下属的分会之一。在广东省医学会领导下,以与医相关的民事法律、行政法律和刑事法律等视野和行动,在医疗卫生管理、医师执业、药品器械、伦理审查、临床研究、法律培训、前沿交流、权益维护等领域进行医法研讨和司法实务,致力于促进、推动和规范我省医事法律事业的健康发展,造福人类。

1. 宗旨目的

宗旨:引导和培养具备"医术高明、医德高尚和医方懂法"三位一体知识结构之医事工作者。

目的:在广东医学会的领导下,深入研究和探讨医事法律方面的理论和

实务，起草执业指引，为专业学会制定相关诊疗护理规范、常规提供法律支持，为执业医师和执业律师开展医疗法律业务提供法律依据和指导，参与医疗法律、政策的制定和实施，提供医疗法律讯息、进行立法咨询或提出修改意见，进行医疗法律知识讲座和培训，提高医疗案件处理的专业水平，加强对外交流，宣传中国医疗卫生法制等，努力创造和维护和谐的医患关系，为建立幸福和谐且法治的国家而努力奋斗。

2. 任务路径

医事法学领域包括与医学相关的民事、行政和刑事领域。分会主要开展以下七大类的工作：

（1）学术类：开展医疗法律事务的理论与实务研讨交流；积极与各专业、行业等组织如法学会、法官协会、检察官协会、律师协会、媒体机构、院校等进行联系交流和联合组织相关研讨活动；为其他专业分会提供法律服务工作；引领医疗纠纷朝着法治路径解决，构建和谐的医患关系。

（2）管理类：参与医疗法律、政策的制定和实施，提供立法咨询或修改意见；起草执业指引，为专业学会制定相关诊疗护理规范、常规提供法律支撑，为专业分会开展业务工作提供相关法律依据和指导；为其他专业分会、医疗机构和执业医师提供包括法律咨询、法律诉讼等在内的法律专业服务，依法保护其合法权益等。

（3）鉴定类：根据医疗事故鉴定委员会工作的要求和特点，开展与医疗损害赔偿鉴定（医疗事故技术鉴定）相关的，包括但不限于鉴定选择、鉴定审查、鉴定机构、鉴定人出庭接受法律质询、质证等学术研究和实务操作指导等工作，为鉴定工作提供法律指导、支持和帮助，以期提高鉴定工作的法治化水平。

（4）培训类：举办医疗法律知识技能的培训班，普及医学法律知识；新法规学习班；新技术、新项目及临床试验法律培训和伦理审查培训班等。

（5）出版类：编辑出版医事法律专业文集、刊物等。

（6）交流类：架起医患沟通桥梁；加强对外交流，增进社会了解；宣传中国医疗卫生法制；为管理、执业、维权提供医事法律的学术、技术、评估等方面的讯息。

（7）其他：为需要法律援助的医护人员提供帮助；指导医疗机构、医护人员依法开展医疗活动；支持和支援其他专业协会/学会依法开展执业活动。

路径：服务执业者，先通过执业者的身体力行和榜样带动，再实现医之利益各相关方依法从业，进而更推动依法治国进程，实现医疗法治和法治中国。

二、宣讲主题

针对专业特点，结合当前实际，目前可宣讲主题包括但不限于：

1. 当前医疗损害纠纷处理和诉讼应对的法律前沿问题；

2. 医疗纠纷类、调解类和诉讼类处理的法律要点、技巧和对策；

3. 与临床各专科相关（内科、外科、妇科、儿科、器官移植等）的法律风险、防范与对策；

4. 医疗损害鉴定上的冲突、选择与采纳；

5. “超适应症”用药存在的法律风险与防范；

6. 医疗器械临床使用中的法律风险、防范和思考；

7. 以行政庭法官视野谈医院管理中存在的法律风险和防范；

8. 以刑庭法官、检察官视野谈医疗系统商业贿赂犯罪的风险与防范；

9. 侵权责任法视野下医院管理、医师执业和医患沟通的新进展和新问题；

10. 医患沟通的理念、方法与技巧；

11. 医疗机构如何建立新闻发言人和新闻发布制度；

12. 医疗质量、病历质量控制与法律风险防范；

13. 医院管理的危机处理和舆情危机应对；

14. 新医改形式下医院医事管理的法律重点与难点分析；

15. 医疗卫生领域行政管理中遇到的法律问题与思考；

16. 以公立、私立医院改革为例谈医院管理遇到的法律难题与对策。

还要指出的是，针对医事法学的发展，根据实践的需要，上述各宣讲题目以及相应的内容等是可调整、变更和扩充的。具体需求可以协商。

三、讲者推荐

宋儒亮	广东省医学会医事法学分会	主任委员
	广东省律师协会医疗法律专业委员会	主任
	法治广东研究中心	主任
赖永洪	广东省医学会医事法学分会	副主任委员
	广东省医师协会	副会长
	广州医学院附属第三医院	党委书记
杨　扬	广东省医学会医事法学分会	副主任委员
	中山大学附属第三医院	副院长
王绍强	广东省医学会医事法学分会	副主任委员
	广东省医学会	副秘书长
陈　虹	广东省医学会医事法学分会	副主任委员
	广东省女医院协会	副会长
	中山大学附属第一医院医务处	处长
袁伟伟	广东省医学会医事法学分会	副主任委员
	广东省人民医院医务处	处长

田　柯	广东省医学会医事法学分会	副主任委员
	南方医科大学南方医院办公室	副主任
沈利频	广东省医学会医事法学分会	秘　书
	广东省医学会医鉴办	副主任
刘治家	广东省医学会医事法学分会	常务委员
	广州市萝岗区人民法院	副院长
官　健	广东省医学会医事法学分会	常务委员
	广州市中级人民法院民一庭	审判长
陈　杰	广东省医学会医事法学分会	常务委员
	广州市医学会	秘书长
钟　山	广东省医学会医事法学分会	常委
	深圳儿童医院	院长
王慧君	广东省医学会医事法学分会	常委
	南方医科大学司法鉴定中心	主任
罗　斌	广东省医学会医事法学分会	常委
	中山大学法医鉴定中心	副主任
付洪林	广东省医学会医事法学分会	委员
	广东省高级人民法院行政审判庭	庭长

杨金顺	广东省医学会医事法学分会	委员
	广东省检察院公诉三处	调研员
佘琼圣	广东省医学会医事法学分会	委员
	广东省高级人民法院民事审判第一庭	副庭长
洪嘉忠	广东省医学会医事法学分会	委员
	广东省高级人民法院刑事审判第四庭	副庭长
郭柏林	广东省医学会医事法学分会	常务委员
	广东省高级人民法院司法委托办公室	主任
陈国翔	广东省医学会医事法学分会	委员
	广东省律师协会	副会长
梁　栋	南方电视台	主持人

图书在版编目(CIP)数据

医事法学在广东 / 宋儒亮主编. —北京:法律出版社,2013.4

ISBN 978-7-5118-4778-2

Ⅰ.①医… Ⅱ.①宋… Ⅲ.①卫生法—法学—中国
Ⅳ.①D922.161

中国版本图书馆 CIP 数据核字(2013)第 060828 号

责任编辑/孙 慧　　**装帧设计**/李 瞻

出版/法律出版社　　**编辑统筹**/法规出版分社
总发行/中国法律图书有限公司　　**经销**/新华书店
印刷/北京嘉恒彩色印刷有限责任公司　　**责任印制**/吕亚莉

开本/710 毫米×1000 毫米 1/16　　**印张**/17.75　**字数**/226 千
版本/2013 年 4 月第 1 版　　**印次**/2013 年 4 月第 1 次印刷

法律出版社/北京市丰台区莲花池西里 7 号(100073)
电子邮件/info@lawpress.com.cn　　**销售热线**/010-63939792/9779
网址/www.lawpress.com.cn　　**咨询电话**/010-63939796

中国法律图书有限公司/北京市丰台区莲花池西里 7 号(100073)
全国各地中法图分、子公司电话:
第一法律书店/010-63939781/9782　**西安分公司**/029-85388843　**上海公司**/021-62071010/1636
北京分公司/010-62534456　**深圳公司**/0755-83072995　**重庆公司**/023-65382816/2908

书号:ISBN 978-7-5118-4778-2　　**定价:**50.00 元

(如有缺页或倒装，中国法律图书有限公司负责退换)